W9-AZQ-508

MANUAL DE EJERCICIOS
Y LABORATORIO

¿HABLA ESPAÑOL?

An Introductory Course

FOURTH EDITION

TERESA MÉNDEZ-FAITH
St. Anselm College

BEVERLY MAYNE KIENZLE
Harvard University

Harcourt Brace Jovanovich College Publishers
Fort Worth Philadelphia San Diego New York Orlando Austin San Antonio
Toronto Montreal London Sydney Tokyo

ISBN 0-03-014164-8

Copyright ©1989, 1985, 1981, 1976 by Holt, Rinehart, and Winston, Inc.

All rights reserved. No part of this publication may be reproduced or transmitted in any form or by any means, electronic or mechanical, including photocopy, recording, or any information storage and retrieval system, without permission in writing from the publisher.

Although for mechanical reasons all pages of this publication are perforated, only those pages imprinted with an HRW copyright notice are intended for removal.

Requests for permission to make copies of any part of the work should be mailed to: Copyrights and Permissions Department, Harcourt Brace Jovanovich, Inc., Orlando, Florida 32887.

Printed in the United States of America

1 2 3 4 085 9 8 7 6 5

Harcourt Brace Jovanovich, Inc.
The Dryden Press
Saunders College Publishing

PREFACE

This **Manual de ejercicios y laboratorio** accompanies the fourth edition of ***¿Habla español?: An Introductory Course.*** It is divided into two parts: **Ejercicios escritos,** the workbook, and **Ejercicios de laboratorio,** the laboratory manual. Both components are coordinated with the main textbook chapter by chapter and are designed to provide an additional context for the vocabulary, grammar structures, and language functions presented in each chapter.

The **Ejercicios escritos** contain a variety of exercises stressing both structure and communication. Each chapter begins with a vocabulary section that reinforces the new words related to the chapter theme. The grammar exercises are divided by sections corresponding to the main text. For easy reference, the same headings have been used. The **Funciones y actividades** section integrates all aspects of the chapter and emphasizes the language functions taught in the corresponding section of the main text. All of the sections contain varied exercises to reinforce the material learned and to develop writing skills (guided and free compositions, situational responses, crossword puzzles, etc.). In addition to the exercises for each chapter, this part of the manual has four review sections, each one focusing on the material of the five preceding chapters. After summarizing the principal points of grammar in those chapters, these review sections contain additional exercises, including answers for self-testing.

The **Ejercicios de laboratorio** provide speaking, listening comprehension, and pronunciation practice. This component is to be used in conjunction with the tape program. Each chapter begins with a **Vocabulario** section, which presents the thematic vocabulary in a communicative context. The **Pronunciación** section gives models and practice for correct pronunciation in Spanish. The grammar sections correspond to the main text and include substitution and transformation drills, question and answer practice, listening comprehension passages, and a variety of contextualized exercises. The **Diálogo** section further develops listening comprehension skills. Students read along with the dialogue, excerpted from the main textbook, and then answer comprehension questions. A final section of each **Ejercicios de laboratorio** chapter provides a mixture of listening and guided writing activities in three alternating formats: **Dictado,** emphasizing writing practice; **Comprensión auditiva,** concentrating on listening comprehension skills; and **Para escuchar y escribir,** combining listening and writing practice. Each tape is approximately 45 minutes in length; the speakers are natives, male and female, from Spain and Spanish America. The complete tapescript, containing the answers for the **Ejercicios de laboratorio,** is available upon request from the publisher.

T.M.–F. / B.M.K.

EJERCICIOS ESCRITOS

CONTENTS

NOMBRE ______________________ FECHA __________ CLASE __________

CAPÍTULO 1

LA FAMILIA

VOCABULARIO

La familia de Juan

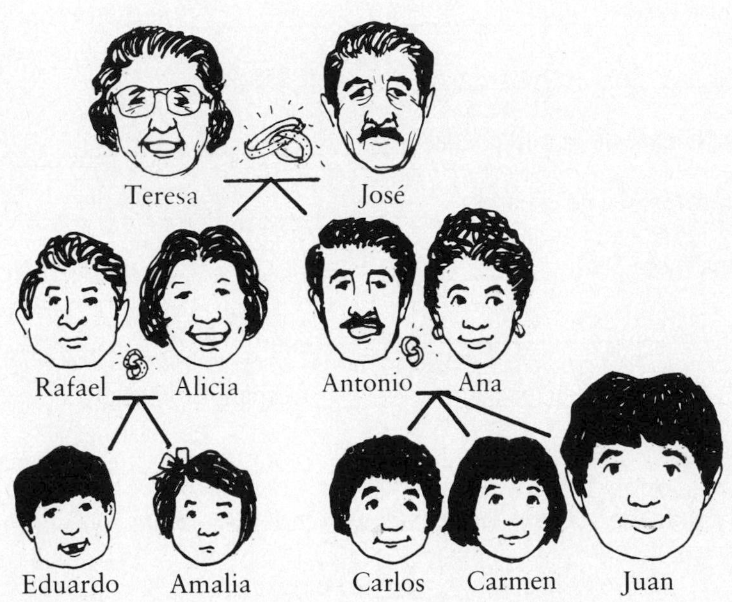

Fill in the blanks with the correct relationships.

1. Amalia es la ______________________ de Rafael.
2. José es el ______________________ de Amalia.
3. Carmen es la ______________________ de Eduardo.
4. Juan es el ______________________ de Ana.
5. Ana es la ______________________ de Antonio.
6. Rafael es el ______________________ de Carlos.

Copyright © 1989 by Holt, Rinehart & Winston, Inc. All rights reserved.

7. Teresa es la ______________________ de Juan.

8. Alicia es la ______________________ de Carlos.

I. EL PRESENTE DE INDICATIVO DEL VERBO *SER*

A. Las Naciones Unidas. *You are telling your friend Gustavo that in your college there are people from all over the world. Use the verb* **ser** *in each sentence.*

1. Mario y Sofía ______________________ de Italia.
2. John, Susie y yo ______________________ de los Estados Unidos.
3. Laura y Fred ______________________ de California y yo

   ______________________ de Florida.
4. El presidente de la universidad ______________________ de Puerto Rico.
5. Dos profesores de español ______________________ hispanos.
6. La profesora Valle ______________________ de México y el profesor

   Ruiz ______________________ argentino.
7. Tú ______________________ español, ¿verdad?
8. Y vosotros también ______________________ de España, ¿no?

B. *Ser* y más *ser*. *Fill in the blanks with the appropriate form of the verb* **ser.**

MODELO El restaurante __es__ excelente.

1. Nosotros no ______________________ italianos.
2. El libro ______________________ interesante.
3. Tú ______________________ la hermana de Luis, ¿no?
4. Eduardo y Alberto ______________________ primos.
5. Madrid ______________________ la capital de España.
6. La señora Ortega ______________________ la madre de Marta.
7. Yo no ______________________ doctor;

   ______________________ profesor de inglés.
8. Susana y tú ______________________ de España, ¿no?

9. Usted ______________________ muy amable.

10. Ellos y yo ______________________ estudiantes de la Universidad de Madrid.

II. EL ORDEN DE LAS PALABRAS Y LA ENTONACIÓN

A. ¡Qué problema! *Abuela Ortega is 86 years old and doesn't hear well, so she questions everything Luisa says. Help her with her questions.*

MODELO LUISA Mamá y papá están en Barcelona.
ABUELA **¿Mamá y papá están en Barcelona?**
o
¿Están en Barcelona mamá y papá?

1. LUISA Mónica y Gerardo son amigos.

   ABUELA ______________________________

2. LUISA Gerardo está en el hospital.

   ABUELA ______________________________

3. LUISA La familia de Mónica es de Madrid.

   ABUELA ______________________________

4. LUISA Yo no estoy bien hoy.

   ABUELA ______________________________

5. LUISA Tú estás bien aquí con nosotros.

   ABUELA ______________________________

B. ¿De acuerdo . . .? *You are new in town and need to confirm certain information you've been given. What tags would you add to these statements?*

1. Ustedes no son de España, ¿ ______________________ ?
2. Roberto está en el laboratorio, ¿ ______________________ ?
3. Abran el libro en la página 22, ¿ ______________________ ?
4. Hoy no hay clase de inglés, ¿ ______________________ ?
5. Quince y once son veintiséis, ¿ ______________________ ?

Copyright © 1989 by Holt, Rinehart & Winston, Inc. All rights reserved.

III. EL PRESENTE DE INDICATIVO DE LOS VERBOS TERMINADOS EN *-AR*

A. Sujetos posibles. *The subject nouns and pronouns are missing in the following sentences. Circle all of the possible answers for each item.*

1. ________________ miran la pizarra.
   (Ustedes, Ellos, El pasaporte, Rogelio y yo, Los estudiantes)

2. ________________ viajas a México.
   (Ella, Tú, Usted, La niña, Los profesores)

3. ________________ trabajo en el laboratorio.
   (Tío Pablo, Eduardo, Yo, Tú y yo, Rita)

4. ________________ desea bailar con Teresa.
   (Mi hermano, Nosotros, Tú, Antonio, Usted)

5. ________________ llegamos a casa mañana.
   (Yo, Ella y yo, Nosotras, Usted y yo, Vosotros, Felipe y tú)

B. Completar lógicamente. *Complete each sentence with the correct form of any appropriate verb from the following list.*

estar	mirar	hablar
buscar	pasar	llevar
trabajar	tomar	necesitar
llegar	desear	viajar

1. El Sr. Gutiérrez ______________________________ inglés, italiano y español.
2. ¿______________________________ estudiar ustedes aquí o en casa?
3. El hermano de Irene ______________________________ a Barcelona mañana.
4. Paula, ¿ ______________________________ café con la Sra. Martínez?
5. Enrique ______________________________ el auto hoy.
6. El avión ______________________________ en el aeropuerto.
7. Yo ______________________________ información . . . ¿Hay restaurantes italianos aquí?
8. Ahora Antonio y Alberto ______________________________ televisión, ¿no?
9. Nosotros ______________________________ en el Hotel Continental.
10. ¿Tú ______________________________ dos cámaras a España?

NOMBRE ______________________ FECHA __________ CLASE __________

C. Fotos de España. *You and Ana have just returned from Madrid. Put captions under the snapshots of your trip using the following groups of words to help.*

Ramón y yo / bailar / mucho en Madrid

Teresa, Paco y Juan Manuel / visitar / el Museo de Historia

En la plaza, / Ana / mirar / la estatua

Los amigos de Ana y yo / tomar / café en la casa de Ramón

El señor / contestar / las preguntas de los turistas

Nosotros / llegar / a la ciudad de Ávila

MODELO **Los amigos de Ana y yo tomamos café en la casa de Ramón.**

1. ______________________

____

2. ______________________

____

Copyright © 1989 by Holt, Rinehart & Winston, Inc. All rights reserved.

3. ______________________________

____

4. ______________________________

____

5. ______________________________

____

IV. GÉNERO Y NÚMERO DE SUSTANTIVOS Y ARTÍCULOS

A. Errores mínimos. *Rephrase each sentence as an afterthought, using the new word in parentheses.*

MODELO Necesitamos la cámara. (pasaportes)
No, necesitamos los pasaportes.

1. El primo de Isabel está en el aeropuerto. (prima)

____

2. Buscan el Museo del Prado. (Hotel Continental)

____

3. Llevo los regalos. (mapa)

____

4. La profesora contesta el teléfono. (preguntas)

____

5. Los turistas llegan a Barcelona. (ciudad de Ávila)

____

6. Tomamos café con Amalia. (amigos de Amalia)

____

B. Completar las frases. *Fill in the blanks with the correct form of the indefinite article.*

1. Yo llevo ____________ cuaderno, ____________ papeles, ____________ pluma y ____________ lápiz a clase.
2. Los señores Méndez necesitan ____________ mesa, ____________ sillas ¡y también ____________ auto!
3. La doctora Ramírez trabaja en ____________ laboratorio y enseña en ____________ universidad de la capital.
4. El agente habla con ____________ amigas de Marcelo y con ____________ tío de Susana.
5. Rosa busca ____________ regalos y ____________ mapas en el aeropuerto.

C. La palabra correcta. *Circle the word that best completes each sentence.*

1. Deseo pasar una (semana, ejemplo, hotel) aquí.
2. Busco el (verdad, mapa, pizarra) de España.
3. ¿Visitas los (ciudades, universidades, museos) de Madrid?
4. Necesitan unos (días, semanas, capitales) de vacaciones.
5. ¿Cómo está la (padre, abuela, restaurante) de Raúl?
6. Viajamos en un (avión, café, agente) argentino.

Copyright © 1989 by Holt, Rinehart & Winston, Inc. All rights reserved.

V. LAS CONTRACCIONES *AL* Y *DEL*

Confusiones. *Your roommate doesn't know what's going on. Use the cues provided to respond to his or her questions.*

MODELO ¿Visitas a *la tía de Rosaura* mañana? (el tío de Roque)
No, visito al tío de Roque mañana.

1. ¿Buscas el teléfono de *una amiga*? (el profesor)

 ____

2. ¿Llevas los libros *al laboratorio*? (la clase)

 ____

3. ¿Trabajas en el restaurante de *la universidad*? (el hotel)

 ____

4. ¿Llamamos a *la prima* de Luis? (las hermanas)

 ____

5. ¿Deseas hablar de *los ejercicios A y B*? (el ejercicio C)

 ____

6. ¿Viajamos a *Venezuela* en octubre? (el Perú)

 ____

FUNCIONES Y ACTIVIDADES

A. Conversación imaginaria. *For each of the following expressions, circle the letter preceding the most appropriate response.*

1. Hola, ¿hablo con el padre de Raquel?

   a. No, con el libro de Raquel.

   b. No, con el hermano de Raquel.

   c. No, con la pluma de Raquel.

2. ¿Viajan a México en las vacaciones?

   a. No, al Hotel Continental.

   b. Sí, a Madrid.

   c. No, a Bolivia y a Chile.

3. ¿Cómo se llama usted?

   a. Juan Bernardino Méndez.

   b. Muy bien, gracias.

   c. Feliz fin de semana.

4. Hay dos profesores italianos en la universidad.

   a. ¡Chau!

   b. ¿Verdad?

   c. ¡Felicitaciones!

5. ¿Cómo se dice *parents* en español?

   a. Se dice *padres.*

   b. Se dice *parientes.*

   c. Se dice *paredes.*

B. Preguntas personales. *Answer the following questions.*

1. ¿Cómo está usted?

   ____

2. ¿Cómo se llama usted?

   ____

3. ¿Qué lleva usted a la clase de español?

   ____

4. ¿Cómo pasa usted el fin de semana?

   ____

Copyright © 1989 by Holt, Rinehart & Winston, Inc. All rights reserved.

5. ¿Mira usted televisión? ¿Qué programa(s) mira?

____

____

6. ¿Viaja usted mucho? ¿Adónde desea viajar en las vacaciones?

____

____

C. Crucigrama. *Complete the following crossword puzzle.*

1. padre y madre
2. abuelo y abuela
3. singular de *capitales*
4. plural de *avión*
5. plural de *hotel*
6. primo y prima
7. plural de *señor*
8. plural de *lápiz*
9. singular de *ciudades*

NOMBRE ______________________ FECHA __________ CLASE __________

CAPÍTULO 2

DESCRIPCIONES

VOCABULARIO

Descripciones lógicas. *Write in each blank the most logical word to complete each sentence..*

MODELO El museo es __grande__. (sociable / grande / joven)

1. La universidad es ______________________.

   (pesimista / sensible / excelente)

2. Los dos autos del doctor Díaz son ______________________.

   (pequeños / inteligentes / verdaderos)

3. Visitamos ciudades muy ______________________.

   (viejas / responsables / enfermas)

4. La casa de los Samaniego es ______________________.

   (optimista / idealista / interesante)

5. Estudio italiano con un profesor ______________________.

   (falso / italiano / pequeño)

6. Aquí no hay ejercicios ______________________, ¿verdad?

   (contentos / argentinos / aburridos)

Copyright © 1989 by Holt, Rinehart & Winston, Inc. All rights reserved.

I. EL PRESENTE DE INDICATIVO DE LOS VERBOS TERMINADOS EN *-ER* Y EN *-IR*

A. Cambios de sujeto. *Rewrite each of the following sentences according to the cue.*

MODELO Leonor vive en Buenos Aires. (Leonor y Paco)
Leonor y Paco viven en Buenos Aires.

1. No comprende la pregunta. (ellos)

   ____

2. ¿Escribo en español o en inglés? (nosotros)

   ____

3. ¿Qué leen en la clase de inglés? (tú)

   ____

4. Los amigos de David comen mucho. (el primo)

   ____

5. Vivimos cerca de la universidad. (yo)

   ____

6. ¿Abres los regalos ahora? (ella)

   ____

B. En la cafetería. *You overhear a group of students speaking in Spanish about the first week of classes. Fill in their sentences with the correct forms of the verbs in parentheses.*

1. (creer) El profesor de filosofía ______________________ que debemos hablar más en clase.
2. (leer) ¿Qué ______________________ ustedes en la clase de inglés ahora?
3. (vivir) Patricia y yo no ______________________ en la universidad, ¿y tú, Sandy?
4. (recibir) Irene no escribe pero ______________________ muchas cartas.

5. (aprender) ¿______________________ mucho vosotros en la clase de español?

6. (comprender) Yo no ______________________ el capítulo uno, ¿y ustedes?

7. (comer) ¿Dónde ______________________ tú y Fred mañana?

8. (describir) ¿Qué ______________________ (tú), Rogelio?

C. Lógica verbal. *Complete each of the following sentences with the correct form of the most appropriate verb in parentheses.*

1. Busco un libro muy importante, pero ______________________ que no está aquí. (creer / vender / describir)

2. ______________________ libros, cuadernos, lápices y plumas en la librería. (leer / abrir / vender)

3. Pedro y yo ______________________ estudiar con Verónica hoy. (responder / decidir / comer)

4. Los estudiantes ______________________ el libro en la página 31. (correr / aprender / abrir)

5. Vosotros ______________________ en una casa muy grande, ¿no? (vivir / comprender / deber)

6. Tú ______________________ hablar con la doctora Ortiz. (creer / deber / recibir)

II. LAS PALABRAS INTERROGATIVAS

A. ¿Qué, quién, cómo ... ? *Write questions that would elicit the following responses. The cues for the question words are in italics.*

MODELO *Juan* estudia español.
¿Quién estudia español?

1. *Pepito y Carlos* hablan mucho.

____

Copyright © 1989 by Holt, Rinehart & Winston, Inc. All rights reserved.

2. Nosotros viajamos *a la Argentina.*

____

3. Amalia abre *los regalos.*

____

4. El presidente se llama *Ramón Martínez.*

____

5. Yo estoy *con Ana.*

____

6. *Julio César* pasa una semana aquí.

____

7. El avión llega *en cuarenta minutos.*

____

8. Juan y Ernesto están *en casa.*

____

B. Respuestas lógicas. *Circle the letter of the most appropriate answer for each question.*

MODELO ¿Dónde está usted ahora?
a. Muy bien.
(b.) En la biblioteca.
c. Soy de Buenos Aires.

1. ¿Cuándo necesitas la silla?

   a. Mañana.

   b. Pedro y Marisa.

   c. Aquí en casa.

2. ¿Quién no comprende el ejercicio?

   a. El libro de Jorge.

   b. El amigo de Jorge.

   c. La capital.

3. ¿Por qué estás en la biblioteca?

   a. Porque busco un libro de filosofía.

   b. Porque ahora como un sandwich.

   c. Porque deseo mirar televisión.

4. ¿Adónde llevan la mesa?

   a. En la pared.

   b. A la casa de Miguel.

   c. Hoy o mañana.

5. ¿Quién vive con José María?

   a. En una casa pequeña.

   b. Roberto y yo.

   c. Un escritorio grande.

6. ¿Qué venden allí?

   a. Computadoras.

   b. Aeropuertos.

   c. Parientes.

7. ¿Cómo viajan ustedes?

   a. En un hotel.

   b. En auto.

   c. En casa.

8. ¿Cuántas ciudades hay en los Estados Unidos?

   a. Hay muchas.

   b. Hay dos.

   c. No hay ciudades en los Estados Unidos.

Copyright © 1989 by Holt, Rinehart & Winston, Inc. All rights reserved.

III. LAS PREPOSICIONES *A* Y *DE*; *A* PERSONAL

A. Un viaje interesante. *Fill in each blank in the following paragraph with the preposition* **a** *or* **de**, *as appropriate.*

Los padres ______________________________ Anita Ramírez viajan ______________________________ la Argentina hoy. Mañana llegan ______________________________ Buenos Aires. Ellos están ______________________________ vacaciones y desean pasar unas cinco o seis semanas allí. También desean visitar Montevideo, la capital ______________________________ Uruguay. Montevideo está cerca ______________________________ Buenos Aires, a unos cuarenta minutos ______________________________ viaje en avión. Los Ramírez hablan español. La señora Ramírez es profesora ______________________________ español y ahora escribe un libro sobre (*about*) la Argentina. El señor Ramírez viaja ______________________________ México y ______________________________ España regularmente porque él es presidente ______________________________ una compañía internacional muy importante. Los Ramírez regresan ______________________________ la Argentina en octubre. Anita cree que llegan ______________________________ los Estados Unidos el 15 o el 16 ______________________________ octubre. ¡Feliz viaje!

NOMBRE ______________________________ FECHA __________ CLASE __________

B. Imaginación creativa. *Complete the sentences using the cues (a) and (b) provided and adding words as necessary. Give an original response for (c).*

MODELO Ella visita ...
a. la agencia
b. Tomás
c. ____________________
a. **Ella visita la agencia de viajes.**
b. **Ella visita a Tomás Gómez, el tío de Rodrigo.**
c. **Ella visita un museo muy interesante.**

1. Busco ...

    a. el señor Aguirre

    ____

    b. una librería

    ____

    c. ______________________________

2. Los turistas llegan ...

    a. el aeropuerto

    ____

    b. Madrid

    ____

    c. ______________________________

3. El restaurante está ...

    a. lado / hotel

    ____

    b. lejos / universidad

    ____

    c. ______________________________

Copyright © 1989 by Holt, Rinehart & Winston, Inc. All rights reserved.

4. Los muchachos miran ...

   a. los museos

   ____

   b. las muchachas

   ____

   c. ____

5. La oficina de correos está ...

   a. cerca / centro

   ____

   b. enfrente / escuela

   ____

   c. ____

6. Nosotros decidimos llamar ...

   a. la profesora

   ____

   b. un taxi

   ____

   c. ____

IV. LOS ADJETIVOS Y LOS NÚMEROS ORDINALES

A. Mi ciudad. *Describe your city using the adjectives in parentheses. Make the necessary agreements.*

MODELO (grande / lindo) Mi ciudad es **grande** y muy **linda**.

1. (bueno) Allí hay muchos restaurantes ______________________.

2. (horrible / cortés) El tráfico es ______________ pero las personas son muy ______________.

3. (importante / moderno) También hay tres museos ______________ y muchas casas ______________.

4. (excelente) Mi familia vive cerca de dos universidades ______________.

5. (pequeño / bonito / agradable) Las dos universidades son ______________ pero muy ______________ y ______________.

6. (inteligente / trabajador) Los estudiantes son ______________ y ______________.

7. (principal / elegante / agradable) En la calle ______________ hay hoteles ______________ y ______________ .

8. (mucho / importante / cómodo) Allí está el Hotel Colonial, por ejemplo, donde reciben a ______________ personas ______________ porque es un hotel muy ______________ . Y ahora, ¿no deseas visitar mi ciudad . . .?

Copyright © 1989 by Holt, Rinehart & Winston, Inc. All rights reserved.

B. En acción. *It's a busy Monday for the people who live or work in* **Apartamentos Gloria,** *a downtown apartment complex. Complete the paragraph with ordinal numbers, as appropriate according to the drawing.*

MODELO Rafael vive en el __quinto__ piso y hoy no trabaja porque está enfermo.

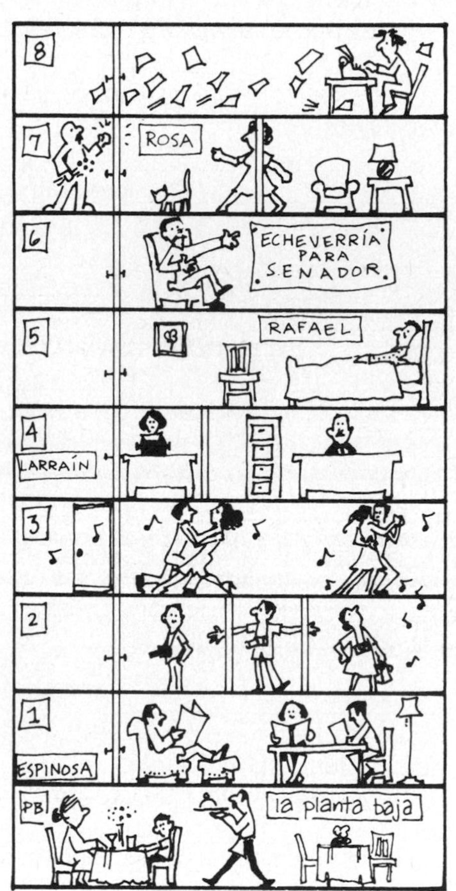

Es el primer día de la semana y en la oficina del señor Larraín no hay clientes. Él y la secretaria están en el ________________________ piso. Ella escribe a máquina (*types*) una carta importante. ¿Quién escribe a máquina también? Pedro, en el ________________________ piso, pero él escribe una composición para la clase de inglés. ¿Qué hay en el ________________________ piso? Allí hay un instituto de baile y ahora los estudiantes aprenden a bailar el tango. ¿Quiénes son las tres personas que están en el ________________________ piso? Son turistas que visitan el apartamento vacante. Ellos desean pasar los fines de semana en el centro, pero buscan un apartamento más tranquilo. Rosa García vive en el ________________________ piso y hoy está muy contenta. ¿Por qué? Porque recibe a Ricardo, un amigo mexicano. Él debe regresar a México mañana pero desea pasar la tarde con Rosa. ¿Y dónde está Pepito? Él y la abuela comen en el restaurante que está en la (*ground floor*) ______________________ de los Apartamentos Gloria. Él y la abuela son muy buenos amigos. ¿Y el señor Echeverría está también en el restaurante de la ______________________? No, él está en el ______________________ piso. El señor Echeverría es profesor de filosofía pero ahora desea ser senador y vivir en la capital. ¿Qué más hay en los Apartamentos Gloria? Bueno, en el ______________________ piso está el apartamento del señor Espinosa. Catalina y Francisco, los dos hijos del señor Espinosa, estudian para un examen de inglés ... Y aquí termina la descripción de un típico día de semana en los Apartamentos Gloria. ¿Desea usted ocupar el apartamento vacante del ______________________ piso?

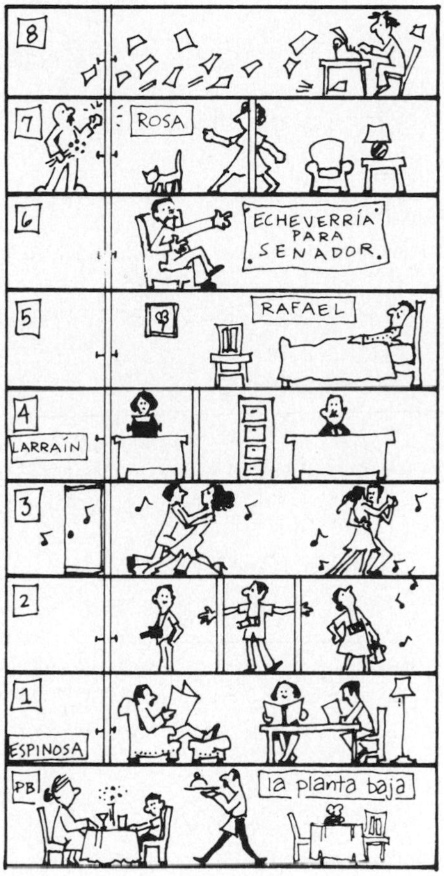

Copyright © 1989 by Holt, Rinehart & Winston, Inc. All rights reserved.

V. *SER VS. ESTAR*

A. ¿Por qué usar *ser*? *For each of the following sentences write the letter that indicates why* **ser** *is used.*

a. links the subject to a noun or pronoun
b. indicates origin
c. indicates where an event takes place
d. describes what something is made of
e. shows a personal characteristic
f. shows possession
g. expresses equations or arithmetic

________ 1. La casa es de Elena.

________ 2. Marisa es una persona muy sensible.

________ 3. Inés es de Costa Rica.

________ 4. La fiesta es en la universidad.

________ 5. Las sillas no son de plástico.

________ 6. La señorita Gutiérrez es profesora de inglés

________ 7. Ellos son inteligentes.

________ 8. Cinco y siete son doce.

B. ¿Por qué usar *estar*? *For each of the following sentences write the letter that indicates why* **estar** *is used.*

a. shows location or position
b. indicates a particular condition

________ 1. Roberto está contento.

________ 2. El café está bueno hoy.

________ 3. No estoy en clase.

________ 4. ¿Cómo está usted?

________ 5. Marta está en la biblioteca.

C. ¿*Ser* o *estar*? *Fill in the blanks with the correct forms of* **ser** *or* **estar**.

1. Los muchachos ______________________________ perdidos.

2. Nosotros ______________________________ en el laboratorio.

3. Tú ______________________________ norteamericano, ¿verdad?

4. El hotel ______________________________ enfrente de la universidad.

5. Los tíos de Raquel ______________________________ muy optimistas.

6. Creo que yo ______________________________ amable, ¿no?

7. Hoy ustedes ______________________________ aburridos, ¿verdad?

8. Rafael y yo ______________________________ de vacaciones.

D. Imaginación y lógica. *Write six original affirmative or negative sentences using items from each of the three columns.*

Agustín y yo		en el restaurante
Tú		grande(s)
El libro	ser	en el aeropuerto
El avión	estar	perdido(-a), ¿verdad?
Las clases de español		de papel
Las mesas		difícil(es)

MODELOS **Agustín y yo estamos en el aeropuerto.**
El avión no es de papel.

1. ______________________________

2. ______________________________

3. ______________________________

4. ______________________________

5. ______________________________

6. ______________________________

FUNCIONES Y ACTIVIDADES

A. Reacciones lógicas. *React to each of the following statements by choosing an appropriate phrase from the list below.*

¡Qué suerte!	¡Qué aburrido!
¡Qué simpático!	¡Qué bueno!
¡Qué malo!	¿Verdad?
¡Felicitaciones!	¡Qué descortés!
¡Qué interesante!	¡Qué horrible!

1. Juan Pablo no desea visitar a la abuela. ______________________________

2. En general, Ana recibe A o B en los exámenes de español. ______________________________

Copyright © 1989 by Holt, Rinehart & Winston, Inc. All rights reserved.

3. Luis está muy mal. Ahora está en el hospital. ______________________________

4. Allí la comida es deliciosa. ______________________________

5. Visitamos el Museo de Historia Natural. ______________________________

6. Raúl lee el periódico (*newspaper*) en la clase de español, cuando nosotros trabajamos con el vocabulario. ______________________________

7. Fred desea vivir en Honduras y trabajar con el *Peace Corps*. ______________________________

8. Mañana viajo a Italia. Es el regalo de graduación de mi familia. ______________________________

B. En el centro. *Look at the drawing and then fill in the blanks with one of the following prepositions, as appropriate. Don't forget to make contractions (***de + el = del***) when needed.*

a la derecha (de)	enfrente (de)
a la izquierda (de)	al norte (de)
al lado (de)	al sur (de)
cerca (de)	al este (de)
lejos (de)	al oeste (de)

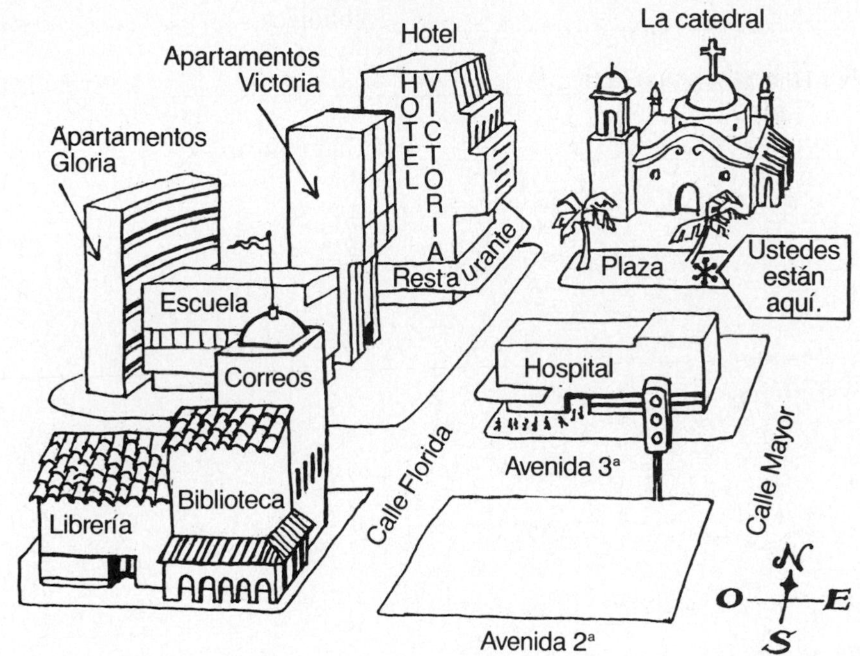

MODELO La biblioteca está __al lado de *(or* a la izquierda de)__ la librería y __cerca del *(or* al sur del)__ Restaurante Victoria.

1. La catedral está ________________ hospital y ________________ la Avenida 3ª.

2. El hospital está ________________ la escuela y ________________ los Apartamentos Gloria.

3. La escuela está ________________ los Apartamentos Victoria y ________________ la Oficina de Correos.

4. Los Apartamentos Gloria están ________________ la Calle Florida y ________________ restaurante.

Copyright © 1989 by Holt, Rinehart & Winston, Inc. All rights reserved.

5. El restaurante está ______________________________ la biblioteca y

______________________________ la catedral.

6. La librería está ______________________________ la biblioteca y

______________________________ la escuela.

7. La plaza está ______________________________ la catedral y

______________________________ biblioteca.

8. El Hotel Victoria está ______________________________ la Avenida 2^a y

______________________________ la Calle Mayor.

NOMBRE ______________________________ FECHA __________ CLASE __________

CAPÍTULO 3

ESTUDIOS UNIVERSITARIOS

VOCABULARIO

A. Estudios universitarios. *In each of the following passages people are describing their activities or preferences. Try to guess what they are studying.*

MODELO Debo visitar el museo de la ciudad. Necesito leer más sobre (*about*) la cultura de los aztecas.
(a.) antropología b. biología c. música

1. Necesito dos libros sobre Aristóteles y uno sobre Platón. También debo buscar uno de Jean-Paul Sartre.

   a. matemáticas b. ingeniería c. filosofía

2. Deseo leer un libro sobre John Locke y Thomas Jefferson.

   a. ciencias políticas b. biología c. literatura

3. Necesito información sobre las personas enfermas de allí.

   a. química b. medicina c. sociología

4. Hoy compro libros de Sigmund Freud, Karl Jung y B. F. Skinner.

   a. psicología b. física c. ciencias de computación

5. Leo unos libros de Cervantes y también muchos de Carlos Fuentes.

   a. ciencias naturales b. literatura c. antropología

B. Profesores y profesoras. *The sentences below describe each professor's interests. Fill in the blanks with the name of his or her specialty.*

MODELO El profesor Vanger contesta preguntas sobre la Revolución Mexicana. Es profesor de __historia__.

1. La profesora Rodríguez enseña la vida de las plantas. Es profesora de

   ______________________.

Copyright © 1989 by Holt, Rinehart & Winston, Inc. All rights reserved.

2. El profesor Méndez trabaja con computadoras. Es profesor de

_____________________________.

3. El profesor García y la profesora Martínez leen muchos libros sobre dolores de estómago (*stomachaches*). Son profesores de _____________________________.

4. La profesora Henríquez hoy habla del átomo en clase. Es profesora de

_____________________________.

5. El profesor Arias y el profesor Walsh escriben un libro sobre la civilización azteca. Son profesores de _____________________________.

I. EL PRESENTE DE INDICATIVO DE *TENER*.

A. ¿Qué tienen? *Complete each sentence by supplying the noun shown in the picture and the correct form of* **tener**.

MODELO Roberto _____________________________ en este momento.
Roberto tiene cien dólares en este momento.

1. Yo ____ nuevo.

2. Los padres de Ana ______________________________ en Veracruz.

3. María Pilar y yo ______________________________ de literatura.

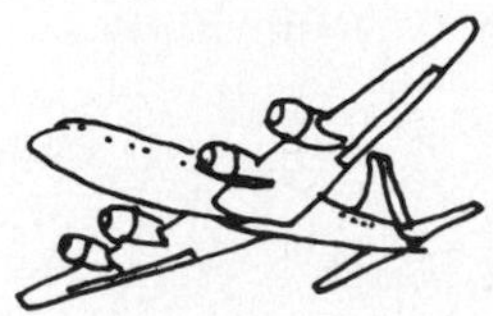

4. El presidente ______________________________ grande.

5. María Elena ______________________________ muy amable.

Copyright © 1989 by Holt, Rinehart & Winston, Inc. All rights reserved.

B. ¿Y ustedes? *Using the items from each column make up six sentences telling what you and others have or don't have.*

yo	amigos simpáticos
los estudiantes	clases fáciles
tú	problemas difíciles
usted	profesores estupendos
nosotros	padres agradables
la tía de Jorge	planes interesantes

____

____

____

____

____

____

II. EXPRESIONES IDIOMÁTICAS CON *TENER*

A. Conversaciones. *Complete the following conversations with the appropriate forms of* **tener, tener ganas de,** *or* **tener que.**

1. Mamá, yo ______________________ estudiar música.

   Bueno, la señora López enseña clases de piano.

2. Raúl, ¿comes con nosotros?

   No, hoy no ______________________ tiempo.

   ______________________ asistir a un laboratorio de física.

3. Papá, creo que la química y la ingeniería son importantes, pero...

   Comprendo, hijo. Tú no ______________________ estudiar, ¿verdad?

4. ¿Cuándo llega el avión de los abuelos?

   ¡Ahora mismo! ¡Nosotros ______________________ estar en el aeropuerto en cinco minutos!

5. Debemos hablar con un doctor.

Yo ____________________________ una idea. ¿Por qué no llamamos al doctor Torres?

B. Frases lógicas. *Form complete sentences with the following words, adding words where needed.*

MODELO Rosa / tener / trabajar mucho / porque / tener ganas / viajar / España / pronto
Rosa tiene que trabajar mucho porque tiene ganas de viajar a España pronto.

1. El amigo / Carmen / correr mucho / y / tener sed

____

2. Jorge y Roberto / tener / estudiar / ciencias sociales

____

3. Armando y yo / tener ganas / comer / comida mexicana

____

4. Alfredo / tener prisa / porque / desear / llegar pronto / clase

____

5. Tú / tener / muchos dólares. ¡También / tener / mucha suerte!

____

6. Lola / tener / llegar / aquí / cinco minutos

____

Copyright © 1989 by Holt, Rinehart & Winston, Inc. All rights reserved.

C. Escenas de todos los días en el Edificio Rosales. *Everyone in the* **Edificio Rosales** *lives in a world apart. Tell about each one, using an expression with* **tener**.

1. El señor Gómez ____.
2. La Sra. Mendizábal ____.
3. Cristóbal no ____.
4. Isabelita no ____.
5. El compañero de Juan ____.
6. Yo ____.

III. LOS ADJETIVOS Y PRONOMBRES DEMOSTRATIVOS

A. Cambios lógicos. *Rewrite each of the following sentences according to the cue.*

MODELO Esa señorita es una buena psicóloga. (hombre)
Ese hombre es un buen psicólogo.

1. Ese señor es un profesor de biología muy trabajador. (señorita)

____

2. ¿Desean comer en esta mesa o en aquélla? (restaurante)

____

3. ¿Qué libro lees? ¿Éste? (carta)

____

4. ¿Cuál de estas comidas es buena para los hijos de Víctor? (libros)

____

5. Busco la Biblioteca Nacional. ¿Es aquélla? (Museo de Antropología)

____

6. Esos muchachos que están allí leen un libro interesante. (aquí)

____

B. Traducción. *Translate the following sentences into Spanish.*

1. That book? No, I need this one.

____

2. You (**usted**) should sell this camera or that one.

____

3. These biology books are difficult.

____

4. According to Carlos, this restaurant is Mexican but that one (far away) is not typical.

____

5. Those students are studying social sciences.

____

Copyright © 1989 by Holt, Rinehart & Winston, Inc. All rights reserved.

IV. EL GERUNDIO Y EL PRESENTE PROGRESIVO

A. En este momento. *Rewrite the following sentences, changing the verbs in the present tense to the present progressive.*

MODELO Raúl lee un libro de español.
En este momento Raúl está leyendo un libro de español.

1. Esteban cruza la calle.

____

2. María y Gloria asisten a una conferencia.

____

3. Tú escribes cartas a la familia.

____

4. Nosotros tomamos refrescos.

____

5. Yo estudio para un examen.

____

NOMBRE ________________________________ FECHA __________ CLASE __________

B. En la residencia universitaria. *Describe what each person in the picture is doing right now. Use these verbs in the present progressive tense:* **leer, comer, hablar, mirar, tomar, escribir.**

MODELO Carmen y Marta
Carmen y Marta están hablando.

V. LOS NUMEROS CARDINALES 100 A 1.000.000

A. La ciudad de Colón. *Write out the numbers in parentheses.*

Hay (1.000.000) ____________________ personas en esta ciudad.

(14) ____________________ familias reciben (500.000)

____________________ pesos o más al año (*per year*) y

(400.000) ____________________ familias reciben entre (*between*)

(200) ____________________ y (700) ____________________ pesos

al año. Unas (300) ____________________ familias reciben

(900) ____________________ pesos al año. ¿Cómo es posible vivir con tan

poco dinero (*so little money*)?

Copyright © 1989 by Holt, Rinehart & Winston, Inc. All rights reserved.

B. Dos más dos son cuatro. *Write out the answers to these mathematical problems. Place the numeral in the first blank and the word in the second.*

1.000 – 250 = ________ ______________________________

700 + 500 = ________ ______________________________

600 – 120 = ________ ______________________________

1.200 – 640 = ________ ______________________________

400 + 175 = ________ ______________________________

FUNCIONES Y ACTIVIDADES

A. Números y más números. *Francesca is visiting Mexico City. Everywhere she goes she has to ask questions that are answered with numbers. Answer her questions, writing in words the numbers in parentheses.*

MODELO ¿Cuánto cuesta esa computadora? (750.000 pesos)
Ésa cuesta setecientos mil cincuenta pesos.

1. ¿Cuál es el número de teléfono del Teatro Juárez? (5-28-63-55)

   ____

2. Necesito cambiar un cheque de viajeros. ¿Cuántos pesos hay en 100 dólares? (150.000)

   ____

3. ¿Cuánto cuesta ese libro de historia mexicana? (12.000 pesos)

   ____

4. ¿Cuánto cuesta una comida en la cafetería del museo? (6.000 pesos)

   ____

5. ¿Cuál es el número de teléfono de la agencia de viajes Guadalupe? (5-33-41-27)

   ____

NOMBRE ______________________________ FECHA __________ CLASE __________

B. ¿Cómo? ¿Dónde como yo? *Eduardo is looking for a restaurant on his first trip to the university. Play his role and interrupt the speaker to ask for clarification.*

MODELO Usted debe comer en el restaurante universitario.
¿Cómo? ¿Dónde debo comer?

1. El restaurante universitario está cerca del estadio.

   ____

2. Usted no necesita un mapa, ¿verdad?

   ____

3. Muchos estudiantes y profesores comen en aquel restaurante que está más cerca del centro.

   ____

4. Hoy tienen huachinango veracruzano y mole poblano de guajolote.

   ____

5. Usted es turista, ¿no?

   ____

Copyright © 1989 by Holt, Rinehart & Winston, Inc. All rights reserved.

CAPÍTULO 4

LAS ESTACIONES Y EL TIEMPO

VOCABULARIO

A. Estaciones y meses. *Fill in the blanks with the appropriate words from the list below.*

frío	sol	primavera	agosto	enero
meses	otoño	invierno	calor	estación

1. Creo que hace ____________________ en Hawaii todo el año.
2. En el verano aquí hace ____________________ y ____________________.
3. Abril y mayo son ____________________ de la ____________________, no del otoño.
4. La ____________________ favorita de Alberto es el ____________________; para él, septiembre y octubre son ____________________ estupendos.
5. En Chicago hace mucho viento y mucho ____________________ en diciembre y ____________________.

B. El tiempo. *The word* **tiempo** *can refer to "time" or "weather." Which is the case in the following examples?*

1. ¿Esquiar con ustedes? ¡Qué suerte! ¡Hoy tengo tiempo! ____________________
2. Hoy hace muy buen tiempo. ¡Es un día estupendo! ____________________
3. Muchas gracias, pero no tenemos tiempo. ____________________

Copyright © 1989 by Holt, Rinehart & Winston, Inc. All rights reserved.

4. ¡Qué mala suerte! Aquí siempre (*always*) hace mal tiempo. ______________________________

I. EL PRESENTE DE INDICATIVO DEL VERBO *HACER;* EXPRESIONES DE TIEMPO

A. ¡Buen viaje! *Complete the paragraph with the appropriate forms of* **hacer**.

Nosotros ______________________________ un viaje en dos días. Mamá ______________________________ las maletas y yo ______________________________ una composición para la clase de inglés. Papá y Elena ______________________________ la comida de esta noche porque Mamá y yo trabajamos mucho. En este momento Raúl ______________________________ sandwiches y refrescos para la familia. También tiene ganas de correr y ______________________________ ejercicios porque hoy ______________________________ buen tiempo. Y tú, ¿qué ______________________________ ahora?

B. Una conversación entre amigos. *A new friend who would rather chat than work meets you at the library. Answer your friend's questions with complete sentences.*

1. ¿Haces mucho trabajo en la biblioteca? ¿Y en el laboratorio?

   ____

2. Hacemos muchos ejercicios en la clase de español, ¿verdad?

   ____

3. ¿Haces un viaje este año? ¿Adónde?

   ____

4. Hoy llueve y hace viento. En general, ¿qué haces cuando hace mal tiempo?

   ____

5. ¿Qué haces hoy, por ejemplo? Y mañana, ¿qué haces?

   ____

NOMBRE ______________________ FECHA __________ CLASE __________

C. **¿Qué tiempo hace?** *Describe the weather pictured in each drawing.*

MODELO

Hace buen tiempo.

1. ____

2. ____

Copyright © 1989 by Holt, Rinehart & Winston, Inc. All rights reserved.

3. ______________________________

4. ______________________________

5. ______________________________

NOMBRE ______________________________ FECHA __________ CLASE __________

II. EL PRESENTE DEL VERBO *IR*; *IR A* + INFINITIVO

A. Actividades. *Circle the form that best completes each of the following sentences.*

MODELO ¿Nosotros? ______________________ con David, no con Jaime.
(voy, (vamos), van)

1. Aquí hace calor en julio; María Elena y Marcelo ______________________ a la playa. (voy, vamos, van)
2. Roberto, ¿ ______________________ a esquiar con nosotros este invierno? (voy, vas, vamos)
3. Creo que no ______________________ a hacer calor cerca del mar. (van, vamos, va)
4. Hija, ¿por qué ______________________ a llamar a Fernando Cuevas? Ese muchacho no trabaja y es muy descortés. (vamos, vas, voy)
5. El domingo yo ______________________ a visitar al señor Menéndez. (vamos, va, voy)

B. Horóscopo. *You've been asked to make predictions for the year ahead. Use the construction* **ir a** + *infinitive in all your statements.*

MODELO (visitar) El presidente __________ Rusia.
El presidente va a visitar Rusia.

1. (ir) César y Olga ________________ a Viña del Mar.
   (estar) ________________ allí todo el mes de noviembre.
2. (hacer) ________________ buen tiempo aquí en septiembre.
3. (recibir) Tú ________________ un regalo muy especial.
4. (vivir) Carlota ________________ en Chile.
5. (tener) El país ________________ muchos problemas este año.
6. (buscar) Usted ________________ una casa en Santiago.
7. (tener) Usted y Marta ________________ mucho éxito en el trabajo.

Copyright © 1989 by Holt, Rinehart & Winston, Inc. All rights reserved.

8. (hacer) Los amigos de Carmen y yo ____________________ un viaje en cinco días.

9. (escribir) Jorge ____________________ un libro excelente.

10. (viajar) Adiós, y ¡muchas gracias! ¡Ahora yo ____________________ a países interesantes!

C. Conformistas y anticonformistas. *It is your job to identify applicants whose answers to the following questions indicate that they are nonconformists or unusual in any way. Circle the answers that are not ordinary.*

MODELO ¿Qué hace usted cuando hace sol?
a. Voy al mar.
b. Voy a una playa cerca de mi casa.
(c.) Yo soy el sol y también el mar .
d. Llamo a una amiga y vamos a la playa.

1. ¿Qué hace usted el día de su cumpleaños (*your birthday*) ?

   a. Busco refrescos dentro de pirámides.

   b. Visito a los amigos que viven cerca de la universidad.

   c. Voy a un restaurante español.

   d. Hago una fiesta.

2. ¿Tiene usted una estación favorita? ¿Cuál y por qué?

   a. La primavera, porque es muy bonita.

   b. El invierno, porque esquío mucho.

   c. El verano, porque voy mucho a la playa.

   d. El otoño, porque voy a la universidad y como mucha tiza.

3. ¿Adónde va usted cuando hace calor?

   a. Voy a la playa.

   b. Voy a un bar del centro y hablo con los amigos.

   c. Cuando hace calor, voy al campo.

   d. Cuando hace calor, en general tengo mucho frío.

4. Cuando usted tiene fiebre, ¿a quién llama?

   a. Al doctor Vargas.

   b. A una persona que trabaja en la farmacia.

   c. A toda la gente del aeropuerto.

   d. A la librería donde trabajo.

III. LOS PRONOMBRES DE COMPLEMENTO DIRECTO

A. Personas y objetos. *Answer the questions according to the cues, replacing the direct object with an appropriate direct object pronoun.*

MODELO ¿Dónde compra Rafael las sillas bonitas? (en México)
Rafael las compra en México.

1. ¿Tiene Pedro el auto? (No, ...)

   ____

2. ¿Deseas hacer el trabajo hoy o mañana? (hoy)

   ____

3. ¿Cuándo vas a visitar a los abuelos? (en junio)

   ____

4. ¿Escriben cartas Teresa y Juan? (No, ...en este momento)

   ____

5. ¿Van a visitar ustedes a la hermana de Tomás en Nueva York? (Sí, ... el sábado)

   ____

6. ¿En qué clase estudia usted los problemas de este país? (en la clase de ciencias políticas)

   ____

Copyright © 1989 by Holt, Rinehart & Winston, Inc. All rights reserved.

7. ¿Cuándo vas a llamar a Susana y a Carmen? (esta tarde)

____

8. ¿Dónde tienen que esperar al doctor Juárez y a la hija de Raúl? (en el hospital)

____

B. Respuestas lógicas. *For each of the following conversations circle the letter of the most appropriate response.*

MODELO PROFESORA VEGA ¿Cuándo desea usted visitarme?
ESTUDIANTE a. Lo deseo visitar mañana.
b. Te deseo visitar mañana.
(c.) La deseo visitar mañana.

1. NICOLÁS Voy a visitarlo ahora.

MARÍA a. ¿Qué? ¿El programa?

b. ¿A quién? ¿A Jorge?

c. ¿A quién? ¿A Elena?

2. CONCHA Ana y yo te esperamos. ¿Nos vas a llamar?

PABLO a. Va a llamarnos mañana.

b. Cómo no. Las voy a llamar mañana.

c. Deseo llamarlos en febrero o marzo.

3. HIJO ¿Ahora comprendes el problema, papá?

PADRE a. Deseo comprenderlo, pero... ¡no lo comprendo!

b. Voy a buscarlo esta tarde.

c. Mañana voy a comprarlo.

4. FELIPE No deseo comprarlas.

CARLOS a. ¡Qué lástima! ¿No los necesitas?

b. ¿Qué? ¿Las maletas? Yo sí las voy a comprar.

c. ¿Qué? ¿Los cuadernos?

5. ESPOSA ¿Haces las maletas ahora?

ESPOSO a. No ahora, pero voy a hacerlas esta noche.

b. Cómo no. Las hago en el auto.

c. No, voy a comerlas mañana.

C. Preguntas y más preguntas. *Answer the following questions using the appropriate direct object pronoun.*

1. ¿Me comprendes ahora?

____

2. ¿Te va a llamar Jorge para la fiesta?

____

3. ¿Nos esperan ustedes en el hotel?

____

4. ¿Eduardo y Manuel van a llamar a las muchachas mañana?

____

5. ¿Desea usted tomar el refresco ahora?

____

IV. LAS FECHAS

A. Asociación de ideas. *Look at the following words and expressions and write the name of the day or days of the week you associate with them.*

1. la playa ______________________________
2. la clase de español ______________________________
3. ir de compras ______________________________
4. un partido de fútbol ______________________________
5. la universidad ______________________________
6. ir de campamento ______________________________

Copyright © 1989 by Holt, Rinehart & Winston, Inc. All rights reserved.

7. la biblioteca ______________________________

8. la televisión ______________________________

9. el examen ______________________________

10. la cafetería ______________________________

B. Cuestionario. *Write out in Spanish the dates for each of the following events. Include years whenever appropriate.*

1. el descubrimiento (*discovery*) de América por Cristóbal Colón

____

2. la independencia de los Estados Unidos

____

3. la Navidad (*Christmas*)

____

4. el cumpleaños de George Washington

____

5. el cumpleaños de usted

____

C. Fechas importantes. *Fill in the following chart with birthdays of four people you don't want to forget.*

	PERSONA	*FECHA*
MODELO	**mamá**	**el veintiuno de noviembre**
	1. ________	______________________
	2. ________	______________________
	3. ________	______________________
	4. ________	______________________

FUNCIONES Y ACTIVIDADES

A. Situaciones. *Choose an appropriate expression from the following list to give your reaction to each of the following situations.*

¡Cuidado!	¡Esperen más!	¡Felicitaciones!	¡Qué coincidencia!
¡Qué buen tiempo!	Mil gracias.	¡Qué calor!	

MODELO El primo de Juanita llega con un televisor para usted.
Mil gracias.

1. Esteban cruza la calle pero no mira si hay autos.

   ____

2. Elena estudia español, ¡y el texto de la clase es *¿Habla español?* también!

   ____

3. Usted recibe un lindo regalo de una amiga.

   ____

4. El tren no llega y los muchachos tienen mucha prisa; no desean esperar en la estación.

   ____

5. Hace sol y no hace mucho calor.

   ____

Copyright © 1989 by Holt, Rinehart & Winston, Inc. All rights reserved.

B. Dos mini-diálogos. *Study the following drawings and write a brief dialogue for each one based on what you imagine the people might be saying. Try to incorporate at least two expressions from the following list in each mini-dialogue.*

¡Qué tiempo más horrible!
¿Qué estudias tú?
¿Usted (Tú) tambien ... ?
De nada.
Muchas gracias.

¡Qué lluvia!
¡Qué coincidencia!
¡Cuidado!
Usted es (Tú eres) muy amable.

NOMBRE ______________________ FECHA __________ CLASE __________

CAPÍTULO 5

LA CIUDAD Y SUS PROBLEMAS

VOCABULARIO

A. Examen de aptitud. *You are applying for a bilingual job with the city government and are asked to do some word association. For each category, circle the word that does not fit.*

MODELO **El crimen:** el robo, (la inflación), la mujer policía, el criminal

1. **Problemas de trabajo:** el desempleo, el tráfico, la discriminación, la huelga
2. **Otros problemas de la ciudad:** la basura, la contaminación, el parque, el tráfico
3. **Edificios de la ciudad:** el banco, la tienda, el teatro, el autobús
4. **Transporte público:** la pobreza, el metro, el autobús, el taxi

B. En mi ciudad. *Using the words from the following list, write six sentences describing the advantages or disadvantages of living in your city or town.*

MODELO **En mi ciudad las escuelas son muy buenas.**

calles	discriminación	casas	escuelas
plazas	apartamentos	tráfico	parques
bancos	desempleo	basura	avenidas
crimen	restaurantes	barrios	huelgas
teatros	contaminación	hoteles	empleos
pobreza	universidades	robos	hospitales

1. ______________________________
2. ______________________________
3. ______________________________
4. ______________________________

Copyright © 1989 by Holt, Rinehart & Winston, Inc. All rights reserved.

5. ______________________________

6. ______________________________

I. EL PRESENTE DE INDICATIVO DE LOS VERBOS CON CAMBIO EN LA RAIZ *E → IE*; EL VERBO *VENIR*

A. Discusiones urbanas. *Complete the following dialogues about city living with the correct forms of the verbs indicated and then answer the questions.*

JORGE Y RAÚL

1. JORGE Raúl, ¿qué (pensar) ______________________ tú del problema de la inflación?

2. RAÚL ¡Ay! Yo no (entender) ______________________ eso muy bien. La inflación (comenzar) ______________________ cuando los precios están muy altos, ¿no?

3. JORGE Sí, y muchos bancos (cerrar) ______________________ después de sólo unos años. No hay dinero y la gente (perder) ______________________ el trabajo.

4. RAÚL Jorge, ¡yo no (querer) ______________________ ser víctima del desempleo!

5. JORGE Entonces tú y yo (empezar) ______________________ ahora mismo a buscar dos trabajos.

a. ¿Qué piensa Raúl de la inflación?

____

b. Según Jorge, ¿qué problemas produce la inflación?

____

c. ¿Dónde quiere trabajar usted?

____

ELENA Y SARA

1. ELENA ¿(Preferir) ______________________________ usted vivir en la ciudad o en el campo?

2. SARA Yo (venir) ______________________________ del campo, pero mi familia (querer) ______________________________ tener un apartamento en Nueva York. Nosotros (pensar) ___________ vivir en la Tercera Avenida, cerca de mis suegros.

3. ELENA Pero hay mucho tráfico y también (nevar) ______________________________ en Nueva York. ¡No es como Puerto Rico!

4. SARA Sí, pero nosotros no (sentir) ______________________________ mucho el frío y mi hijo (empezar) ______________________________ sus estudios universitarios aquí este año.

d. ¿Dónde prefiere vivir la familia?

____

e. ¿Qué va a hacer el hijo este año?

____

f. ¿Dónde prefiere vivir usted?

____

Copyright © 1989 by Holt, Rinehart & Winston, Inc. All rights reserved.

B. Foro municipal. *People are conversing before the city council meeting begins. Give a probable response for each of the questions.*

MODELO Muchas personas están aquí esta noche, ¿no?
Sí, muchas personas están aquí.

1. Yo entiendo muy bien el problema del desempleo, ¿y tú?

____

2. Mi esposo viene esta noche, ¿y tus primos?

____

3. ¡Claro! Los ricos no sienten la inflación, ¿y los pobres?

____

4. Tú recomiendas otros programas, ¿y tus padres?

____

5. Marta siempre comienza a hablar cuando no debe, ¿y yo?

____

6. Esas conversaciones son muy interesantes. Mi esposa y yo queremos participar en las discusiones de los sábados, ¿y usted?

____

C. Preguntas y más preguntas. *Answer in Spanish the following questions addressed to you.*

1. ¿Prefieres estudiar en tu casa o en la biblioteca?

____

2. ¿Qué quieres hacer hoy? ¿Vienes a mi casa?

____

3. ¿Qué días vienes a la clase de español?

____

4. ¿Cuándo empiezan las vacaciones de verano? ¿Vienen tus amigos a visitarte?

____

5. ¿Sientes más el frío o el calor? ¿Dónde prefieres vivir? ¿en el norte o en el sur?

____

II. LOS ADJETIVOS POSESIVOS

A. Transformaciones. *Rewrite each of the following sentences by replacing the italicized word with the word(s) in parentheses and making all necessary changes.*

MODELO Mi amigo *Esteban* tiene problemas. (Esteban y Gloria)
Mis amigos Esteban y Gloria tienen problemas.

1. Tu *composición* está en la mesa. (composiciones)

____

2. La ciudad y sus *avenidas* principales son modernas. (avenida)

____

3. Nuestra sobrina *Berta* vive aquí. (Alberto)

____

4. Tengo tus libros, *Pepe*. (doctora Martínez)

____

5. Nuestras *escuelas y universidades* son bonitas. (parques y hoteles)

____

6. Bienvenido, *Tomás*, estás en tu casa. (profesor Velázquez)

____

7. Voy a esperar a mi *hija*. (hijas)

____

B. Amigos y parientes. *Your friend Consuela is asking about your family and mutual friends. Answer her questions using possessive adjectives.*

1. ¿Qué tiene ganas de hacer tu hermano?

____

2. ¿Cómo son los amigos de Roberto?

____

Copyright © 1989 by Holt, Rinehart & Winston, Inc. All rights reserved.

3. ¿Hay mucho crimen en su barrio (de Roberto)?

____

4. ¿Estudian matemáticas las primas de Beatriz?

____

5. Muchos amigos de ustedes van a esquiar en febrero, ¿verdad?

____

C. Yo y los otros. *Pedro is telling Miguel about himself and several other people. Rewrite each sentence using a possessive adjective, as in the model.*

MODELO Yo vivo en un barrio pobre.
Mi barrio es pobre.

1. Tengo una casa linda y pequeña.

____

2. El apartamento de Carlos está cerca del hospital.

____

3. La huelga de nosotros, estudiantes de arquitectura, empieza mañana.

____

4. En este país tenemos ciudades pequeñas.

____

5. Las primas de Roberto son muy simpáticas.

____

III. LOS PRONOMBRES DE COMPLEMENTO INDIRECTO

A. Decisiones difíciles. *In each of the following sentences, distinguish the indirect object pronoun from the direct object pronoun. Underline only the indirect object pronouns.*

MODELO Cuando Claudio nos visita, en general __nos__ compra regalos.

1. ¿Me enseñas esa canción? La quiero aprender.
2. ¿Les escribe Juan una carta a sus padres? --No, mañana los llama por teléfono.

3. Doña Ana nos va a comprar un regalo lindo.

4. ¿La carta? Ahora no le quiero escribir una carta.

5. Te recomiendo un restaurante puertorriqueño.

6. ¿Les lees muchos libros a los niños? --No, no les leo muchos libros.

B. Falta algo (*Something's missing***).** *Complete each sentence with the indirect object pronoun corresponding to the indirect object phrase in parentheses.*

MODELOS Le hablan por teléfono (a ella).
Mi tío va a leerles ese libro (a ellos).

1. No ________________ preparamos el desayuno (a ustedes), ¿verdad?

2. Jacobo ________________ manda el dinero (a nosotros) hoy.

3. Marta ________________ hace la comida (al señor).

4. Van a vender________________esa cámara (a usted).

5. Su amigo ________________ escribe (a Conchita) que va a llegar a la una.

6. Hoy la profesora va a enseñar________________ más verbos (a nosotros).

C. Frases lógicas. *Following the model, make sentences from the words given. Be sure to use indirect object pronouns and add other words where needed.*

MODELO La profesora Álvarez / enseñar / español / a nosotros
La profesora Álvarez nos enseña español.

1. Nosotros / desear / un feliz cumpleaños / a Miguel

____

2. La doctora / hablar / a los niños enfermos

____

3. Sus tíos / comprar / un televisor / a Carmen

____

4. Mis primas / hacer la comida / a ustedes

____

5. Elena / ir / vender la computadora / a nosotros

____

Copyright © 1989 by Holt, Rinehart & Winston, Inc. All rights reserved.

IV. LA HORA

A. Una cita entre amigas. *Linda and Teresa have a phone conversation to arrange a lunch date. Fill in the missing words.*

LINDA ¡Hola, Teresa! Sonia y yo vamos a comer en el Restaurante Sol Azteca a (1) ________________ doce y media. ¿Quieres ir con nosotros?

TERESA ¡Estupendo! Pero tengo que estar aquí en la universidad a (2) ________________ una (3) ________________ media para hablar con mi profesor.

LINDA No hay problema. Ahora (4) ________________ las doce (5) ________________ diez. ¿(6) ________________ qué hora llegas a mi oficina?

TERESA Sólo necesito diez minutos para llegar allí en auto. Estoy allí (7) ________________ las doce (8) ________________ veinticinco.

LINDA ¡Muy bien! Hasta pronto.

NOMBRE ______________________________ FECHA __________ CLASE __________

B. Una tarde en la vida de Juana. *Looking at the clocks and the words given, tell what time Juana is doing each activity. Supply words as needed.*

MODELO   Juana / tomar / refresco

A las cuatro y diez Juana toma un refresco.

1. Juana / empezar / comer/ en la cafetería

____

____

2. comenzar / la clase / física / Juana

____

____

3. Juana / estar / escribiendo / un examen de física

____

____

4. Juana / preguntar / la hora

____

____

Copyright © 1989 by Holt, Rinehart & Winston, Inc. All rights reserved.

5. Juana / mirar / televisión

____

____

FUNCIONES Y ACTIVIDADES

A. Un horario muy ocupado (*A very busy schedule*). *You are writing to a friend in Puerto Rico to tell her about the courses you are taking and the schedule for each class. Use as many time expressions as possible.*

Querida (*dear*) Carmen:

Mi día comienza a ______________________________. Mi primera clase es ______________________________ a ______________________________. Tengo una clase de ______________________________ a ______________________________ y una de ______________________________ a ______________________________.

____

____

____

¡Soy muy trabajador(a)!, ¿verdad?

Hasta pronto, tu amigo(-a)

____

(*Sign your name*)

B. ¡Buena lección! *React to each of the following situations, choosing an appropriate expression from the list below.*

¡Qué lástima!	¡Qué mala suerte!
¡Pobrecito(-a)!	¡Buena lección!
Es de esperar.	¿Qué espera(s)?

MODELO Raúl va a llegar tarde al aeropuerto porque pierde su reloj (*clock*).
¡Qué mala suerte! *or* **Es de esperar.**

1. Marta va al casino de Monte Carlo y pierde 5.000 dólares.

   ____

2. Enrique y Ana compran un auto por (*for*) 100 dólares y no anda bien.

   ____

3. David y Clara comen cinco libras (*pounds*) de chocolates y ahora están enfermos.

   ____

4. Jorge tiene dolor de cabeza porque mira televisión por diez horas.

   ____

5. Los primos de Elena hacen un viaje a San Juan y allí llueve todos los días.

   ____

6. Tú y dos amigos van a un restaurante caro y reciben una cuenta (*bill*) de 250 dólares.

   ____

Copyright © 1989 by Holt, Rinehart & Winston, Inc. All rights reserved.

NOMBRE ______________________ FECHA __________ CLASE __________

REPASO I

SUSTANTIVOS

All nouns in Spanish are either masculine or feminine.

Most nouns that end in **-o** are masculine.

Most nouns that end in **-a, -dad, -ción,** or **-sión** are feminine.

Singular nouns ending in a vowel take **-s** to form their plural; the plural of most nouns ending in a consonant is formed by adding **-es.**

ARTÍCULOS

Articles function as modifiers and must agree with the noun they refer to in gender and number.

Definite articles (*the*): **el, la, los, las.**

The prepositions **a** and **de** combine with **el** to form **al** and **del**.

Definite articles are used with titles of address except when speaking to the person directly.

- Express *Where is Professor Rey?* in Spanish. — **¿Dónde está el profesor Rey?**

The feminine forms of definite articles are used in telling time.

- Express *It is not one o'clock; it is two o'clock* in Spanish — **No es la una; son las dos.**

Indefinite articles (*a, an, some*): **un, una unos, unas.**

ADJETIVOS

In Spanish, adjectives usually change their form to agree in gender and number with the noun they modify.

- What is the feminine form of **alto**? Of **altos**? — **alta; altas**

Copyright © 1989 by Holt, Rinehart & Winston, Inc. All rights reserved.

Adjectives of quantity usually precede the noun they modify; adjectives that describe usually follow it.

Demonstrative adjectives (adjectives that point out): **este, esta, estos, estas** *this, these*; **ese, esa, esos, esas** *that, those*; **aquel, aquella, aquellos, aquellas** *that, those* (remote, used in Spain).

• How are demonstrative pronouns formed?	An accent is added to the adjective form.
• How are **esto, eso,** and — in Spain — **aquello** used? Do they have accents?	They are neuter pronouns; they do not have accents.

Possessive adjectives (show ownership):

mi, mis	**nuestro(-a, -os, -as)**
tu, tus	**vuestro(-a, -os, -as)**
su, sus	**su, sus**

• Should agreement of possessive adjectives be with the noun modified or the possessor?	With the noun modified.

PRONOMBRES

Subject pronouns:

yo	**nosotros(-as)**
tú	**vosotros(-as)**
usted	**ustedes**
él, ella	**ellos, ellas**

• There are two ways to refer to *you* singular in Spanish; what are they? When are they used?	**tú** — familiar people and situations **usted** — formal people and situations
• How does most of the Spanish-speaking world refer to *you* plural?	**ustedes**
• Could we use **ellos** for	
a. **Juan y su hermano**?	Yes.
b. **Juan y Josefina**?	Yes.
c. **Josefina y Susana**?	No.

Direct object pronouns:

me	**nos**
te	**os**
lo, la	**los, las**

Usted / ustedes will use **lo, la / los, las** respectively, depending on gender.

NOMBRE ______________________ FECHA __________ CLASE __________

- Where should direct object pronouns be placed in relation to the verb in the sentence?

Precede the conjugated verb or be attached to the end of the infinitive.

Indirect object pronouns:

me	**nos**
te	**os**
le	**les**

Indirect object pronouns also precede the conjugated verb or are attached to the end of an infinitive.

VERBOS

Spanish infinitives all end in **-ar, -er,** or **-ir.**
Regular verbs, present tense:
To produce the present tense forms of all regular verbs, drop the infinitive ending and add the present tense endings:

-ar	-er	-ir
-o	-o	-o
-as	-es	-es
-a	-e	-e
-amos	-emos	-imos
-áis	-éis	-ís
-an	-en	-en

Remember that **usted** and **ustedes** take the third person forms.

- Is it always necessary to use subject nouns or pronouns with a verb in Spanish?

No; the form of the verb indicates the subject.

Irregular verbs, present tense:
Irregular verbs do not follow the pattern of regular verbs when they are conjugated.
Present tense forms of irregular verbs you have learned so far:

estar	ser	tener	venir	ir	hacer
estoy	soy	tengo	vengo	voy	hago
estás	eres	tienes	vienes	vas	haces
está	es	tiene	viene	va	hace
estamos	somos	tenemos	venimos	vamos	hacemos
estáis	sois	tenéis	venís	vais	hacéis
están	son	tienen	vienen	van	hacen

Copyright © 1989 by Holt, Rinehart & Winston, Inc. All rights reserved.

- How are **tener** and **venir** similar in the present?

tengo / vengo; tienes / vienes; tiene / viene; tienen / vienen

- Which of the irregular verbs is used with most weather expressions?

Hacer.

- Are **ser** and **estar**, both meaning *to be,* interchangeable?

No.

Ser is used:

1. to link a subject and a noun;
2. with **de** to indicate place of origin, what something is made of, or possession;
3. to indicate where an event takes place;
4. with equations or arithmetic;
5. with adjectives to express qualities or characteristics that are considered normal for the subject;
6. to tell time.

Estar is used:

1. to indicate location or position;
2. with adjectives to indicate the condition of a person or thing at a particular time, often the result of change.

Some irregular verbs form pattern groups; for instance, many stem-changing verbs change an **e** in the stem to **ie** in four of the six present tense forms.

OTHER VERB FORMS

Progressive Tenses

The progressive tenses, which visualize the action as being in progress, are usually made up of a conjugated form of **estar** plus the present participle of the main verb.

Present participles are formed by adding **-ando** to the stem of **-ar** verbs and **-iendo** to the stem of **-er** and **-ir** verbs (if the stem ends in a vowel, **-yendo** is added).

Present progressive: present tense of **estar** + present participle.

- Does the ending of the present participle ever vary to agree with a subject?

No.

OTRAS ESTRUCTURAS

—In a negative sentence, **no** must be placed in front of the verb.

—All interrogative words carry a written accent over the stressed vowel.

¿qué? ¿cómo? ¿cuándo? ¿dónde? ¿por qué?
¿quién(es)? ¿cuál(es)? ¿cuánto(-a, -os, -as)?

- When is **¿adónde?** used?

In questions using verbs of motion, such as **ir** and **venir**.

—**Hay** means *there is* or *there are.*

—A present tense form of **ir a** + infinitive is a common way to express something that is going to happen in the future in Spanish.

—The hundreds from 200 to 900 agree in gender with the nouns they modify.

- What is the difference between **cien** and **ciento**?

Ciento is used with numbers of less than 100; **cien** is used with nouns.

- How is *a thousand* expressed in Spanish?

Mil.

—In Spanish, direct objects that refer to specific, known persons must be preceded by **a**.

—Days of the month use cardinal numbers except for **primero**.

—A masculine definite article is used with days of the week to express *on* except when the day of the week follows a form of the verb **ser**.

—To identify a time in the morning (afternoon, evening), use **de la mañana (tarde, noche)**. To say something happened during the morning (afternoon, night) use **por la mañana (tarde, noche)**.

Copyright © 1989 by Holt, Rinehart & Winston, Inc. All rights reserved.

EJERCICIOS

A. Verbos regulares. *Complete the sentences with the correct present tense form of the verbs in parentheses.*

1. (buscar) ________________ mis cuadernos.
2. (enseñar) El profesor Díaz ________________ aquí.
3. (escribir) Todos los estudiantes ________________ en español.
4. (aprender) Nosotros ________________ palabras nuevas todos los días.
5. (vivir) Mi familia ________________ en Buenos Aires.
6. (desear) ¿________________ usted viajar a Madrid?
7. (trabajar) Tú ________________ mucho.
8. (creer) Ustedes no me ________________.

Busco
enseña
escriben
aprendemos
vive
Desea
trabajas
creen

B. Verbos irregulares. *Complete the sentences with the correct present tense form of the verbs in parentheses.*

1. (tener, yo) ¡Ay, ____________________ ganas de viajar!
2. (pensar, tú) ¿____________________ ir con tu amigo?
3. (querer) Julián no me ____________________ ayudar.
4. (ir, yo) Hoy ____________________ a la biblioteca.
5. (tener, tú) ¿____________________ tu libro?
6. (venir) Mis tíos ____________________ el viernes.
7. (perder) Carlos ____________________ mucho tiempo.
8. (cerrar, nosotras) Siempre ____________________ la puerta.

tengo
Piensas
quiere
voy
Tienes
vienen
pierde
cerramos

Copyright © 1989 by Holt, Rinehart & Winston, Inc. All rights reserved.

C. ¿Ser o estar? *Complete the sentences with the correct form of* **ser** *or* **estar.**

1. ¿Cómo ______________________________ hoy, amigo?
2. (Yo) ______________________________ mal.
3. ¿Qué día ______________________________ hoy?
4. ______________________________ las tres y media.
5. ¿Dónde ______________________________ tus libros de historia?
6. Esos libros ______________________________ de Marina.
7. Mi examen ______________________________ a las cinco.
8. Mi profesor va a pensar que yo ______________________________ tu mamá.
9. Mi esposa y yo ______________________________ de Chile.
10. Mi prima y yo ______________________________ cerca de tu casa.
11. La iglesia ______________________________ enfrente de la plaza.
12. ______________________________ la tercera persona que llama.

estás
estoy
es
Son
están
son
es
soy
somos
estamos
está
Eres/Es

NOMBRE ______________________________ FECHA __________ CLASE __________

D. ¿Qué tienen estas personas? *Complete the sentences with the most appropriate* **tener** *expression.*

Tenemos hambre.
tiene sueño
Tienes sed
tengo prisa
tiene que
tengo ganas
tienen razón
tenemos calor
tienen suerte
años tienes

1. María y yo queremos comer. ______________________________.
2. Son las once de la noche. Mi sobrino ______________________________.
3. Tú tomas mucha agua. ¿______________________________?
4. Mi clase empieza en dos minutos. Por eso ______________________________.
5. No hay comida en casa. Mi esposo ______________________________ ir a comprar.
6. Estoy muy feliz; ______________________________ de cantar (*to sing*).
7. Ellos piensan que dos y dos son cinco, pero no ______________________________.
8. Vamos a la playa en agosto porque ______________________________.
9. Ustedes sólo van a la escuela tres días por semana; ¡______________________________!
10. Si hoy es tu cumpleaños, ¿cuántos ______________________________?

Copyright © 1989 by Holt, Rinehart & Winston, Inc. All rights reserved.

E. Muchas preguntas. *Complete the questions with the best interrogative word to fit the answer.*

1. ¿_______________ está tu mamá? Está muy bien, gracias.
2. ¿_______________ hace frío en junio? En Chile.
3. ¿_______________ empieza el otoño aquí? En septiembre.
4. ¿_______________ estudias español? Porque es fácil.
5. ¿_______________ personas viven en el apartamento? Dos.
6. ¿_______________ día es hoy? Es viernes.
7. ¿_______________ de los hombres es tu abuelo? Aquél.
8. ¿_______________ son los González? Son mis tíos.
9. ¿_______________ vas el domingo? A la biblioteca.
10. ¿_______________ quiere ir al cine? Yo.

Cómo
Dónde
Cuándo
Por qué
Cuántas
Qué
Cuál
Quiénes
Adónde
Quién

F. ¿Qué está pasando? *Change the sentences to their progressive forms.*

1. Juegan al tenis.	Están jugando al tenis.
2. Practicamos muchos deportes.	Estamos practicando muchos deportes.
3. Escriben una composición.	Está escribiendo una composición.
4. Pienso en el problema de Laura.	Estoy pensando en el problema de Laura.
5. Lee el Capítulo 5.	Está leyendo el Capítulo 5.
6. Duermen.	Están durmiendo.

G. La clase de matemáticas. *Give the numbers, including the answer, as in the model.*

MODELO 2 + 9 = **Dos más nueve son once.**

1. 2 + 13 = — Dos más trece son quince.
2. 6 + 14 = — Seis más catorce son veinte.
3. 4 + 17 = — Cuatro más diecisiete (diez y siete) son veintiuno (veinte y uno).
4. 30 — 12 = — Treinta menos doce son dieciocho (diez y ocho).
5. 700 casas – 200 casas = — Setecientas casas menos doscientas casas son quinientas casas.
6. 100 + 70 = — Cien más setenta son ciento setenta.
7. 1.300 personas – 300 personas = — Mil trescientas personas menos trescientas personas son mil personas.
8. 1.100 + 889 = — Mil cien más ochocientos ochenta y nueve son mil novecientos ochenta y nueve.
9. 500.00 + 500.00 = — Quinientos mil más quinientos mil son un millón.
10. 750.00 palabras + 250.000 palabras = — Setecientas cincuenta mil palabras más doscientas cincuenta mil palabras son un millón de palabras.

H. *¿A o no?* *Complete the sentences with* **a** *when necessary.*

1. Miramos ________ muchas casas bonitas, pero son muy caras. —
2. Mis padres van ________ esquiar este verano. a
3. Quiero visitar ________ mis primos en Santiago. a
4. Compran ________ las plumas en la librería. —
5. Llegas a casa ________ las siete de la noche. a

Copyright © 1989 by Holt, Rinehart & Winston, Inc. All rights reserved.

I. ***¿El, la, los* o *las*?** *What definite article, if any, is needed?*

1. Necesito hablar con _________________ doctora Millán. — la
2. Las clases empiezan _________________ lunes. — el
3. _________________ ciudades son muy modernas. — Las
4. Buenos días, _________________ profesor Pereda. — —
5. No es _________________ una; son _________________ dos. — la, las

J. **Decisiones.** *Choose the correct word.*

1. (a él, al) Hoy mi suegra va _________________ teatro.
2. (tercero, tercer) Quiere vivir en el _________________ piso.
3. (cien, ciento) Tengo _________________ amigos.
4. (gran, grande) El señor Torres es un hombre muy _________________.
5. (doscientos, doscientas) Hay _________________ personas en la escuela.
6. (ése, ese) ¿Quieres comprar _________________ mapa?
7. (su, sus) Eduardo no tiene _________________ cuadernos.
8. (Es, Son) _________________ la una y media y tengo hambre.

al
tercer
cien
grande
doscientas
ese
sus
Es

NOMBRE ______________________________ FECHA __________ CLASE __________

CAPÍTULO 6

COMIDAS Y BEBIDAS

VOCABULARIO

A. Menú de la semana. *You're in charge of planning the week's menu for the university cafeteria. Choose foods from the list below and add others you know to create interesting combinations like* **ensalada de frutas tropicales, arroz con pollo, helado de vainilla,** *etc.*

arroz	bistec	carne	cerdo
ensalada	flan	frijoles	fruta
hamburguesa	helado	huevos	jamón
jugo	lechuga	maíz	mantequilla
manzanas	naranjas	pan	papas
pastel	pescado	piña	plátano
pollo	postre	queso	sandwich
sopa	tomates	torta	verduras

lunes

desayuno ______________________________

____

almuerzo ______________________________

____

cena ______________________________

____

martes

desayuno ______________________________

____

almuerzo ______________________________

____

cena ______________________________

____

Copyright © 1989 by Holt, Rinehart & Winston, Inc. All rights reserved.

miércoles

desayuno ____

____

almuerzo ____

____

cena ____

____

jueves

desayuno ____

____

almuerzo ____

____

cena ____

____

viernes

desayuno ____

____

almuerzo ____

____

cena ____

____

B. En un restaurante. *You bring a friend to a restaurant and have to explain some of the things on the menu. Mark the phrase that best completes your explanation.*

1. *Cóctel de frutas.* En un cóctel de frutas hay

   ________ (a) huevos y jamón.

   ________ (b) piña, plátano y naranja.

   ________ (c) agua y pimienta.

2. *Mantequilla.* Mucha gente aquí le pone mantequilla al pan. La mantequilla es un producto derivado de

   ________ (a) la sopa.

   ________ (b) la leche.

   ________ (c) el pescado.

3. *Aves.* Si usted no quiere carne para la cena, puede pedir un tipo de ave (*bird*) como

   ________ (a) la sangría.

   ________ (b) el pollo.

   ________ (c) el jamón.

4. *Pescado.* El pescado no es carne; viene

   ________ (a) del cielo (*sky*).

   ________ (b) del centro.

   ________ (c) del mar.

5. *Pasteles.* Los pasteles en general son de frutas y tienen azúcar. Entonces los pasteles son

   ________ (a) postres.

   ________ (b) ensaladas.

   ________ (c) pescados.

C. Comida saludable (*healthy*). *Thirteen-year-old Jorge eats odd combinations of foods. His mother tries to correct him and urges him to follow a healthy diet. Play her role and complete the following sentences.*

1. Para el desayuno, no debes tomar helado. Necesitas comer

   ____.

2. Para el almuerzo, no hay que comer flan y torta de chocolate. Tienes que comer

   ____.

3. Para la cena, no debes comer mantequilla y plátanos. Hay que comer

   ____.

Copyright © 1989 by Holt, Rinehart & Winston, Inc. All rights reserved.

I. EL PRESENTE DE INDICATIVO DE LOS VERBOS CON CAMBIOS EN LA RAÍZ *O → UE*; EL VERBO *JUGAR*

A. Pastel de manzanas. *Elvira is having a discussion with Conchita, the check-out clerk in the grocery store. Complete their conversation with the correct forms of the verbs given.*

ELVIRA Señorita, no (1-encontrar)______________________________ las manzanas. ¿Dónde están?

CONCHITA Allí al lado de las naranjas, señora. ¿(2-Poder) ______________________________ verlas usted ahora?

ELVIRA Sí, gracias. ¿Cuánto (3-costar) ______________________________ ?

CONCHITA Están a 79 centavos la libra (*per pound*).

ELVIRA Cinco de mis amigas (4-almorzar) ______________________________ en mi casa mañana. Todas vienen con comida — un plato principal, una ensalada... Tengo que hacer el postre. ¿Qué (5-poder) ______________________________ yo preparar con manzanas?

CONCHITA Una ensalada de manzanas o, ¡un pastel de manzanas!

ELVIRA ¡Fantástico! ¿Tiene usted una receta (*recipe*)?

CONCHITA Sí, (6-recordar) ______________________________ mi receta favorita.

ELVIRA Muy bien. ¿Cuántas libras de manzanas voy a necesitar?

CONCHITA Cuatro libras, señora. A 79 centavos la libra, cuatro libras (7-costar) ______________________________ $3.16.

ELVIRA Bien, gracias. Mañana yo (8-volver) ______________________________ aquí para contarle a usted las noticias (*news*) de la fiesta.

B. Frases lógicas. *Following the model, form sentences with the following words, making all the necessary additions and changes.*

MODELO yo / siempre / jugar / niños / cuando / poder
Yo siempre juego con los niños cuando puedo.

1. ella / soñar / con / comida / que / preparar / su mamá

____

2. nosotros / soñar / con / viaje / a países interesantes

____

3. mis hermanos / dormir / nueve / horas ; yo / no / entender / por qué / ellos / no / poder / trabajar / bien

____

____

4. Catalina y yo / siempre / volver / temprano / y / te / encontrar / enfrente del televisor; ¿/ no / recordar / tú / que / deber / estudiar?

____

____

5. la educación / costar / mucho / ahora; / mis hermanos / no / poder / ir a / la universidad / si / no / trabajar / durante / vacaciones

____

____

C. Maneras de ser. *Answer these questions about your habits.*

1. Cuando vas de compras, ¿cuentas el dinero que tienes?

____

2. ¿Vuelves siempre al mismo supermercado (*same supermarket*) ?

____

Copyright © 1989 by Holt, Rinehart & Winston, Inc. All rights reserved.

3. ¿Almuerzas en la cafetería de la universidad? ¿Encuentras allí a tus amigos?

4. En general, ¿sueñas mucho o poco cuando duermes? ¿Con qué o con quién sueñas?

5. ¿Juegas al tenis esta tarde? ¿mañana? ¿este fin de semana?

6. Cuando tienes que comprar regalos, ¿los encuentras sin problemas?

7. ¿Cuánto cuesta una cena completa (con vino y postre) en un buen restaurante de tu ciudad?

II. PRONOMBRES USADOS COMO COMPLEMENTO DE PREPOSICIÓN

A. Preposiciones y pronombres. *Rewrite each sentence, changing the preposition to* **con** *and making all other necessary changes.*

MODELO Vas sin mí a comprar los postres.
Vas conmigo a comprar los postres.

1. No puedo vivir sin ti.

2. Todos vuelven excepto yo.

3. Mis sobrinos almuerzan cerca de nosotros.

4. Según tú, no hay discusión.

____

5. Todos juegan contra él.

____

B. Reunión de la clase de 199---? *Name the people in your class reunion photograph. To begin, translate the following statements into Spanish. Then describe the location of other people in the photograph.*

1. Susana is near me in the first row (*fila*).

____

2. Between her and Mrs. Salas, our Spanish professor, is Paco.

____

3. Carlos and Josefa are behind us.

____

4. Their daughter, Elisa, is with them.

____

Copyright © 1989 by Holt, Rinehart & Winston, Inc. All rights reserved.

5. They also have a son, Isaac, but in the photo they are not with him.

____

6. It seems everyone (*todos*) is in the photo except you (*tú*)!

____

7. Elena ____

8. Mario ____

9. Roberto ____

10. Raúl y Carmen ____

C. Confusión. *Answer the questions negatively as in the model.*

MODELO ¿Son de ustedes estos vasos? (ellos)
¿De nosotros? No, son de ellos.

1. ¿Va a estar contigo Felipe esta noche? (Marisa)

____

2. ¿Hablan de nosotros? (los Benítez)

____

3. ¿Lo haces por mí, amor? (mamá)

____

4. ¿Hacen este plato para nosotros? (los amigos de Inés)

____

5. ¿Estás feliz conmigo? (Carlos)

____

NOMBRE ______________________________ FECHA __________ CLASE __________

III. EL PRESENTE DE INDICATIVO DE LOS VERBOS CON CAMBIOS DE RAÍZ *E → I*; *PEDIR* VS. *PREGUNTAR*

A. Frases para completar. *Complete each sentence with the correct form of an appropriate verb from the list.*

pedir
decir
seguir
servir
repetir

1. Yo no sé por qué mi hijo siempre ______________________ un almuerzo grande y después no lo puede comer todo.
2. ¿Ves esa calle que está al lado del parque? Bueno, (tú) la ______________________ hasta llegar al restaurante, ¿de acuerdo?
3. Si tú le ______________________ a Gregorio que vas a esperarlo a las cinco, él va a llegar a las seis.
4. Quiero comprar una radio pero primero le tengo que ______________________ dinero a mi padre.
5. En aquel restaurante ______________________ la cena hasta las once de la noche.
6. Señorita, ¿puede ______________________ la pregunta, por favor?
7. ¿Qué cursos ______________________ tus amigos? Me ______________________ que no estudian español, ¿verdad?
8. Josefina siempre nos ______________________ favores.

B. Y ahora, un poco de imaginación. *Use your imagination to complete these sentences in the most creative way you can, using the verbs indicated.*

MODELO (servir) El camarero **nos sirve la cena.**

1. (seguir) A veces yo ______________________________
2. (decir) Mi amigo(-a) ______________________________
3. (repetir) Tú siempre ______________________________

Copyright © 1989 by Holt, Rinehart & Winston, Inc. All rights reserved.

4. (pedir) Mi familia ______________________________

5. (servir) En la cafetería de la universidad ______________________________

____

6. (pedir) Cuando estamos de vacaciones, (nosotros)______________________________

____

7. (decir) Yo ______________________________

8. (seguir) Mi compañero y yo ______________________________

____

C. Fin de semana. *On Thursday nights everyone is thinking about what to do in the city over the weekend. Complete each of the following sentences with the correct form of* **pedir** *or* **preguntar**.

1. — Sergio, ¿crees que Juana quiere ir a comer con nosotros?

   — Buena pregunta. ¿Por qué no le ______________________________?

2. — ¿Quieres ver una lista de restaurantes mexicanos en San Antonio?

   — Sí, la voy a ______________________________ en la oficina del hotel ahora mismo.

3. — ¿Por qué me ______________________________ si quiero ir al museo? ¡Siempre quiero visitar museos!

4. — Si (tú) le ______________________________ diez dólares a tu papá, podemos ir al cine mañana.

5. — ¡Qué insolencia! Primero (él) me ______________________________ el auto, y después me ______________________________ el apartamento del centro.

6. — Le voy a ______________________________ a la chica que trabaja en ese restaurante si allí podemos ______________ un cóctel de frutas con plátanos.

NOMBRE ______________________________ FECHA __________ CLASE _________

D. Siempre quieren algo. *Create sentences in which someone asks someone else (even you) for the things or information indicated. Use* **pedir** *or* **preguntar**.

MODELO yo a ti / un consejo (*piece of advice*)
(Yo) te pido un consejo.

1. Elisa a Julián / una taza de té

____

2. Nosotros al director / quién quiere bailar con ellos

____

3. Manuel a la hermana de Marta / dónde hay un restaurante italiano

____

4. el camarero a mí / si voy a pedir un postre

____

5. yo al camarero / la cuenta

____

6. la señorita a un señor / dónde está la farmacia

____

7. tú a tu amiga / una aspirina

____

8. la señora a la camarera / el precio del bistec

____

9. el hombre a los mariachis / su canción (*song*) favorita

____

Copyright © 1989 by Holt, Rinehart & Winston, Inc. All rights reserved.

IV. *GUSTAR* Y VERBOS PARECIDOS

A. ¿Cena de gala? *Two roommates can't seem to agree on the importance of the evening's meal. Complete their dialogue with the correct form of the verbs indicated.*

CLARA Creo que a Fabio no le (1-gustar) ______________________ los frijoles.

CARMEN Eso no me (2-importar) ______________________, Clara. Tenemos que servir frijoles porque no hay dinero para otra cosa.

CLARA Pero Fabio es una persona que me (3-interesar) ______________________ mucho. Podemos tener un poco de carne, o quizás de pollo... ¿No te (4-gustar) ______________________ mi idea, Carmen? Carmen ... Carmen, ¿me entiendes?

CARMEN Sí, te entiendo ..., pero no podemos hacer eso. Todavía (*still*) nos (5-faltar) ______________________ las verduras para la ensalada...¡y sólo tengo cinco dólares!

CLARA ¿Por qué te (6-gustar) ______________________ economizar cuando vienen mis amigos, pero cuando vienen tus amigos sirves carne, postres caros y champán francés?

CARMEN ¿Y por qué (tú) me (7-molestar) ______________________ con preguntas estúpidas? ¿Vas a ayudarme a preparar esos frijoles que a mí me (8-encantar) ______________________?

B. Y así es el mundo. *Everyone has different likes and dislikes, interests and aggravations. Complete the statements appropriately.*

1. A mí me encanta(n) ______________________________
2. A mi familia le gusta(n) ______________________________
3. A mis profesores les molesta(n) ______________________________
4. Al presidente de los EE.UU. le interesa(n) ______________________________

5. Me importa(n) mucho ______________________________

6. Nos molesta(n) ______________________________

C. Gustos personales. *Make three statements about things you like, three about things you don't like, three about things you like to do, and three about things you don't like to do.*

MODELO **Me gusta el flan.**
No me gustan las verduras.
Me encanta cocinar.
Me molesta tomar exámenes.

Cosas que me gustan:

1. ______________________________
2. ______________________________
3. ______________________________

Cosas que no me gustan:

1. ______________________________
2. ______________________________
3. ______________________________

Cosas que me gusta hacer:

1. ______________________________
2. ______________________________
3. ______________________________

Cosas que no me gusta hacer:

1. ______________________________
2. ______________________________
3. ______________________________

Copyright © 1989 by Holt, Rinehart & Winston, Inc. All rights reserved.

FUNCIONES Y ACTIVIDADES

A. Somos lo que comemos. *We are what we eat. In the space provided, give a brief description of each of the following people: Jaime, who is on a diet; Andrés, who cares nothing about calories; and Delia, who thinks nutrition and well-balanced meals are very important. Tell what they like and don't like to eat, what a typical one-day plan would be for each, and what kinds of restaurants they go to.*

MODELO Ana (who is a vegetarian).
A Ana le gusta comer legumbres, frutas, queso y pan. A ella no le gusta comer cerdo. Para el desayuno, come pan y mantequilla. Para el almuerzo, come un sandwich de queso, lechuga y tomates. Y para la cena, toma una sopa de legumbres y en general come también un plato de arroz con frijoles. A Ana le gusta ir a restaurantes donde sirven legumbres.

Jaime ____

____

____

____

____

Andrés ____

____

____

____

____

Delia ____

____

____

____

____

B. Su opinión, por favor. *After an excellent meal at a new Mexican restaurant in your neighborhood, you are asked to respond to a questionnaire on the food and service and to offer any suggestions you might have for improvement. Be specific.*

1. ¿Cuál de nuestros platos le gusta más?

____

2. ¿Puede usted recomendar otros platos que debemos servir?

____

3. ¿Le gusta nuestro servicio?

____

4. ¿Le servimos la comida pronto o tiene que esperar mucho tiempo?

____

5. ¿Qué bebida prefiere usted tomar con la cena?

____

6. Cuando va a un restaurante, en general, ¿cuántas personas van con usted?

____

7. ¿Piensa usted que nuestra comida cuesta demasiado (*too much*)?

____

8. ¿Qué podemos hacer para mejorar (*improve*) nuestro servicio?

____

Nos interesan sus comentarios y sugerencias (*suggestions*) adicionales.

____

____

Copyright © 1989 by Holt, Rinehart & Winston, Inc. All rights reserved.

C. Fiesta de fiestas. *You and your friends are leaving for a special evening at* **Sol Azteca,** *a Mexican restaurant near the university. You have called ahead to arrange a menu with three choices for the group. You all arrive, discuss the* **platos principales,** *and then order. Write a dialogue among yourselves and the waiter that begins when you and your friends arrive at* **Sol Azteca.**

NOMBRE ______________________________ FECHA __________ CLASE __________

CAPÍTULO 7

DIVERSIONES Y PASATIEMPOS

VOCABULARIO

A. Diversiones para cada momento. *No matter how little or how much time is available, there are leisurely activities to fill it. Indicate what sorts of activities come to mind for each of the times indicated. Use the list below and add other ideas of your own.*

escuchar un concierto
ir a la discoteca
dar una fiesta
escuchar la música
ir al cine a ver una película
escuchar la radio
pintar
ir de campamento
hacer ejercicios
nadar
jugar a los naipes
pescar
escuchar discos
sacar fotos
tocar la guitarra (el piano, el violín)
ir al teatro
programar la computadora
bailar
cantar canciones folklóricas

1. el sábado: ______________________________

____

____

2. tiempo libre (*free time*) durante un día de trabajo o de clases: ______________________________

____

____

____

3. el domingo: ______________________________

____

____

4. vacaciones largas: ______________________________

____

____

Copyright © 1989 by Holt, Rinehart & Winston, Inc. All rights reserved.

B. ¿Qué haces hoy con tus amigos? *Now use some* **diversiones y pasatiempos** *in sentences. Describe when, where, or with whom you do the following activities.*

MODELO ir al cine
Yo voy al cine con mis amigos los sábados por la noche.

1. dar paseos

____

2. escuchar música

____

3. ir de campamento

____

4. jugar a los naipes

____

5. hacer ejercicios

____

6. cantar canciones folklóricas

____

7. tocar el piano (la guitarra, el violín)

____

I. EL PRESENTE DE VERBOS CON FORMAS IRREGULARES EN LA PRIMERA PERSONA SINGULAR (*DAR, OFRECER, OÍR, PARECER, PONER, SALIR, TRADUCIR, TRAER Y VER*)

A. Fiesta sorpresa. *Elena is organizing a surprise party for Joaquín and is happy to have a volunteer for everything she asks. Follow the model.*

MODELO ¿Quién trae los discos?
Yo traigo los discos.

1. ¿Quién sale a comprar la torta?

____

2. ¿Quién da dinero para el vino?

3. ¿Quién pone la mesa?

4. ¿Quién ofrece traer una guitarra?

5. ¿Quién traduce la invitación para los estudiantes de otros países?

6. ¿Quién le dice el secreto a la esposa de Joaquín?

7. ¿Quién oye la radio para ver qué tiempo va a hacer?

8. ¿Quién ve a Joaquín y puede traerlo aquí?

B. ¡Melquíades es muy curioso! *Melquíades does some very odd things. Using the information in parentheses, complete his very strange responses to some very ordinary questions.*

MODELO ¿A qué hora sales para la escuela? (las tres de la mañana)
Salgo para la escuela a las tres de la mañana.

1. ¿Qué traes cuando vienes a clase? (un piano y unos naipes)

2. ¿Oyes la radio en tu casa? (No,...por teléfono)

3. ¿Qué te da sueño? (el bistec)

4. ¿Cuántos platos pones en la mesa para los invitados (*guests*)? (No ... platos; sólo tenedores y cuchillos)

Copyright © 1989 by Holt, Rinehart & Winston, Inc. All rights reserved.

5. ¿Dónde ves a tus amigos? (debajo de los naipes)

____

6. ¿Por qué traduces todo al francés? (tengo hambre)

____

7. ¿Con quién sales la semana que viene? (la reina de España)

____

8. ¿Qué le das a tu amiga para su cumpleaños? (un pescado grande)

____

9. ¿Te gusta darles consejos a tus amigos? (Sí, pero ... sólo los domingos a las seis de la mañana)

____

10. ¿A cuántas personas les ofreces tu ayuda para programar la computadora? (tres millones de personas)

____

C. ¿Qué hacemos? *Elena and her brother, Juan, never agree on what to do or where to go. Play the role of Juan and answer Elena.*

MODELO ELENA No quiero escuchar música. Prefiero dar un paseo.
JUAN **Tú das un paseo y yo escucho música.**

1. ELENA No quiero jugar a los naipes. Prefiero tocar el piano.

____

2. No quiero salir para ver una película. Prefiero mirar televisión.

____

3. No quiero poner la mesa. Prefiero almorzar en un restaurante mexicano.

____

4. No quiero oír la radio. Prefiero cantar canciones folklóricas.

____

5. No quiero traducir el poema al inglés. Prefiero traducirlo al francés.

____

6. No quiero dar una fiesta en casa. Prefiero ir a una discoteca.

____

7. No quiero ver a tus amigos. Prefiero pescar con mis amigos.

____

II. *SABER* Y *CONOCER*

A. ***¿Saber* o *conocer*?** *Complete each sentence with a correct form of* **saber** *or* **conocer**.

1. Yo __________________________ ese país y también __________________________ su cultura.
2. Juan __________________________ que hay un concierto de piano en ese teatro; __________________________ la fecha y la hora, pero no __________________________ a la pianista.
3. ¿__________________________ usted (cómo) decir eso en alemán?
4. Nosotros no __________________________ bailar al cumbia, pero sí __________________________ que la bailan en Colombia.
5. Tú dices que __________________________ bien la ciudad, pero no __________________________ dónde está el teatro, ¿verdad?

Copyright © 1989 by Holt, Rinehart & Winston, Inc. All rights reserved.

B. Desde la ciudad. *Fill in the blanks with the correct forms of* **saber** *or* **conocer**.

Yo (1) ______________________ a un hombre que prefiere vivir en una ciudad grande como ésta. (Yo) (2) ______________________ que él (3) ______________________ que toda ciudad grande ofrece muchas diversiones pero también tiene problemas serios. Y él (4) ______________________ los teatros, los cines y los restaurantes, pero en realidad no (5) ______________________ mucho de los efectos de la pobreza o de la contaminación del aire. Le encanta ir a conciertos y (6) ______________________ a muchos directores de orquesta. Yo (7) ______________________ los problemas urbanos porque vengo de un barrio pobre. Bueno, él va a venir a vivir aquí y pronto va a (8) ______________________ que yo tengo razón.

C. Misión secreta. *You have been asked to carry out a secret mission in a foreign city. You think that you have finally found the perfect agent. Ask her if:*

MODELO she knows this city well
¿Conoce (usted) bien esta ciudad?

1. she knows where the Avenida de la Libertad is

____

2. she knows the main buildings of the city

____

3. she knows the president of this country

____

4. she knows where the most important banks are

____

5. she knows how to translate from English to Spanish

____

6. she is familiar with the favorite foods and pastimes of the country

____

III. CONSTRUCCIONES CON DOS PRONOMBRES: DE COMPLEMENTO INDIRECTO Y DIRECTO

A. Decisiones. *Each of the following sentences has either the direct or indirect object italicized. Choose the word to which the pronoun refers.*

MODELO Yo *se* la voy a escribir después.
________ la carta ____✓____ a ellas ________ a mí
________ la guitarra

1. Si ustedes quieren esperar, yo *se* lo pregunto.

________ a ti ________ a la señorita

________ la información ________ el número de teléfono

2. Sé que lo vas a necesitar muy pronto. ¿Por qué no se *lo* pides?

________ la entrada ________ al señor Vargas

________ el violín ________ a ustedes

3. Ellos nos *los* van a vender, pero a otro precio.

________ a ustedes ________ a ella

________ la bicicleta ________ los libros

4. Bueno, te *las* traigo si no vas a decírselo a ellos.

________ a ella ________ la silla

________ a nosotros ________ las entradas

Copyright © 1989 by Holt, Rinehart & Winston, Inc. All rights reserved.

5. ¿Cuándo nos *lo* va a servir?

________ a Felipe ________ la comida

________ tú ________ el plato principal

6. Prefiero ponér*se*las detrás de la puerta.

________ a mí ________ a ustedes

________ el violín ________ las cosas

7. Podemos enseñárse*la* en cinco minutos.

________ a ellas ________ la canción folklórica

________ el disco ________ a Elena

8. No *se* lo puedo hacer; es muy difícil.

________ a nosotros ________ a Juan y a Carmen

________ el tango ________ el consejo

9. ¿Nos *la* tocas ahora, Berta?

________ a ustedes ________ el piano

________ la canción ________ a Susana y a mí

B. ¿A quién(es)? *Combine the elements given, first to form a sentence with only an indirect object pronoun and then a sentence with two object pronouns. Follow the model.*

MODELO Ernesto / dar / libro / a mí
a. Ernesto me da el libro (a mí).
b. Ernesto me lo da (a mí).

1. Nosotros / preguntar / nombre / a la señora

a. ____

b. ____

2. tú / dar / la cuenta / a mí

a. ____

b. ____

3. Raimundo / enseñar / el sistema de computadoras / al estudiante

   a. ______________________________

   b. ______________________________

4. ellos / pedir / consejos / a usted

   a. ______________________________

   b. ______________________________

5. ¿usted / ofrecer / la bicicleta / a los niños?

   a. ______________________________

   b. ______________________________

6. yo / traer / el mapa de Bogotá / a ti

   a. ______________________________

   b. ______________________________

7. Lorenzo y Carmen / mostrar / sus guitarras nuevas / a nosotras

   a. ______________________________

   b. ______________________________

8. Josefina y yo / repetir / la información / a las otras personas

   a. ______________________________

   b. ______________________________

C. Preguntas y más preguntas. *Answer the questions using combined object pronouns.*

MODELO Hace calor. ¿Me vas a abrir la ventana?
Sí, voy a abrírtela ahora mismo.

1. Sé que tienes mis entradas. ¿Cuándo me las vas a dar?

   ____

2. Todavía (*still*) tengo tu guitarra. ¿Cuándo te la puedo traer?

   ____

Copyright © 1989 by Holt, Rinehart & Winston, Inc. All rights reserved.

3. Señores Díaz, sus boletos están aquí. ¿Puedo dárselos el lunes?

____

4. Veo que tienes un disco de Frank Sinatra. ¿Vas a tocármelo ahora?

____

5. Sr. García, aquí está la carta. ¿Cuándo piensa traducírmela al inglés?

____

IV. LOS MANDATOS DE *USTED, USTEDES*

A. Decisiones. *Determine which of the following sentences are formal commands and mark the corresponding space.*

MODELO Visita ese museo. ________ Visite ese museo. ___✓___

1. Busca el libro. ________ Busque el libro. ________
2. Van con ella. ________ Vayan con ella. ________
3. Espere cinco minutos. ________ Espera cinco minutos. ________
4. Sale de la catedral. ________ Salga de la catedral. ________
5. Empiezan a las ocho. ________ Empiecen a las ocho. ________
6. Llegue temprano. ________ Llega temprano. ________
7. Escriben pronto. ________ Escriban pronto. ________
8. No digan eso. ________ No dicen eso. ________

B. Práctica. *For each of the verbs listed, provide first the* **yo** *form and then the command forms for both* **usted** *and* **ustedes**. *Follow the example given for* **comer**, *number 1 below.*

Verb	**yo** *form*	*Command form* **usted**	**ustedes**
1. comer	como	coma	coman
2. escribir	________	________	________
3. recordar	________	________	________

4. entender	________	________	________
5. salir	________	________	________
6. buscar	________	________	________
7. llegar	________	________	________
8. empezar	________	________	________
9. traer	________	________	________
10. poner	________	________	________
11. pedir	________	________	________
12. ir	________	________	________
13. saber	________	________	________
14. venir	________	________	________
15. ser	________	________	________

C. Mandatos y más mandatos. *Rewrite the following statements as direct commands.*

MODELO No deben escuchar esa música.
No escuchen esa música.

1. Debe volver al Museo del Oro mañana.

   ____

2. Si tienen entradas para el teatro, deben ser puntuales.

   ____

3. Tienen que llamar al cine para hacer esas preguntas.

   ____

4. No necesitan sacar más fotos de la Catedral.

   ____

5. Debe traer los discos de Leonor González Mina.

   ____

Copyright © 1989 by Holt, Rinehart & Winston, Inc. All rights reserved.

6. Necesita hacer ejercicios todos los días.

____

7. Quieren ir de campamento con Enrique y su familia.

____

8. Debe reservar una mesa para nosotros.

____

D. Respuestas lógicas. *Respond to each of the following situations with a logical command.*

MODELOS Tengo hambre.
Pues, coma Ud. un sandwich o un postre.

Tenemos hambre.
Pues, vayan Uds. a un restaurante para almorzar.

1. Tengo ganas de ir al cine.

____

2. Quiero más discos.

____

3. Tenemos malas notas (*grades*) en español.

____

4. Estoy cansada.

____

5. Tengo sed.

____

6. Estamos aburridos.

____

7. Queremos visitar el Museo Nacional.

____

8. Necesito hablar con la prima de Pablo.

____

FUNCIONES Y ACTIVIDADES

A. Problemas y pedidos. *Imagine what the people indicated in the pictures are saying. Complete their requests using the cues given below.*

1.

2.

3.

4.

1. MARTA Jorge, ¿me haces el favor de

____?

En realidad,

____

y quisiera

____.

Copyright © 1989 by Holt, Rinehart & Winston, Inc. All rights reserved.

2. CARLOS Y GLORIA Luis, ¿no quisieras

____?

3. ROBERTO Y RAÚL Ramón, ¿nos puede

____?

4. EDUARDO Carolina, ¿te puedo

____?

B. ¡Qué suerte! *You have just received 2,000 dollars, designated for taking a vacation this summer. You go to a travel agent for assistance. The agent asks how she can help and you ask where you can go for 2,000 dollars. She asks about your preferences and then makes a recommendation. With that situation in mind, complete the dialogue below and supply some expressions for making requests and offering assistance.*

USTED Buenos días, señora.

AGENTE Buenos días, ¿____?

USTED Pues, quiero hacer un viaje.

¿_______________________________________ recomendar un lugar agradable?

AGENTE ¡Claro!, pero ... tengo que hacerle unas preguntas. ¿Qué prefiere hacer durante sus vacaciones? ¿Cuáles son sus pasatiempos favoritos? Y, ¿cuánto dinero tiene para el viaje?

USTED ____

____

____

AGENTE ____

____

____

USTED ____

____

____

NOMBRE ______________________________ FECHA __________ CLASE __________

CAPÍTULO 8

LA ROPA, LOS COLORES Y LA RUTINA DIARIA

VOCABULARIO

A. A todas partes (*Everywhere*). *Each member of the Margall family has plans to go somewhere over the holidays except for Mr. Margall, who is staying home in Barcelona. Mrs. Margall is going to visit friends in the Swiss Alps, where it will be very cold. Marisa is going with her boyfriend's family to Marbella, on the Costa del Sol, to swim and enjoy the sun. José María is going to Scotland where cool weather can be expected. What clothing should each pack? Begin with the list below, but add to it and say how many of each item should be taken for a week's trip.*

jeans
abrigo
blusa
traje de baño
guantes
combinación
pijama
camisa
falda
calzoncillos
calcetines de lana
suéter
camiseta
corbata
sostén
botas

1. La Sra. Margall ______________________________

____

____

2. Marisa ______________________________

____

____

3. José María ______________________________

____

____

Copyright © 1989 by Holt, Rinehart & Winston, Inc. All rights reserved.

B. Recién casados (*Newlyweds*). *Roberto is buying clothing for his new wife, Adela. Help him make decisions about colors by answering his questions. Follow the model.*

MODELO una falda roja / una blusa blanca o anaranjada
Tiene una falda roja. ¿Debo comprar una blusa blanca o anaranjada?
Compre una blusa blanca.

1. un traje de baño verde / un sombrero azul o rojo

____

____

2. un vestido violeta / un bolso violeta o anaranjado

____

____

3. una blusa amarilla / una falda blanca o negra

____

____

4. un impermeable marrón / un paraguas amarillo o marrón

____

____

5. jeans azules / un suéter blanco o verde

____

____

6. un abrigo azul oscuro / guantes rojos o violetas

____

____

NOMBRE ______________________ FECHA __________ CLASE __________

I. VERBOS REFLEXIVOS

A. Decisiones. *For each pair of sentences, circle the letter of the sentence that is reflexive.*

MODELO (a.) En general, mamá no se despierta antes de las siete.
b. En general, mamá no me despierta antes de las siete.

1. a. Me acuesto a las nueve.
   b. Acuesto a las niñas a las nueve.
2. a. Los estudiantes nos divierten mucho.
   b. Los estudiantes se divierten mucho.
3. a. Bañamos a los niños antes de acostarlos.
   b. Nos bañamos antes de acostarnos.
4. a. ¿Te pones el vestido nuevo?
   b. ¿Le pones el vestido nuevo a ella?
5. a. La compañía se muda a Tarragona.
   b. La compañía me muda a Tarragona.

B. Traducción. *Now translate all of the sentences in Exercise A and explain who is receiving the action of the verb.*

MODELO a. **Generally Mamá does not wake up before seven. (Mamá is waking herself up.)**
b. **Generally Mamá does not wake me up before seven. (Mamá is waking me up.)**

1. a. ______________________
   b. ______________________
2. a. ______________________
   b. ______________________
3. a. ______________________
   b. ______________________

Copyright © 1989 by Holt, Rinehart & Winston, Inc. All rights reserved.

4. a. ______________________________

   b. ______________________________

5. a. ______________________________

   b. ______________________________

C. La familia Miró. *The following sentences describe the daily routine of the Miró family. Fill in the blanks with the appropriate form of the verbs below.*

acostarse	levantarse	despertarse
ponerse	quedarse	divertirse
dormirse	quitarse	irse
sentarse	lavarse	vestirse

1. A las siete y media de la mañana Alberto y Alicia ______________________.
2. Después de levantarse, Alicia ______________________ y ______________________.
3. Después del desayuno Alicia y Alberto ______________________ al trabajo.
4. Cuando Alberto llega al trabajo ______________________ el abrigo y ______________________ a trabajar.
5. Por la noche ellos ______________________ en casa para mirar televisión.
6. Cuando Alicia y Alberto ven un programa cómico ______________________ mucho.
7. A las once y media ellos ______________________ el pijama y ______________________.

NOMBRE ____________________ FECHA __________ CLASE __________

D. Ayuda recíproca. *Using the verbs below, write five sentences describing how members of your family cooperate with or relate to each other.*

ayudar
ver
hablar
querer
escribir
comprender
llamar (por teléfono)
visitar

MODELO **Mis hermanos y yo nos ayudamos con el trabajo de la casa.**

1. ____________________
2. ____________________
3. ____________________
4. ____________________
5. ____________________

Copyright © 1989 by Holt, Rinehart & Winston, Inc. All rights reserved.

E. Rutina diaria. *Tell what is happening to the people in each room. Use reflexive verbs you already know as well as the following:*

afeitarse (*to shave*)
maquillarse (*to put on make-up*)
peinarse (*to comb one's hair*)
enfermarse (*to get sick*)

NOMBRE ________________________ FECHA __________ CLASE __________

1. ______________________________

2. ______________________________

3. ______________________________

4. ______________________________

5. ______________________________

6. ______________________________

7. ______________________________

8. ______________________________

II. LOS MANDATOS DE TÚ

A. Decisiones. *Determine which of the following verbal forms are informal commands and which are formal. Write* **tú** *next to the informal command and* **Ud.** *next to the formal command.*

MODELO vuelves ________	vuelva **Ud.**	vuelve **tú**
1. venga ________	vienes ________	ven ________
2. haz ________	haga ________	hace ________
3. no dices ________	no diga ________	no digas ________
4. tenga ________	ten ________	tiene ________
5. no pongas ________	no ponga ________	no pones ________
6. no salga ________	no sales ________	no salgas ________
7. no vaya ________	no vayas ________	no va ________
8. oyes ________	oiga ________	oye ________

B. Solo en casa. *Imagine that your parents are going on vacation and leaving you at home alone. What do they tell you before they leave? Write six affirmative or negative* **tú** *commands they might give you.*

MODELO **No hagas fiestas.**

1. ______________________________

2. ______________________________

Copyright © 1989 by Holt, Rinehart & Winston, Inc. All rights reserved.

3. ______________________________

4. ______________________________

5. ______________________________

6. ______________________________

C. Ahora, mandatos para todos. *Using familiar or formal commands, as required by the situation, combine the following elements to make sentences. Add any other necessary words.*

MODELO Doctora Castroviejo, / por favor, / ir / al banco / hoy
Doctora Castroviejo, por favor, vaya al banco hoy.

1. Mateo, / no / llevar / esos pantalones blancos

   ____

2. Señores García, / no / ir / al parque / ahora

   ____

3. Profesor, / repetir / ese nombre, / por favor

   ____

4. Muchachos, / doblar / a la izquierda / allá

   ____

5. Juanito, / no subir / al autobús / con ese paraguas

   ____

6. Teresa, / no / comprar / esa blusa violeta

   ____

7. Señores, / hacer / las maletas / y / poner / ropa de verano

   ____

8. Muchachos, / no / caminar / por esa calle

   ____

9. Pablo, / ir / al centro / esta tarde

____

10. ¡Ay!, por favor, / Marta, / no / leer / esa carta

____

III. LOS MANDATOS CON PRONOMBRES COMPLEMENTOS

A. Decisiones. *Mark the choice that correctly identifies what the object pronouns refer to and whether the command is formal or informal.*

MODELO Déjelas aquí.

________ libros; tú ________ cheques; Ud.

___✓___ maletas; Ud. ________ maletas; tú

1. No lo hagas ahora.

________ trabajo; tú ________ canción; tú

________ trabajo; Ud. ________ canción; Ud.

2. Démelos.

________ boletos; tú ________ mapas; Ud.

________ parques; tú ________ fotos; Ud.

3. No la cierres.

________ puerta; Ud. ________ puerta; tú

________ banco; tú ________ banco; Ud.

4. No la busque.

________ catedral; Ud. ________ zapato negro; Ud.

________ guía turística; tú ________ zapato negro; tú

5. Cómpreselos.

________ chaquetas; Ud. ________ chaquetas; tú

________ calcetines grises; Ud. ________ calcetines grises; tú

Copyright © 1989 by Holt, Rinehart & Winston, Inc. All rights reserved.

6. Dáselo.

________ camisa; tú ________ vestido; Ud.

________ sombrero; tú ________ maleta; Ud.

7. Explíquelo.

________ programa; Ud. ________ foto; Ud.

________ problema; tú ________ rutina diaria; tú

B. Hasta mañana. *In each of the following sentences someone tells you about an intention to perform an action for you or someone else. Tell the person not to do it until tomorrow, substituting object nouns with pronouns. If you are addressed as* **Ud.**, *answer with the* **Ud.** *form; use the* **tú** *form in the same way.*

MODELO Quiero darte *consejos.*
No me *los* des hasta mañana.

1. Pienso comprarte *otra guía turística.*

____

2. Les voy a llevar *chocolates* a los niños.

____

3. Tengo que buscarle *otro regalo* (a usted).

____

4. Debo decirles *la verdad* pronto (a ustedes).

____

5. Quiero traerle *los libros* (a usted).

____

6. Necesito escribirle *una carta* a José.

____

7. Le tengo que contar *un secreto* (a usted).

____

8. Te quiero hacer *una fiesta.*

____

NOMBRE ______________________ FECHA __________ CLASE __________

C. Contradicciones. *Change each of the following commands to the negative form. Make all other necessary changes.*

MODELO Cuéntamelo. **No me lo cuentes.**

1. Siéntese allí. ______________________
2. Dínoslo. ______________________
3. Tráiganmelas. ______________________
4. Déjeselos. ______________________
5. Míralos. ______________________
6. Perdónenlas. ______________________
7. Pídesela. ______________________
8. Váyanse. ______________________

IV. EL PRETÉRITO DE LOS VERBOS REGULARES

A. Decisiones. *In the space provided write* **presente** *or* **pretérito** *to identify the tense of the verb in each sentence. Follow the example in number 1 below.*

1. Anoche asistimos a una conferencia. pretérito
2. Ella nos visitó después de volver de Barcelona. ______________________
3. Jugamos a los naipes todas las tardes. ______________________
4. Ayer jugamos un partido de fútbol. ______________________
5. Volvimos al parque la semana pasada. ______________________
6. En general dormimos ocho horas. ______________________
7. Yo compro un vestido nuevo cada (*every*) semana. ______________________
8. Ella compró un traje muy bonito. ______________________

Copyright © 1989 by Holt, Rinehart & Winston, Inc. All rights reserved.

9. Te acostumbraste pronto a la comida catalana, ¿no? ______________________

10. Te levantas temprano todos los días. ______________________

B. ¿Qué pasó? (*What happened?*) *Rewrite each of the following sentences changing the verb to the preterit tense.*

MODELO Volvemos de Mallorca.
Volvimos de Mallorca.

1. Me levanto a las siete.

____

2. Catalina toca el violín por dos horas.

____

3. Escribimos composiciones en la clase de español.

____

4. Leen *Don Quijote de la Mancha.*

____

5. Ella compra ropa y zapatos de tenis.

____

6. ¿Buscas una falda nueva?

____

7. Cruzo esa calle con mucho cuidado.

____

8. Comemos en un restaurante muy lindo.

____

9. ¿Cuándo sales?

____

C. Un viaje a Europa. *Complete the story by supplying the correct preterit forms of the verbs in parentheses.*

El año pasado la familia Hernández (1-visitar) ______________________ Europa. Ellos (2-salir) ______________________ de Boston el 17 de mayo y (3-llegar) ______________________ a París al día siguiente (*the following day*). (4-Llevar) ______________________ tres maletas y ropa de primavera. Les (5-escribir) ______________________ cartas a su familia y también a sus amigos . (6-Pasar) ______________________ una semana en Barcelona. Allí (7-comprar) ______________________ muchas cosas interesantes y (8-comer) ______________________ en restaurantes cerca del puerto. Yo (9-recibir) ______________________ una tarjeta postal (*postcard*) de Barcelona. Ellos (10-volver) ______________________ a Boston el 12 de junio, después de un viaje estupendo.

FUNCIONES Y ACTIVIDADES

A. ¿Qué ponemos en las maletas? *Your cousin Elena is leaving for Barcelona next week. She's packing her suitcase and Enrique her husband's. She wants you to recommend what clothing she and Enrique should bring. After hesitating, choose from the following items and form familiar commands (negative and affirmative) instructing her what to pack and what not to pack. Be sure to include the following expressions of hesitation:* ***A ver... Es que... Pues... Bueno ...***

MODELOS el paraguas negro
A ver, trae el paraguas negro.

el paraguas anaranjado
Pues, no traigas el paraguas anaranjado.

1. los pantalones marrones

____

2. los pantalones grises

____

Copyright © 1989 by Holt, Rinehart & Winston, Inc. All rights reserved.

3. el vestido azul

4. el traje azul marino

5. los impermeables

6. el sombrero blanco

7. los trajes de baño

8. los zapatos rojos de Enrique

9. las camisas blancas y las camisas amarillas

10. las botas verdes de invierno

11. la falda y la blusa violetas

12. el vestido y los zapatos blancos

B. Amnesia. *You are shopping in a department store when you forget the Spanish words for the items you need to buy. The clerk is very helpful. Answer her questions about two items whose names you have forgotten.*

1. En general, ¿de qué color es? ____________________
2. Bueno, ¿de qué tamaño es? ____________________
3. Pues, ¿cuándo o dónde lo necesita? ____________________

¡Ah! ... ¡Usted necesita un paraguas!

4. En general, ¿de qué color es? ______________________________

5. A ver..., ¿de qué tamaño es? ______________________________

6. Bueno, ¿de qué es? ______________________________

7. Y, ¿cuándo o dónde lo necesita? ______________________________

¡Claro! ... ¡Usted busca una guía turística! Tenemos varias.

Copyright © 1989 by Holt, Rinehart & Winston, Inc. All rights reserved.

NOMBRE ______________________________ FECHA __________ CLASE __________

CAPÍTULO 9

DEPORTES Y DEPORTISTAS

VOCABULARIO

A. Deportes para todos. *There's a sport for everyone and every season. List several sports for each of the circumstances below. Choose from the list and add some of your own.*

el básquetbol
el béisbol
el jai-alai
la pesca
el tenis
el golf
el fútbol
el fútbol americano
el correr
el vólibol
el atletismo
el patinaje
el esquí

1. deportes de estadio: ______________________________
____
____

2. deportes de invierno: ______________________________
____
____

3. deportes de verano: ______________________________
____
____

4. deportes de equipo: ______________________________
____
____

5. deportes para todas las estaciones: ______________________________
____
____

Copyright © 1989 by Holt, Rinehart & Winston, Inc. All rights reserved.

B. Deportes para usted. *The following questions are addressed to you. Answer them with complete sentences.*

1. ¿Le gustan los deportes a usted? ¿Cuáles le gustan más?

____

2. ¿Qué deportes no le gustan? ¿Le gusta mirar o participar en deportes violentos?

____

3. ¿Qué deportes mira usted por televisión?

____

4. ¿Cuáles son los mejores (*best*) deportes para la salud (*health*)? ¿Los practica usted?

____

5. ¿Qué piensa usted de la corrida de toros?

____

I. EL PRETÉRITO DE VERBOS CON CAMBIOS EN LA RAÍZ

A. Decisiones. *Circle the verb that best completes each sentence.*

MODELO La semana pasada yo le ____________ cien dólares.
(corrí, corro, pidió, (pedí))

1. Yolanda lo ______________________________ pero no lo encontró.

   (quedó, preferí, busqué, buscó)

2. Estoy seguro que Jaime no ______________________________ eso.

   (creyó, creo, leyeron, leo)

3. Los jugadores ______________________________ al estadio muy pronto.

   (vuelven, volvieron, supieron, vistieron)

4. ______________________________ en ustedes anoche cuando volví del partido.

   (Perdí, Pensé, Jugamos, Juegan)

5. Dorotea ______________________________ sentarse con los aficionados de

   nuestro equipo. (prefirió, jugó, pedí, visitaron)

6. Yo gané mucho dinero pero Lucía ____________________________ veinte dólares. (vistió, perdió, sigo, seguí)

7. Anoche ____________________________ la comida muy tarde. (sirvieron, sirven, durmieron, volvimos)

8. Carmen y yo ____________________________ jugar al básquetbol. (miraron, jugamos, preferimos, asistí)

B. Del presente al pasado. *Rewrite the following sentences, changing the verbs to the preterit.*

1. Pierdo mucho tiempo y entonces llego tarde.

____

2. La revolución sigue y muere mucha gente.

____

3. Me levanto, me visto en tres minutos y salgo a correr.

____

4. Ustedes pierden la pelota y después la encuentran.

____

5. Vuelvo a las ocho y empiezo a mirar un partido de básquetbol por televisión.

____

6. Jorge no toca el piano; prefiere jugar al fútbol.

____

7. Antes de los exámenes, leemos toda la noche; después, no nos despertamos a tiempo.

____

8. Llego a la una y duermo hasta las ocho.

____

Copyright © 1989 by Holt, Rinehart & Winston, Inc. All rights reserved.

C. Un día de mala suerte. *Fill in the blanks with the appropriate preterit forms of the verbs in parentheses.*

Ayer yo (1-llegar) ______________________________ al estadio a la una y el partido (2-empezar) ______________________________ veinte minutos después. Nuestro equipo (3-jugar) ______________________________ muy bien; (4-ganar) ______________________________ el primer partido, 4-0 (cuatro a cero). Pero (5-perder) ______________________________ el segundo partido, 7-1 (siete a uno). ¡Qué horror! Como consecuencia, yo no (6-divertirse) ______________________________; (7-salir) ______________________________ del estadio muy triste. Cuando (8-llegar) ______________________________ a mi casa, (9-llamar) ______________________________ a mi amiga Dolores y la (10-invitar) ______________________________ a salir. Nosotros (10-sentarse) ________________________ a una mesa agradable en el restaurante. Durante la cena yo le (11-hablar) ______________________________ del partido, pero ella no me (12-escuchar) ______________________________. Ella (13-preferir) ______________________________ hablar de sus problemas y me (14-repetir) ______________________________ un millón de quejas (*complaints*). ¡Qué egoísta! Y ¡qué día de mala suerte!

D. Ayer. *Answer the following questions using verbs in the preterit tense.*

1. ¿A qué hora te levantaste ayer?

____

2. ¿Tomaste el desayuno en tu casa, en la cafetería de la universidad o en un restaurante?

____

3. ¿A qué hora sirvieron el almuerzo en la cafetería? ¿Almorzaste allí?

____

4. ¿Jugaste al fútbol por la tarde? ¿Y al vólibol o al béisbol?

____

5. ¿A qué hora volviste a tu cuarto (*room*) o a tu casa?

____

6. ¿Te divertiste anoche? ¿Saliste con amigos? ¿Estudiaste?

____

7. ¿A qué hora te dormiste?

____

II. EL PRETÉRITO DE VERBOS IRREGULARES

A. ***¿Ir* o *ser*?** *Determine if the preterit forms refer to* **ser** *or* **ir** *and mark your choice.*

1. La película fue buena, pero después no pudimos encontrar un taxi.

   ________ ser ________ ir

2. Ayer fue un día muy difícil. Mi equipo favorito perdió otro partido.

   ________ ser ________ ir

3. Beatriz fue al frontón porque le encanta el jai-alai.

   ________ ser ________ ir

4. Fueron a buscar la pelota. La necesitamos para el partido.

   ________ ser ________ ir

5. Ellos quieren ayudarte, Ramón, pero debes comprender que ayer fue un día muy difícil para todos.

   ________ ser ________ ir

Copyright © 1989 by Holt, Rinehart & Winston, Inc. All rights reserved.

B. Frases para completar. *Choose the verb that best completes each of the following sentences.*

1. Ustedes ______________________________ en una fiesta anoche, ¿verdad?

   (estuvieron / hicieron / supieron)

2. Oscar, me ______________________________ que el partido de tenis es esta noche,

   ¿verdad? (dijiste / hiciste / trajiste)

3. Ayer Luisa nos ______________________________ más manzanas. ¿Por qué no

   hacemos una deliciosa torta de manzanas? (hizo / tuvo / trajo)

4. ______________________________ una carrera (*race*) de autos en televisión el

   martes. La miramos hasta las dos de la mañana. (Fue / Puso / Hubo)

5. Cuando Reinaldo y yo ______________________________ la verdad, casi nos

   morimos. (fuimos / supimos / estuvimos)

6. Señora Reyes, la comida que usted ______________________________ anoche estuvo

   deliciosa. ¿Me puede decir qué ingredientes le puso? (hizo / quiso / vino)

7. A mí me gustó la corrida de toros, pero mi esposo no

   ______________________________ mirarla. (puso / dio / pudo)

8. Emilio está perdido en la clase de historia. Yo le ______________________________

   un libro que puede ayudarlo. (di / estuve / fui)

C. Fiesta de victoria. *Carmen is describing a picnic she and several of her friends had in the countryside yesterday after their team won a soccer game. Complete her sentences with the appropriate preterit tense forms of the verbs in parentheses.*

1. (ir) Después del partido nosotros ______________________________ a un parque agradable para comer al aire libre (*open air*).

2. (hacer) Las hermanas de Ramón ______________________________ un pollo asado (*roasted*) y una ensalada fabulosa.

3. (traer) José y Ramón ______________________________ vino y un queso muy rico.

4. (venir) Mamá ______________________________ con nosotros y preparó el postre.

5. (poner) José ______________________________ una mesa pequeña cerca del río (*river*).

6. (poder) Yo no ______________________________ comer toda mi porción de pollo.

7. (tener) Nosotros ______________________________ que descansar un poco después de comer tanto.

8. (dar) Todos (*All of*) nosotros ______________________________ un paseo en el campo.

D. Un poco de imaginación. *Beginning with the elements given below, write sentences using the preterit tense.*

MODELO El esquiador / traer / ...
El esquiador trajo varios pares de guantes.

1. Los espectadores / estar / ...

____

2. La campeona / tener / ...

____

3. El aficionado / dar / ...

____

4. Los jugadores / hacer / ...

____

5. Los futbolistas / ponerse / ...

____

6. Los nadadores / querer / ...

____

7. El equipo / venir / ...

____

8. En la radio / decir / ...

____

Copyright © 1989 by Holt, Rinehart & Winston, Inc. All rights reserved.

E. Entrevista. *You are the owner of the team that has just won the World Series. Answer the reporter's questions.*

1. ¿Cuándo supo usted la noticia (*news*) de la victoria?

   ____

2. Usted no estuvo en el partido, ¿verdad?

   ____

3. ¿Qué tuvieron que hacer sus jugadores para ganar?

   ____

4. ¿Qué le dijo usted al equipo antes de empezar el partido?

   ____

5. Según su opinión, ¿cuál fue el momento decisivo en el partido?

   ____

6. ¿Hubo una celebración en el estadio?

   ____

7. Por favor, ¿qué otros comentarios puede darnos sobre sus atletas y sobre cómo jugaron hoy?

   ____

   ____

   ____

III. CONNOTACIONES ESPECIALES DEL PRETÉRITO DE *SABER, CONOCER, QUERER* Y *PODER*

A. Oportunidades perdidas. *Express the following near-misses in Spanish.*

1. Carmela wanted to begin the game but she lost a shoe.

   ____

2. Luis went to the tennis courts but he couldn't play because he forgot his racquet

   ____

3. We didn't find out about the marathon until last week.

____

4. You met a bull fighter when you were in Spain, didn't you?

____

5. They wanted to participate in the baseball game, but they arrived too late.

____

B. Un poco de imaginación. *Use your imagination and complete the following sentences.*

1. Ayer yo supe que ____
2. No conocí a María hasta ____
3. El año pasado no quise ____
4. En enero quise________________________, pero ______________________
5. Por fin (*finally*), pude ____
6. Desafortunadamente (*unfortunately*), no pude ______________________
7. Ana y yo nos conocimos cuando

____

8. ¿Supiste que ____?

FUNCIONES Y ACTIVIDADES

A. Situaciones variadas. *Describe different situations appropriate for each of the following expressions.*

MODELO ¡Qué alegría!
Mi equipo favorito ganó un partido importante.

1. ¡Qué bien!

____

2. Por fin

____

Copyright © 1989 by Holt, Rinehart & Winston, Inc. All rights reserved.

3. ¡Cuánto me alegro!

____

4. ¡Eso es el colmo!

____

5. ¡Qué increíble!

____

6. ¡Qué barbaridad!

____

7. ¡Qué sorpresa!

____

8. ¡Gracias a Dios!

____

B. Galería de la fama. *Write one or two sentences telling how each of these lesser known members of the Hall of Fame got there. Then react to each situation with an appropriate expression from the list below. Be creative!*

¡Qué bien!
¡Por fin!
¡Qué sorpresa!
¡Qué increíble!
¡Qué barbaridad!

¡Qué alegría!
Gracias a Dios.
¡Qué lindo!
¡Eso es demasiado!

MODELOS

Jaime «Suerte» Trevira perdió veinte pelotas cuando jugó al golf. ¡Qué barbaridad!

A Elena Playera siempre le encantó la playa. ¡Qué increíble!

NOMBRE ________________ FECHA __________ CLASE __________

1. Pepe Piernaslargas ________________

____

____

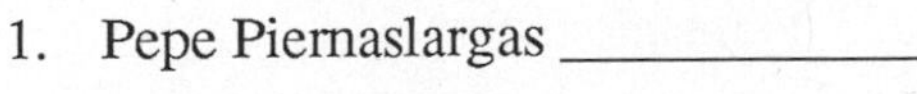

2. Dolores Fuertes ________________

____

____

3. María Aguado ________________

____

____

4. Amadeo Gordil ________________

____

____

Copyright © 1989 by Holt, Rinehart & Winston, Inc. All rights reserved.

5. Graciela Gacela ____________________

____

____

6. Fernando Falla____________________

____

____

7. Calixto Caballero __________________

____

____

8. Margarita Malhumor________________

____

____

9. Marco Malolor ______________________
____
____

10. Alicia Airosa ______________________
____
____

Copyright © 1989 by Holt, Rinehart & Winston, Inc. All rights reserved.

NOMBRE ______________________ FECHA __________ CLASE __________

CAPÍTULO 10

LA SALUD Y EL CUERPO

VOCABULARIO

A. El cuerpo. *Write in the blanks the name of each part of the body indicated by the lines.*

1.	______________	9.	______________
2.	______________	10.	______________
3.	______________	11.	______________
4.	______________	12.	______________
5.	______________	13.	______________
6.	______________	14.	______________
7.	______________	15.	______________
8.	______________	16.	______________

Copyright © 1989 by Holt, Rinehart & Winston, Inc. All rights reserved.

B. Doctora, me duele... *You are in Santiago de Compostela, Galicia, and have gone to the office of Dra. Ofelia Castroviejo with a variety of aches and pains. Translate the following statements into Spanish so that the doctor can understand you. Then add some other ailments.*

1. My head hurts. ____________________
2. My throat hurts. ____________________
3. My stomach hurts. ____________________
4. I have a fever. ____________________
5. My back hurts. ____________________
6. My eyes hurt. ____________________
7. ____________________
8. ____________________
9. ____________________

El diagnóstico. *What might Dra. Castroviejo say to you? Write a few sentences giving her diagnosis.*

1. ____________________
2. ____________________
3. ____________________

I. COMPARACIONES DE IGUALDAD

A. Los gemelos. *Jorge and Juan are identical twins. To describe them, circle the word that best completes each sentence.*

MODELO Jorge es ____ atlético como Juan. (tan, tanto)

1. Jorge y Juan son jugadores de básquetbol. Jorge es ____________________ alto como Juan. (tan, tanto)
2. Juan practica el básquetbol ____________________ como Juan. (tan, tanto)
3. Los pies de Juan son ____________________ grandes como los pies de Jorge. (tan, tantos)

4. Las piernas de Juan también son ______________________________ largas como las piernas de Jorge. (tan, tantas)

5. El año pasado Jorge jugó en ______________________________ partidos como Juan. (tan, tantos)

6. Jorge también jugó ______________________________ bien como su hermano. (tan, tanto)

7. Juan siempre tiene ______________________________ que hacer como Jorge. (tan, tanto)

8. Los dos siempre están muy ocupados, ¡el uno ______________________________ como el otro! (tan, tanto)

B. ¿Cómo te fue en Galicia? *You have returned to Madrid from your stay in Galicia where you studied at the* **Universidad de Santiago** *and visited Pontevedra, La Coruña, Vigo, and other cities. Tell about your experiences, completing the following sentences with* **tan, como, tanto como,** *or a form of* **tanto,** *as appropriate.*

1. Aquí no llueve ______________________________ en Santiago.

2. Vigo no es ______________________________ grande ______________________________ Madrid.

3. En Galicia los jóvenes no van a la piscina ______________________________ aquí.

4. ¡El paisaje de Galicia es ______________________________ lindo!

5. En La Coruña la gente come ______________________________ pescado ______________________________ aquí comemos carne.

6. La catedral de Santiago de Compostela es ______________________________ interesante ______________________________ Notre Dame de París.

7. Pontevedra no es ______________________________ famosa ______________________________ Barcelona.

8. Yo no escribí ______________________________ tarjetas postales (*postcards*) ______________________________ los otros estudiantes.

Copyright © 1989 by Holt, Rinehart & Winston, Inc. All rights reserved.

9. Los estudiantes de Santiago hacen ______________________________ ejercicios físicos ______________________________ los estudiantes de Madrid.

10. Los estudiantes de Madrid no cantan ______________________________ canciones folklóricas ______________________________ los estudiantes de Santiago.

C. ¿Y usted? *Answer the following questions in Spanish.*

1. ¿Es usted tan alto(-a) como un típico jugador de básquetbol?

____

2. ¿Estudia usted tanto como sus amigos?

____

3. ¿Habla usted español tan bien como su profesor(a)?

____

4. ¿Da usted tantos consejos como Ann Landers?

____

5. ¿Tiene usted tanta ropa como la princesa Diana (el príncipe Carlos)?

____

6. ¿Gana usted tanto dinero como su papá?

____

7. ¿Tiene usted el pelo tan largo como Rapunzel? ¿Y la nariz tan larga como Pinocho?

____

8. ¿Les escribe usted tantas cartas a sus padres como a sus amigos?

____

NOMBRE ________________________________ FECHA __________ CLASE __________

II. COMPARACIONES DE DESIGUALDAD Y EL SUPERLATIVO

A. Más información sobre Galicia. *Continue the description of Galicia you began in I. B, combining the sentences and supplying* **más...que** *or* **menos...que,** *depending on which subject is mentioned first.*

MODELO En Santiago llueve mucho. En Madrid no llueve mucho.
En Santiago llueve más que en Madrid.

1. Santiago tiene aproximadamente 70.000 habitantes. Madrid tiene más de tres millones de habitantes.

   ____

2. La Plaza Mayor de Madrid es muy grande. La Plaza del Obradoiro de Santiago es grande.

   ____

3. Hay varios restaurantes en Vigo. Hay muchos restaurantes en Santiago.

   ____

4. La Coruña está muy cerca del mar y tiene vistas muy lindas. Santiago está aproximadamente a 40 kilómetros del mar.

   ____

5. El interior de la catedral de Santiago es antiguo; es del siglo doce. El interior de la catedral de Burgos es antiguo; es del siglo trece.

   ____

6. Las montañas (*mountains*) de Galicia son altas. Las montañas del norte de Madrid son muy altas.

   ____

7. Lugo está a 271 kilómetros de León. Oviedo está a 118 kilómetros de León.

   ____

Copyright © 1989 by Holt, Rinehart & Winston, Inc. All rights reserved.

B. Todo tiene sus más y sus menos. *Luisa insists on talking about everything in terms of others. Translate the following, using* **más...que (de)** *or* **menos...que (de).**

1. I have more money than Ramón.

 ____

2. My Spanish class is smaller than your Spanish class. There are fewer than twenty students in my class.

 ____

 ____

3. I have fewer headaches than Gloria. I had fewer than four headaches last year.

 ____

 ____

4. Elena has more sicknesses than I.

 ____

5. My doctor is more famous than your doctor.

 ____

6. My brother Enrique is the strongest player on the soccer team.

 ____

7. He's also the biggest and the best player.

 ____

C. ¡Qué maravilla! *Your cousin Freya has just returned from a year in Spain. She wants to tell your relatives what a wonderful time she had and how Spain is the country of superlatives, be it the food, the people, the scenery, or the weather. Play the role of your cousin, translating the words in parentheses to complete the following sentences.*

1. (*the prettiest country*) España es

 ______________________________ del mundo.

2. (*the most handsome* (guapo) *men*) Los españoles son

 ______________________________ del mundo.

3. (*the most delicious food*) La comida española es

_______________________ del mundo.

4. (*the most elegant dresses*) Los vestidos españoles son

_______________________ del mundo.

5. (*the most interesting cities*) Las ciudades españolas son

_______________________ del mundo.

6. (*the most pleasant climate*) El clima de España es

_______________________ del mundo.

7. (*the prettiest beaches*) Las playas de España son

_______________________ del mundo.

8. (*the nicest people*) La gente de España es

_______________________ del mundo.

D. ¿Mejor o peor? *Complete the following sentences with the appropriate comparative or superlative forms of the words in parentheses.*

1. (*the worst student*) Ese muchacho es

_______________________ de la

clase.

2. (*the eldest / the eldest*) Juan es

_______________________ de los

hermanos; Marisa es

_______________________ de las

hermanas.

3. (*younger*) Yo soy

_______________________ que

ella.

Copyright © 1989 by Holt, Rinehart & Winston, Inc. All rights reserved.

4. (*the eldest*) El profesor (La profesora) es

______________________________ de

todos aquí.

5. (*the youngest*) Ellos son

______________________________ de la

familia.

6. (*good / better*) Estas tortillas son

______________________________, pero

las empanadas son

______________________________.

(**Tortillas** *are Spanish omelettes and* **empanadas** *are meat pastries.*)

7. (*worse*) Esta medicina es

______________________________ que la

medicina que tomé ayer.

8. (*the best*) Ese viaje a la Coruña fue

______________________________ de mi

vida.

9. (*older / older*) Madrid es

______________________________ que

Nueva York, pero Roma es

______________________________ que

Madrid.

10. (*the best*) La comida de España es

______________________________ de

todas.

E. ¿Bueno o buenísimo? *Restate the following sentences with more enthusiasm, changing the adjectives or adverbs to absolute superlatives.*

MODELO Esta comida es buena.
¡Esta comida es buenísima!

1. Ese clima es bueno. ¡______________________________!
2. Esta ciudad es interesante. ¡______________________________!
3. España es grande. ¡______________________________!
4. Las montañas de España son altas. ¡______________________________
______________________________!
5. Esa carta a tu abuela es larga. ¡______________________________
______________________________!
6. Ese señor es rico. ¡______________________________!
7. Marta come poco. ¡______________________________!
8. Hoy me duele mucho la cabeza. ¡______________________________!
9. Manuel llegó tarde al concierto. ¡______________________________!

III. EXPRESIONES DE OBLIGACIÓN

A. Otro mundo. *Gustavo has just arrived from Galicia to enroll in a large university in New York. Things are very different for him so he is asking you for information. Answer his questions according to the cues.*

MODELO ¿Cuánto dinero debo pagar por esto? ($100)
Debe pagar cien dólares.

1. ¿Cuándo hay que empezar a estudiar? (en dos semanas)

____

2. ¿A cuántos edificios tengo que ir para buscar las oficinas de mis profesores?

(cuatro)

____

Copyright © 1989 by Holt, Rinehart & Winston, Inc. All rights reserved.

3. ¿Cuándo tienen que abrir la biblioteca? (7:30 A.M.)

____

4. ¿Es necesario contestar en inglés en clase? (Sí)

____

5. ¿Cuántos libros tengo que comprar para mis clases? (un total de veinte)

____

6. ¿A qué hora debo llegar a mi clase? (8:30 A.M.)

____

B. Doctor(a) por un día. *There's an outbreak of flu at the university. Play the role of the health center's physician and list instructions that you would give your patients. Use an expression of obligation in each sentence.*

MODELOS **a. Hay que tomar muchos líquidos.**
b. No debe(n) trabajar tanto como cuando está(n) bien.

1. ____
2. ____
3. ____
4. ____
5. ____
6. ____

C. Un día larguísimo. *Write a letter to your mother telling her all the things you had to do yesterday. Use as many expressions of obligation as possible.*

Querida Mamá,

¡Ayer fue un día larguísimo! ____________________________ levantarme a las ____________________________ y salir de mi cuarto (*room*) a las ____________________________ para llegar a ____________________________ a las ____________________________. Cuando ____________________________

____

____

Entonces, ____

____.

Finalmente me acosté a las ____________________________ después de un día larguísimo.

IV. *POR Y PARA*

A. ***¿Por* o *para*?** *Complete the following sentences with* **por** *or* **para**, *as appropriate.*

1. Estuvieron en León ____________________________ cinco meses.
2. Ese regalo es ____________________________ mi padre.
3. ____________________________ comprender el problema, debes hablar con tus padres.
4. Pagamos cien dólares ____________________________ ese traje.
5. Pasamos a buscarte ____________________________ la mañana.
6. Vamos a salir ____________________________ esa ciudad el jueves que viene; vamos a viajar ____________________________ avión.
7. Se quedó en la clase ____________________________ hablar con el profesor.
8. Caminamos ____________________________ el parque ____________________________ llegar a la universidad.

Copyright © 1989 by Holt, Rinehart & Winston, Inc. All rights reserved.

9. Elvira trabajó ______________________________ el periódico El País.

10. La composición sobre Galicia es ______________________________ el miércoles.

11. ______________________________ españoles, ellos hablan muy bien el inglés.

12. Raúl nos llama ______________________________ teléfono todos los días.

13. Van a estar de vacaciones ______________________________ un mes.

14. Ayer salieron ______________________________ Santiago de Compostela.

B. Frases lógicas. *Complete the following sentences in a logical manner.*

MODELO ¿Por qué...? **¿Por qué no me escribes más?**

1. Por otra parte, ______________________________
2. Por ejemplo, ______________________________
3. Por supuesto, ______________________________
4. Por eso, ______________________________
5. Por fin, ______________________________

C. Traducción. *Give the Spanish equivalent for the following sentences.*

1. I'll come for you (*tú*) after dinner.

   ____

2. They couldn't see through the window.

   ____

3. The woman ought to call us on the telephone.

   ____

4. The medicine is for your sister.

   ____

5. She has to stop by the pharmacy in order to buy some aspirin and vitamins for her mother.

   ____

   ____

NOMBRE ______________________________ FECHA __________ CLASE __________

FUNCIONES Y ACTIVIDADES

A. Niños extraordinarios. *Describe the following children, using an expression of comparison with* **para.** *Then react to each statement with an expression of disbelief chosen from the following list.*

¡Qué va!
¿De veras?
No puede ser.
Eso es increíble.
¿Hablas en broma?

MODELO Rosita sólo tiene un año y ya habla mucho. (muy bien)
Para tener sólo un año, Rosita habla muy bien. ¡Qué va!

1. Ana tiene ocho años y ya toca obras de Bach en el violín. (como profesional)

   ____

2. Joaquín sólo tiene trece años, pero ya sabe muchísimo de animales. (tanto como un veterinario)

   ____

   ____

3. Carmen tiene doce años y ya juega al tenis en competiciones nacionales. (como Martina Navratilova)

   ____

4. Paquito sólo tiene nueve años pero ya conduce bien. (mejor que su papá)

   ____

5. David no tiene más que siete años pero ya come más que su hermano mayor. (demasiado)

   ____

6. Elena tiene diez años y ya escribe poesía. (muy interesante)

   ____

7. José sólo tiene once años pero ya es más alto que su tío Martín. (altísimo)

   ____

8. Marta no tiene más que cuatro años pero ya canta en la ópera. (como Beverly Sills)

   ____

Copyright © 1989 by Holt, Rinehart & Winston, Inc. All rights reserved.

B. ¿En serio? *React to each of the following statements with one of the expressions given below.*

¡Pero no hablas en serio!
¡Pero lo dices en broma!
No lo creo.
¡Qué rídiculo!
¿De veras?
Imposible

1. El jai alai no es un deporte peligroso.

____

2. La neumonía no es una enfermedad seria.

____

3. El mes de febrero va a tener 31 días el año que viene.

____

4. Hay doce personas en un equipo de béisbol.

____

5. Mi hermana mayor tuvo 52 resfríos el año pasado.

____

6. Wilt Chamberlain ganó 100 puntos en un partido de básquetbol.

____

7. A mi hermano mayor le encantan las inyecciones.

____

8. Mi doctor tiene ocho años.

____

NOMBRE ______________________________ FECHA __________ CLASE __________

REPASO II

PRONOMBRES

Pronouns used as objects of prepositions:

mí	**nosotros(-as)**
ti	**vosotros(-as)**
usted	**ustedes**
él, ella	**ellos(-as)**

- What is the difference between **mi** and **mí?**

mi — possessive adjective
mí — object of preposition

- What are the forms used with **con?**

conmigo, contigo, con usted, con él, con ella, etc.

Object pronouns: Review

a. Direct object pronouns:

me	**nos**
te	**os**
lo, la	**los, las**

b. Indirect object pronouns

me	**nos**
te	**os**
le (se)	**les (se)**

When direct and indirect object pronouns are combined, the indirect object pronoun always precedes the direct object pronoun, however they are placed in relation to the verb.

- Express *He has my raquet; he is going to give it to me tomorrow* in Spanish.

Tiene mi raqueta; me la va a dar mañana. (or **Va a dármela mañana.**)

- Should a direct object pronoun and an indirect object pronoun ever be placed separately in relation to the verb?

No.

Copyright © 1989 by Holt, Rinehart & Winston, Inc. All rights reserved.

• Express *They bought me some fruits; I want to ask them for them* in Spanish.

Me compraron unas frutas; quiero pedírselas. (or **Se las quiero pedir.**)

Reflexive pronouns:

me	**nos**
te	**os**
se	**se**

Reflexive pronouns are used when a verb is being used reflexively (the action of the verb is reflected onto the subject) or reciprocally (the idea of *to each other* is conveyed).

Reflexive pronouns must agree with the subject of the verb.

Reflexive pronouns are placed before the conjugated verb or are attached to the end of the infinitive. They always precede direct object pronouns.

VERBOS

Present tense:

Stem-changing verbs: **o → ue (-ar, -er, -ir** verbs)
Stem changing verbs: **e → i** (only **-ir** verbs)
The **o** or **e** in the stem changes to **ue** or **i,** respectively, only when stressed, in the pattern of a shoe.

• Is there a stem change in **jugar?**

Yes; it is the only verb in Spanish that changes its stem vowel **u** to **ue.**

Verbs that are irregular only in the first-person singular (**yo**):

dar	**doy**
saber	**sé**
poner	**pongo**
salir	**salgo**
traer	**traigo**
ver	**veo**
conocer	**conozco**
traducir	**traduzco**
decir	**digo**

Other forms of these verbs are regular.

• What is the conjugation of **oír** in the present?

oigo, oyes, oye, oímos, oís, oyen

NOMBRE ______________________ FECHA __________ CLASE __________

Commands (el imperativo)

Usted: To form an **usted** command, drop the **-o** ending from the present-tense **yo** form and add **-e** for **-ar** verbs or **-a** for **-er** and **-ir** verbs.

- What are the **usted** command forms for **salir** and **decir?**

salga, diga

- What are the **usted** command forms for **empezar, llegar,** and **buscar?**

empiece, llegue, busque (note spelling changes: **z** → **c, g** → **gu, c** → **qu**)

Some **usted** command forms are irregular:

ir — **vaya**	estar — **esté**
saber — **sepa**	dar — **dé**
ser — **sea**	

Ustedes: To form an **ustedes** command, simply add an **-n** to the **usted** command form.

- Express *Don't go there, sir. Don't go there, gentlemen* in Spanish.

No vaya allí, señor. No vayan allí, señores.

Tú: To form a negative **tú** command, add an **-s** to the **usted** command.

- Express *Don't buy that* in Spanish, using the **tú** form.

No compres eso.

Affirmative **tú** commands are usually the same as the verb's present indicative **él, ella** form.

- Using a **tú** command, express *She writes her name; write your name.*

Ella escribe su nombre; escribe tu nombre.

Some affirmative **tú** commands are irregular:

decir — **di**	salir — **sal**
hacer — **haz**	ser — **sé**
ir — **ve**	tener — **ten**
poner — **pon**	venir — **ven**

Object and reflexive pronouns are attached to the end of all affirmative commands (in which case an accent must usually be added); they precede all negative commands.

- Using **tú** commands, express in Spanish: *Give it* (the book) *to her; don't give it to him.*

Dáselo a ella; no se lo des a él.

Copyright © 1989 by Holt, Rinehart & Winston, Inc. All rights reserved.

Preterit tense: Regular verbs

	-ar *endings*		-er/-ir *endings*
habl +	**é**	com escrib +	**í**
	aste		**iste**
	ó		**ió**
	amos		**imos**
	asteis		**isteis**
	aron		**ieron**

- Where are regular verbs stressed in the preterit? — On their endings.

- Is there any change for **-ar** and **-ir** verbs in the **nosotros** form between the present and the preterit? — No.

Preterit tense: Irregular verbs

Stem-changing verbs:

-ar / **-er** verbs — no irregularity in preterit
-ir verbs — third-person singular and plural change **e** → **i** or **o** → **u**

Irregular verbs:

verb	*stem*	+ *ending*
hacer	**hic**	
querer	**quis**	
venir	**vin**	**e**
poder	**pud**	**iste**
poner	**pus**	**o**
saber	**sup**	**imos**
estar	**estuv**	**isteis**
tener	**tuv**	**ieron**
decir	**dij**[1]	
traer	**traj**[1]	

- What are the irregular preterit forms of **ser** and **ir**? — They are the same: **fui, fuiste, fue, fuimos, fuisteis, fueron**

- What are the irregular preterit forms of **dar?** — **di, diste, dio, dimos, disteis, dieron**

---

[1]Verbs whose preterit stem ends in **j** (**decir, traer;** verbs in **-ducir**) take the ending **-eron**, not **-ieron: dijeron, trajeron, tradujeron.**

The preterit is used:

1. To relate actions or conditions that occurred and were completed at a specific time or within a definite period in the past
2. To say that an action started or interrupted another action
3. To report past actions

POR VS. *PARA*

- Are **por** and **para** interchangeable?

No. Replacing one with the other will change meaning or make a sentence incorrect.

Por is generally used to indicate occupation of time or space:

por dos semanas	*for two weeks*
por la tarde	*in the afternoon*
por mi hermano	*for (in place of) my brother*
por cinco pesetas	*for (in exchange for) five pesetas*
por el parque	*through, along the park*

Por also indicates cause or motive and the object of an errand, and it is used in certain set expressions.
Para is generally used to indicate destination, purpose, or a specific event or point in time.

- Contrast **Van para el parque** with **Van por el parque.**

Para indicates direction; **por** means *along, through.*

- Contrast **Trabajo para mi tío** with **Trabajo por mi tío.**

Para: person for whom one works. **Por:** instead of, in his place.

- Contrast **Me dio seis dólares para los boletos** with **Me dio seis dólares por los boletos.**

Para: purpose, in order to buy the tickets. **Por:** in exchange for; the tickets were bought from me for 6 dollars.

Copyright © 1989 by Holt, Rinehart & Winston, Inc. All rights reserved.

OTRAS ESTRUCTURAS

— **Gustar** and verbs like it (**encantar, importar, parecer, molestar, quedar, interesar, doler,** etc.) are usually conjugated in third-person singular or plural to agree with the subject doing the pleasing (bothering, seeming, etc.). The persons pleased (bothered, interested, etc.) are expressed as indirect objects.

• Is the singular or plural form of these verbs used if the subject of the sentence is an infinitive?

Singular.

— **Saber** = *to know* (facts, information)
saber + infinitive = *to know how to do something*
Conocer = *to know* (be acquainted with)

• What are the special meanings in the preterit of **saber** and **conocer?**

saber — *to find out*
conocer — *to meet* (for the first time)

— **Pedir** = *to ask* (for something)
Preguntar = *to ask* (a question)

— Some verbs have spelling changes in the preterit:
creer: usted, él, ella creyó; ustedes, ellos(-as) creyeron
leer: usted, él, ella leyó; ustedes, ellos(-as) leyeron
llegar (and other **-gar** verbs): **yo llegué**
buscar (and other **-car** verbs): **yo busqué**
empezar (and other **-zar** verbs): **yo empecé**

— The definite article rather than the possessive adjective is often used with articles of clothing, especially when a reflexive verb is being used.

• How is *They put on their hats* expressed in Spanish?

Se pusieron el sombrero.

— Comparisons of equality:

tan + adjective/adverb + **como**
tanto(-a, -os, -as) + noun + **como**

— Comparisons of inequality:

más (menos) ... que (de before a quantity)
Exceptions: **bueno / bien — mejor**
malo / mal — peor
mayor and **menor** (*older, younger*) are irregular comparatives that refer only to the age of people.

— To form the superlative, precede the comparative form or the noun being referred to with a definite article. **De** is used to express the equivalent of English *in* or *of*.

EJERCICIOS

A. ¡Yo sí...! *Retort with the correct present tense* **yo** *form of the verb in the original sentence.*

1. Los estudiantes no saben que va a haber un examen.

   Yo sí ____________ que va a haber un examen. sé

2. Tú no traduces bien al portugués.

   Yo sí ____________ bien al portugués. traduzco

3. Ella no se pone nerviosa.

   Yo sí me ____________ nerviosa. pongo

4. Nosotras no le podemos hablar.

   Yo sí le ____________ hablar puedo

5. Señor, el presidente no nos da otra oportunidad.

   Yo sí les ____________ otra oportunidad. doy

6. Ellos no oyen las noticias.

   Yo sí ____________ las noticias. oigo

7. Gloria no les dice esas cosas.

   Yo sí les ____________ esas cosas. digo

8. ¿Jorge y tú no piden más información?

   Yo sí ____________ más información. pido

9. No vemos películas en español.

   Yo sí ____________ películas en español. veo

10. Ellos no conocen al presidente.

    Yo sí ____________ al presidente. conozco

Copyright © 1989 by Holt, Rinehart & Winston, Inc. All rights reserved.

B. Ya pasó. *Respond to the questions, indicating that the activity already took place.*

1. ¿Vas a recibir una carta de tus padres hoy?

   No, ____________ una carta ayer. recibí

2. ¿Llega tu hermana esta noche?

   No, ____________ anoche. llegó

3. ¿Van a cenar ustedes en un restaurante mañana?

   No, porque ____________ en un restaurante el domingo pasado. cenamos

4. ¿Te doy su número de teléfono?

   No, gracias, ella me lo ____________ esta mañana. dio

5. ¿Les digo la verdad?

   Tú ya se la ____________ sin quererlo. dijiste

6. ¿Van ustedes al teatro esta noche?

   No, ____________ anoche. Hoy vamos al cine. fuimos

7. ¿Ponemos las bebidas en la mesa ahora?

   No, los camareros ya las ____________ allí. pusieron

8. ¿Tienes calor?

   Sí, pero ayer ____________ frío. tuve

9. ¿Cuándo va a hacer los ejercicios, Mario?

   Creo que los ____________ ayer por la tarde. hizo

10. ¿Por qué vienen ustedes tarde mañana?

    Porque hoy ____________ a las seis de la mañana. vinimos

11. ¿Quieres jugar al tenis más tarde?

    No, ____________ por dos horas esta mañana. — jugué

12. ¿Cuándo vas a empezar la composición?

    Ya la ____________. — empecé

C. *Replace the direct object noun with the corresponding pronoun.*

1. José necesita *ese empleo.* — ... lo necesita.
2. Quiero *tu número de teléfono.* — Lo quiero.
3. Visitamos a *la tía* todos los domingos. — La visitamos ...
4. ¿Por qué vendes *tu auto*? — ... lo vendes?
5. El niño abrió *la ventana.* — ... la abrió.
6. Tengo que llevar *estas cartas* a la oficina de correos. — Tengo que llevarlas / Las tengo que llevar ...
7. Los muchachos no entendieron a *la profesora.* — ... no la entendieron.
8. No es difícil preparar *una cena mexicana.* — ... prepararla.

D. *Replace the nouns with the appropriate object pronouns.*

1. ¿Quién te escribió *esta carta*? — ... te la escribió?
2. Mañana le voy a pedir *un favor* a Marta. — ... se lo voy a pedir / ... voy a pedírselo.
3. Te vendo *mi auto.* — Te lo vendo.
4. ¿Por qué no les dijiste *la verdad*? — ... no se la dijiste?
5. Ricardo no me pidió *dinero.* — ... no me lo pidió.
6. Nos sirvieron *un postre.* — Nos lo sirvieron.
7. El señor les cantó *una canción* a las muchachas. — ... se la cantó.

Copyright © 1989 by Holt, Rinehart & Winston, Inc. All rights reserved.

8. Alberto quiere darle *un regalo* a su esposa. ... se lo quiere dar. / ... quiere dárselo.

9. ¿Quién les va a preparar *el desayuno* a los niños? ... se lo va a preparar? / ... va a preparárselo?

10. El Sr. Rivas nos dio el *número de teléfono de Ana.* ... nos lo dio.

E. *Complete the sentences with the correct form of the verb in parentheses.*

1.	(gustar)	No me ___________ el queso pero sí me ___________ los postres.	gusta / gustan
2.	(parecer)	A Felipe no le ___________ muy difícil este ejercicio. Pero, ¿qué le ___________ los ejercicios de ayer?	parece parecen
3.	(encantar)	A mis hijos les ___________ jugar al tenis y también les ___________ los juegos de video.	encanta encantan
4.	(molestar)	Los abuelos de Julio no quieren vivir en la ciudad porque les ___________ el rudio y la contaminación. ¿A ti te ___________ mucho el tráfico?	molestan molesta
5.	(interesar)	No me ___________ la política pero sí me ___________ los problemas de los jóvenes.	interesa interesan

F. *Complete the sentences with the appropriate verb.*

***¿Saber* o *conocer*?**

1. ADELA ¿__________ usted cuál es la capital de Paraguay? — Sabe

   ALE Sí, y la __________ muy bien. Nací allí. — conozco

2. Nosotros no __________ a los Vega pero __________ que son argentinos. — conocemos / sabemos

3. Esta mañana Clara __________ que su hermana se casa en septiembre. Se casa con un muchacho que __________ el año pasado en la universidad. — supo / conoció

***¿Pedir* o *preguntar*?**

4. Anoche Cristina me __________ si quería ir con ella al cine. Les __________ permiso (*permission*) a mis padres pero me dijeron que no. — preguntó / pedí

5. Cuando vamos a ese restaurante, siempre __________ sopa de verduras. Hoy cuando se la __________ a la camarera, nos dijo que no tenía más. Ella nos __________ si queríamos sopa de pollo. — pedimos / pedimos / preguntó

6. Ayer el profesor le __________ a Martín dónde estaba la discoteca. Entonces él le __________ un favor especial. — preguntó / pidió

Copyright © 1989 by Holt, Rinehart & Winston, Inc. All rights reserved.

G. ¡Ahora mismo! *Tell the person or persons indicated to do the action suggested by the verb in parentheses.*

1. (escribir, usted) ____________ la carta, por favor. Escriba (usted)
2. (quedarse, ustedes) ____________ unos minutos más. Quédense (ustedes)
3. (volver, tú) ____________ temprano. Vuelve
4. (hacer, tú) ____________ los ejercicios ahora; no los ____________ mañana Haz hagas
5. (dar, usted) No le ____________ esa pastilla. dé (usted)
6. (ir, ustedes) ____________ a la tienda con abuela, por favor. Vayan (ustedes)
7. (ser, tú) ¡No ____________ así! seas
8. (tener, tú) ¡____________ cuidado! Ten

H. La comparación. *Supply the missing words as indicated by the cues.*

1. Nueva York es ____________ grande ____________ Chicago. (*larger than*) más que
2. La esposa de Camilo es ____________ él. (*older than*) mayor que
3. Me gustan los dentistas ____________ los médicos. (*less than*) menos que
4. Carlos no tiene ____________ tiempo ____________ sus hermanos. (*as much as*) tanto como

5. Está ___________ ocupado que no puede ir a la fiesta. (*so*) — tan

6. Elena es ___________ los primos. (*the youngest of*) — la menor de

7. ¿Por qué tienes ___________ dinero ___________ yo? (*more than*) — más / que

8. San Juan es la ciudad ___________ Puerto Rico. (*largest . . . in*) — más grande de

9. ___________ 500.000 personas viven allí. (*More than*) — Más de

10. Emilio ___________ come ___________ arroz. (*only*) — no / más que

I. *¿Por o para?* *Complete with* **por** *or* **para,** *according to the meaning of the sentence.*

1. Amelia escribió una composición ___________ la clase de historia. — para

2. No me siento bien y ___________ eso no quiero ir. — por

3. Están tratando de terminarlo ___________ mañana. — para

4. En general, no hay películas ___________ la mañana. — por

5. Como me parece un hombre muy bueno, voté ___________ él. — por

6. Carlos no puede venir hoy así que yo vine ___________ él. — por

Copyright © 1989 by Holt, Rinehart & Winston, Inc. All rights reserved.

7. Después de visitar Medellín, salen ____________ para Cali.
8. Aunque no lo parezca, este vaso es ____________ para champaña.

NOMBRE ______________________ FECHA __________ CLASE __________

CAPÍTULO 11

LAS NOTICIAS

VOCABULARIO

A. Categorías. *News items vary in content. Classify the following list according to the categories offered. Some items may fit into more than one category. Add other items of your own.*

la agricultura
el maratón de Boston
las elecciones en Costa Rica
el aumento de sueldos
el concierto de piano
el aumento de precios
el costo de la vida
la manifestación
la superpoblación
el partido internacional de fútbol
las elecciones nacionales
la visita del Papa
la huelga de obreros
los guerrilleros
el anuncio de las mejores películas del año
la guerra
el terremoto en Guatemala
los juegos olímpicos

1. noticias internacionales: ______________________

____

____

2. noticias políticas: ______________________

____

____

3. noticias socio-económicas: ______________________

____

____

4. noticias culturales: ______________________

____

____

Copyright © 1989 by Holt, Rinehart & Winston, Inc. All rights reserved.

B. En el aire. *You are a reporter for the university newspaper. Give a summary of the day's major news stories according to the categories in Exercise A.*

1. ____

____

____

2. ____

____

____

3. ____

____

____

4. ____

____

____

I. EL IMPERFECTO

A. Recuerdos de la abuela. *Leticia's grandmother is recalling a honeymoon she took in Guatemala in the early 1930s. Supply the correct forms of the imperfect tense of the verbs given in parentheses.*

(1-Ser) ______________________ en el mes de junio y

(2-llover) ______________________ casi todos los días. Pero también

(3-hacer) ______________________ sol durante las mañanas. Tu abuelo y yo

(4-estar) ______________________ en una pensión de Antigua y todas las

mañanas (5-oír) ______________________ la canción de la cocinera (*cook*) que

(6-trabajar) ______________________ allí en la pensión. Ella

(7-ir) ______________________ al mercado muy temprano y

(8-traer) ______________________ frutas y verduras frescas para las comidas

del día. No nos (9-llegar) ______________________ muchas noticias del resto del mundo, pero nosotros no (10-preocuparse) ______________________________. Sin embargo (*Nevertheless*) allí (11-haber) ______________________________ un mundo normal con acontecimientos (*events*) felices y también desastres como en todos los lugares. De vez en cuando (*Sometimes*) (12-haber) ______________________________ terremotos y la gente (13-tener) ______________________________ que dejar sus pueblos y empezar una nueva vida en otro lugar. Otras veces sólo los animales (14-saber) ______________________________ los movimientos de la tierra. La vida (15-parecer) ______________________________ más simple entonces.

B. La vida cambia. *Life does change. Complete these sentences about changes with the appropriate imperfect form of the verb in italics. Follow the model.*

MODELO Antes me __gustaban__ las películas románticas pero ya no me *gustan.*

1. Cuando era más joven, yo ______________________________ siempre a manifestaciones políticas pero ya no *voy.*
2. Antes no ______________________________ muchos amigos aquí, pero ahora *tengo* amigos en todas partes de los Estados Unidos.
3. Antes ______________________________ mucho aquí pero ya no *llueve* tanto.
4. El año pasado ______________________________ televisión todos los días pero ahora sólo la *miro* los fines de semana.
5. Antes las elecciones ______________________________ muy interesantes pero ahora *son* muy aburridas.
6. Los sábados ______________________________ al centro con nuestra tía pero ahora ella está enferma y ya no *vamos.*
7. Antes tú siempre me ______________________________ chocolates pero ahora sólo me los *traes* el día de mi cumpleaños.
8. Cuando tenía dieciocho años yo ______________________________ bailar toda la noche pero ya no *puedo* sin descansar cada (*every*) quince minutos.

Copyright © 1989 by Holt, Rinehart & Winston, Inc. All rights reserved.

C. Últimas noticias. *You're a reporter and must summarize what events were continuing in the capital city yesterday. Form sentences from the elements below to tell what was happening. Supply words when needed.*

MODELO haber / muchos problemas / la capital
Había muchos problemas en la capital.

1. guerrilleros / estar / cerca / la capital

____

2. gente del país / protestar / la política exterior/ el Presidente

____

3. todos los días / haber / documentales / televisión

____

4. ejército / entrar / la capital

____

5. estudiantes / quejarse / el costo / la universidad

____

6. mucha gente / hablar / violaciones / derechos humanos

____

7. obreros / pedir / mejores salarios

____

8. precios / subir / otra vez

____

9. haber / mucha tensión / todo el país

____

D. Discurso político. *You have been asked to write a speech for the new Minister of the Interior who is reporting about the previous administration. Translate his statements into Spanish.*

1. There were many people in the streets.

   ____

2. The news reports were very interesting.

   ____

3. Before, the cost of living was going up and prices were going up, too.

   ____

4. But the people always had the same problem: there wasn't work.

   ____

5. Many people didn't have water.

   ____

6. Every day we would receive news of demonstrations in the capital city.

   ____

7. Now with this new president there is going to be peace (*paz*) for everyone.

   ____

II. EL IMPERFECTO EN CONTRASTE CON EL PRETÉRITO

A. Selecciones lógicas. *Complete the sentences in each pair with one of the two verbs in parentheses. Pay careful attention to the context and clue words in each sentence.*

1. (Estuve / Estaba)

   a. ______________________________ en Panamá por dos semanas.

   b. ______________________________ cansado cuando llegué.

2. (Vi / Veía)

   a. ______________________________ a Dolores todos los días.

   b. ______________________________ a Dolores la semana pasada.

Copyright © 1989 by Holt, Rinehart & Winston, Inc. All rights reserved.

3. (Fuimos / Íbamos)

a. ________________________________ al cine el sábado.

b. ________________________________ al cine los sábados.

4. (protestó / protestaba)

a. El senador siempre ________________________________ contra eso.

b. El senador ________________________________ contra eso la semana pasada.

5. (Estudiaste / Estudiabas)

a. ¿________________________________ mucho cuando estabas en la escuela secundaria?

b. ¿________________________________ mucho anoche?

6. (oyeron / oían)

a. Antes ________________________________ las noticias políticas.

b. Ayer ________________________________ las noticias políticas.

7. (hubo / había)

a. Cuando vivíamos en Chile, ________________________________ terremotos frecuentemente.

b. Cuando vivíamos en Chile, un año ________________________________ un terremoto terrible.

B. ¿Lo sabías? *Complete the following dialogue with the appropriate imperfect or preterit forms of* **saber** *or* **conocer**.

LAURA Tu amigo Jorge es muy simpático.

SORAYA ¡Yo no (1) ________________________________ que tú lo (2) ________________________________!

LAURA Yo lo (3) ________________________________ ayer en la biblioteca. Descubrí que a él le gusta la ciencia ficción tanto como a mí.

SORAYA ¿Y cómo lo (4) ________________________________? ¡Jorge no me dijo eso!

LAURA Buscaba los mismos libros que siempre leo yo.

SORAYA Y cuando le dijiste tu nombre, ¿ (5) ______________________________ él que eras mi compañera de cuarto (*roommate*)?

LAURA No, es un misterio... Parece que tú no le hablas de mí. Yo no (6) ______________________________ eso, Soraya. Bueno, con permiso, voy a la biblio... a la cafetería.

C. Un sábado aburrido. *In this story Carlos tells us about his past weekend. Help him by completing this paragraph with the appropriate preterit or imperfect forms of the verbs given in parentheses.*

El sábado pasado yo (1-querer)______________________________ ir a esquiar.

(2-llamar) ______________________________ a mi amigo José para saber si él

(3-querer) ______________________________ ir conmigo. Él me

(4-decir) ______________________________ que

(5-tener) ______________________________ que estudiar y que no podía ir. Entonces

(6-llamar) ______________________________ a Juan, otro amigo. Él me dijo que

(7-ir) ______________________________ a jugar al básquetbol y me

(8-preguntar) ______________________________ si yo

(9-querer) ______________________________ acompañarlo. Le

(10-decir) ______________________________ que no, porque no me

(11-interesar) ______________________________ jugar al básquetbol. Como (yo) no

(12-tener ganas) ______________________________ de ir a esquiar solo,

(13-quedarse) ______________________________ en casa y

(14-mirar) ______________________________ televisión.

Copyright © 1989 by Holt, Rinehart & Winston, Inc. All rights reserved.

D. Miriam y su familia. *Complete the story about this Guatemalan family by filling in the imperfect or preterit forms of the verbs given in parentheses.*

Miriam es una señora guatemalteca muy simpática. Ahora vive con parte de su familia en el norte de los Estados Unidos, pero antes ellos (1-vivir) ______________________ en Guatemala. Por muchas razones la familia (2-tener) ______________________ que salir de su país para venir a los Estados Unidos. Ellos (3-llegar) ______________________ a California, pero no (4-venir) ______________________ todos juntos. Primero (5-salir) ______________________ Miriam, su esposo y su hija; más tarde los abuelos y el hijo (6-dejar) ______________________ su país. Todos (7-estar) ______________________ juntos en California por dos años y después Miriam, su esposo y los hijos (8-ir) ______________________ a Massachusetts. En Guatemala ellos (9-tener) ______________________ una casa en la ciudad; aquí tienen un apartamento pero esperan poder comprar una casa pronto. En Guatemala (10-tener) ______________________ muchos amigos y parientes; aquí también tienen muchos amigos pero todos los parientes viven muy lejos de ellos. El año pasado el esposo de Miriam (11-volver) ______________________ a Guatemala y (12-visitar) ______________________ a sus parientes por tres semanas. Ellos (13-estar) ______________________ muy contentos cuando él (14-llegar) ______________________ pero muy tristes cuando él los (15-dejar) ______________________ para volver a Massachusetts. Todos sueñan con vivir en el mismo lugar en el futuro.

NOMBRE ______________________________ FECHA __________ CLASE __________

III. LOS PRONOMBRES RELATIVOS *QUE* Y *QUIEN*

A. Combinaciones lógicas. *Combine the following pairs of short sentences into one, using either* **que** *or* **quien(es)** *and the appropriate prepositions.*

MODELO Juan es un estudiante. Siempre te hablo de él.
Juan es el estudiante de quien siempre te hablo.

1. Esa camisa es francesa. Papá la quiere comprar.

____

2. Espero el autobús. Siempre llega a las nueve.

____

3. Ese presidente es un buen político. Él visitó Costa Rica.

____

4. Maribel y Joaquín son amigos. Vamos a almorzar con ellos.

____

5. Pedro es estudiante de biología. Tengo que pedirle un favor.

____

6. Conocemos a una estudiante chilena. Ella canta canciones de protesta social.

____

7. San José es una ciudad muy interesante. Quiero visitarla en diciembre.

____

8. ¿Éste es el amigo de Silvia? ¿Va a quedarse con nosotros?

____

Copyright © 1989 by Holt, Rinehart & Winston, Inc. All rights reserved.

B. Clara y sus amigos. *The many ways people dress is always a topic for discussion. Complete the paragraph by choosing the best word for each sentence.*

Mi amiga Clara Inés cree que la gente (que / quien) ______________________________ viste a la última moda tiene que ser superficial y egoísta. Pero la ropa (que / de que) ______________________________ ella compra es extraordinaria. Lleva faldas amarillas con blusas negras y zapatos rojos y los amigos (quienes / con quienes) ______________________________ sale también visten de una forma muy ... diferente. Por ejemplo, Octavio Sabines, (con quien / quien) ______________________________ siempre nos divertimos porque sabe contar anécdotas, lleva en este momento sandalias de madera, un traje negro, y un impermeable de tres colores.

FUNCIONES Y ACTIVIDADES

A. Crucigrama

NOMBRE ______________________ FECHA __________ CLASE __________

Horizontales

1. presente de **ver**
4. en inglés se dice *magazine*
9. ____ de televisión, por ejemplo
11. esto es para ___ (*you* ; **tú** *form*)
13. sinónimo de **ocurrir** o **pasar**
16. en inglés se dice *because*
18. pronombre de objeto indirecto
19. artículo indefinido
20. dos autores que escriben el mismo libro son ___-autores
21. mandato de **decir** (**tú** *form*)
22. sinónimo de **eventos**
26. en inglés se dice *meeting*
28. en inglés se dice *time, epoch*
32. el ____ Colón, por ejemplo
34. persona que se dedica al arte
35. ciudad del sur de España; allí está la Giralda
39. en inglés se dice *to fall*
40. presente de **saber**
41. nota musical
43. opuesto a **noche**
44. adjetivo demostrativo (*pl.*)
45. presente de **leer**

Verticales

1. presente de **ir**
2. preposición
3. artículo definido
5. abreviación de **etcétera**
6. pretérito de **ver**
7. sinónimo de **salario**
8. se usa como *alas!, ouch!* or *woe!* en inglés
10. en inglés se dice *announcement*
12. en inglés se dice *Pope*
14. abreviación de **usted**
15. presente de **reír**
16. sinónimo de **quejarse**
17. pronombre relativo
20. Hoy va a _____ su cumpleaños.
23. comparativo de igualdad
24. pronombre reflexivo
25. hermano del padre o de la madre
27. opuesto a **sí**
29. opuesto a **soltero**
30. imperfecto de **ver** (**tú** *form*)
31. sinónimo de **ocurrir** o **suceder**
33. fruta usada para hacer vino (*pl*)
34. contracción
36. adjetivo demostrativo (*sing*)
37. imperfecto de **ir**
38. pronombre de objeto indirecto
42. pronombre sujeto

Copyright © 1989 by Holt, Rinehart & Winston, Inc. All rights reserved.

B. Mini-dramas. *Compose dialogues for the following situations.*

1. You are attending a party to celebrate the publication of a new Central American newspaper. Your job is to present the editor with a gift of appreciation. Include the following expressions in your presentation: **¡Felicitaciones! ¡Salud! Gracias. No hay de qué.**

2. Your school newspaper is preparing a special issue on Central America and wants you to interview an elderly Costa Rican about life there. Be sure to ask questions about these topics: when and where born; likes, dislikes, activities while growing up; place(s) lived during lifetime; adult activities and/or profession ; one or two interesting anecdotes. Compose the interview having him or her use the following expressions for telling a story: **Siempre recuerdo; Entonces; ¿Y sabe qué...?** Include these expressions in your responses: **Sí, entiendo; ¿Y qué pasó después?; ¿Y qué hacía mientras pasaba eso?; ¿En serio?**

NOMBRE ______________________________ FECHA __________ CLASE __________

CAPÍTULO 12

VIAJES Y PASEOS

VOCABULARIO

A. ¡A México! *You are planning a trip to Mexico. Use the words provided to prepare two lists: one of places you want to visit and one of things you will want to take along. In the extra spaces, add places or items of your own.*

el boleto	la estación de trenes	la agencia de viajes
las ruinas	el pasaporte	el monumento
el dinero	la aduana	las pirámides
el mapa	el equipaje	la guía
el puerto	las maletas	el horario
el parque zoológico	el Museo Nacional de Antropología	

LUGARES	COSAS
______________________	______________________
______________________	______________________
______________________	______________________
______________________	______________________
______________________	______________________
______________________	______________________
______________________	______________________
______________________	______________________
______________________	______________________
______________________	______________________

Copyright © 1989 by Holt, Rinehart & Winston, Inc. All rights reserved.

B. Histeria de viaje. *A friend traveling with you knows very little Spanish and is babbling about everything that comes to mind. Select the correct word or phrase for what your friend wants to say and write it in.*

1. Para tomar un tren tenemos que ir a

   ______________________________.

   (la estación de trenes / la agencia de viajes / la pensión)

2. La señorita perdió el pasaporte en el aeropuerto y va a informar

   ______________________________.

   (a la aduana / al equipaje / al puerto)

3. Ya es de noche y tenemos que buscar dónde

   ______________________________.

   (hacer autostop / tomar sol / quedarnos)

4. Antes de entrar a México, hay que pasar por

   ______________________________.

   (la llegada / la aduana / la salida)

5. Salíamos de México y cuando subimos al avión todos nos dijeron

   ______________________________.

   (¡«Bienvenidos»! / ¡«Buen viaje»! / ¡«Arriba las manos»! [*Hands up!*])

6. Cuando el profesor estuvo en Guadalajara, se quedó en una pequeña

   ______________________________.

   (estación / pensión / caja)

7. Según el ______________________________, el vuelo (*flight*) sale

   a las diez y veinte.

   (horario / medio / equipaje)

8. Las ruinas de Palenque son muy

   ______________________________.

   (agradecidas / argentinas / antiguas)

NOMBRE ______________________ FECHA __________ CLASE __________

I. EL PARTICIPIO PASADO USADO COMO ADJETIVO

A. Selecciones lógicas. *Complete the following sentences by selecting a verb from the list below and deriving an adjective of the appropriate gender and number from it. You may use some verbs more than once, others not at all.*

oír	escribir	resolver	hacer
hablar	cerrar	morir	describir
pintar	traer	romper	comprar
creer	construir	poner	abrir

MODELO Los vasos están <u>rotos</u>.

1. Los bancos están ______________________.
2. La casa está ______________________ de blanco.
3. El libro está ______________________ en español.
4. Esas guitarras están ______________________ en México.
5. Las farmacias están ______________________ hasta las once de la noche.
6. Estos recuerdos fueron ______________________ de Mérida.
7. Los boletos fueron ______________________ en el centro.
8. Ese problema no está ______________________.
9. Mi tienda ya está ______________________.
10. La Catedral está ______________________ de piedra (*stone*).

B. Tarjetas para la familia. *You want to send some postcards home written in Spanish, but you have to look up some words in the dictionary. Complete the sentences below with adjectives derived from the infinitive form of the verbs given in parentheses.*

1. (traer) Busco palabras en un diccionario ______________________ de los Estados Unidos.
2. (escribir) Aquí todos los libros están ______________________ en español.
3. (perder) En el avión encontramos un pasaporte ______________________.

Copyright © 1989 by Holt, Rinehart & Winston, Inc. All rights reserved.

4. (cerrar) En este momento, las maletas ya están

______________________________.

5. (construir) En México hay muchos edificios ______________________________ en el siglo XVII.

6. (hacer) Tengo un nuevo auto que fue ______________________________ en México.

7. (abrir) Son las ocho de la noche y todas las tiendas están

______________________________.

8. (resolver) El problema de dónde nos quedamos la primera noche en Acapulco está

______________________________.

C. Últimos preparativos. *Professor Monsanto is going over a final checklist prior to departure of the summer students for Puebla. Reassure him that everything has been taken care of.*

MODELO Enrique, ¿pagaste todos los boletos?
Sí, profesor; todos los boletos están pagados.

1. ¿Mandaron el telegrama a Puebla?

____

2. Antes de salir de la universidad, ¿devolvieron los libros a la biblioteca?

____

3. ¿Ya pusieron todas las maletas en el autobús?

____

4. Carlos, ¿compraste los periódicos para leer en el avión?

____

5. ¿Cerraron las ventanas y las puertas?

____

6. Rosa, ¿escribiste los números de los pasaportes en mi cuaderno?

____

7. Enrique, ¿hiciste la lista de los números de teléfono de emergencia?

____

Pues entonces, ¡en ruta!

II. EL PRESENTE PERFECTO Y EL PLUSCUAMPERFECTO

A. Variedad en el pasado. *Your friend isn't familiar with the present perfect and always insists on using the preterit. Help your friend by showing how those same sentences would appear in the present perfect.*

1. Yo comí en el restaurante del aeropuerto.

____

2. Ellos llegaron de Guanajuato.

____

3. La profesora visitó ese museo.

____

4. Tú y yo viajamos a México.

____

5. Empezó el baile folklórico.

____

6. Me quedé en el Hotel París.

____

7. Antonio no hizo mucho.

____

8. Todos vimos su maleta en la aduana.

____

Copyright © 1989 by Holt, Rinehart & Winston, Inc. All rights reserved.

B. Preguntas y respuestas. *Reply in the affirmative to the following questions by employing the correct form of the present perfect tense of the verbs. Change other parts of speech as necessary and use object pronouns whenever possible.*

1. ¿Ya han llegado ustedes al hotel?

 ____

2. ¿Ellos han revisado el horario de trenes a San Miguel de Allende?

 ____

3. ¿Has oído esa canción en inglés?

 ____

4. ¿Se han acordado ustedes de traer la cámara?

 ____

5. ¿Les he dado toda la información necesaria?

 ____

6. ¿Ha comprado María Elena un boleto de ida y vuelta para ir a Taxco?

 ____

7. ¿Ya ha comido usted en ese restaurante que está cerca de la plaza?

 ____

8. Amigos, ¿nos han preparado ustedes la cena?

 ____

C. Déjà vu. *Your diary contains a list of things that have happened since your arrival in Mexico. You show it to your friend who points out that everything on your list had also happened before your arrival. As he goes down the list, indicate his responses, qualifying them with* **antes, ya, ayer, el año pasado,** *or some other phrase.*

MODELO He comido empanadas.
¡Antes también habías comido empanadas!

1. He visto unas montañas (*mountains*) muy, muy altas.

 ____

2. Marta ha oído cosas interesantes sobre Guanajuato.

 ____

3. El director ha resuelto el problema con las reservaciones.

____

4. Le hemos pedido un gran favor al profesor García.

____

5. En la aduana han roto la maleta de Marta.

____

6. Han descubierto más ruinas en el centro de México.

____

7. Javier ha hablado en español todo el día.

____

8. Han abierto muchos restaurantes típicos.

____

III. CONTRASTE ENTRE LOS TIEMPOS PASADOS

A. Rompecabezas (*Brain-teaser*). *A cousin who studies Spanish in college has written you a letter telling of an experience he had in Mexico during his summer vacation. Complete the letter by using the verbs given in parentheses and choosing the appropriate past tense.*

El verano pasado, cuando (1-llegar) ______________________ a Oaxaca y

(2-dejar) ______________________ el aeropuerto,

(3-encontrarse) ______________________ con un viejo amigo. Me

(4-decir) ______________________ que (5-vivir) __________ en Oaxaca

y que (6-estar) ______________________ allá por dos años.

(7-decir) ______________________ que su tía

(8-tener) ______________________ una casa cerca del centro del pueblo. Me

(9-contar) ______________________ que

(10-tener) ______________________ ganas de volver a los Estados Unidos

Copyright © 1989 by Holt, Rinehart & Winston, Inc. All rights reserved.

para visitar amigos, pero que (11-estar) ______________________________ muy ocupado trabajando como fotógrafo. Ya (12-sacar) ______________________________ fotos de las ruinas, de los habitantes de la región y de los pueblos del estado de Oaxaca. También (13-tener) ______________________________ muchos amigos. Él (14-vender) ______________________________ las fotos que (15-sacar) ______________________________ a revistas (*magazines*) de muchos países del mundo. (16-Decir) ______________________________ que (17-pensar) ______________________________ en mí el otro día cuando (18-ver) ________ por televisión una película en que (19-haber) ______________________________ muchas playas. (20-acordarse) ______________________________ de que cuando nosotros (21-ser) ______________________________ jóvenes, siempre (22-ir) ______________________________ a la playa juntos. Mientras él (23-hablar) ______________________________ yo también (24-recordar) ______________________________ aquellos tiempos. Él y yo (25-ser) ______________________________ compañeros de cuarto en la universidad y antes también (26-asistir) ______________________________ a la misma escuela secundaria... ¿Cómo termina esta historia? Pues, muy bien. Ahora mi amigo y yo trabajamos juntos para un periódico importante de México: él como fotógrafo y yo como reportero. ¡Formamos un equipo sensacional!

B. Encuentro agradable. *In Spanish, tell about a chance encounter you had at the airport in Mexico City. Translate the details of your encounter.*

1. My friends and I returned to Mexico last month.

   ____

2. When we were leaving the airport, we saw Sara and César.

   ____

3. Their luggage had not yet arrived.

____

4. We had met them at the university in May, and now we were in Mexico together!

____

5. Sara studied Spanish for five years, but this was her first trip to Mexico.

____

6. They invited us to climb the pyramids at Teotihuacán with them.

____

7. When we were in Mexico last year, we had not had time to go to Teotihuacán.

____

8. We also wanted to visit the National Museum with them.

____

9. So we spent two days together and enjoyed ourselves very much.

____

Copyright © 1989 by Holt, Rinehart & Winston, Inc. All rights reserved.

C. El viajero experto. *The expert traveler left for Mexico on Saturday. Using the pictures as a guide, tell what things he had done early and when he did them.*

MODELO

Ya había ido a una agencia de viajes. Fue allí el año pasado.

1. ____

____

____

____

2. ____

____

____

____

3. ____

____

____

____

4. ____

____

____

____

5. ____

____

____

____

Copyright © 1989 by Holt, Rinehart & Winston, Inc. All rights reserved.

IV. *HACER* EN EXPRESIONES DE TRANSCURSO DE TIEMPO

A. Historia de un amor triste. *Complete the following sad story with appropriate expressions containing* **hace, hacía, hace...que,** *and so on. Then answer the questions.*

Conocí a Martín (1) ______________________________ doce años. Estábamos en Guadalajara. Él me dijo que (2) ______________________________ dos años (3) ______________________________ esperaba conocer a una mujer tan inteligente como yo. Pero yo no le creí... ¿Por qué...? Pues, porque (4) ______________________________ mucho tiempo (5) ______________________________ oía piropos (*compliments*) similares de un hombre que hablaba como Martín. Se llamaba César Toro. Era un verdadero idiota.

Pero tengo que confesar que también (6) ______________________________ mucho tiempo que quería salir con un hombre interesante, y como estaba aburrida, decidí darle la oportunidad a Martín. Por eso salí con él.

Bueno, para decirlo en pocas palabras, dos meses más tarde me casé con Martín y cinco años después el casamiento (*marriage*) terminó en un divorcio. Pasaron los años y no pensé más en él hasta que lo vi en un restaurante francés en Madrid (7) ______________________________ tres años. No nos hablamos. Ahora otra vez (8) ______________________________ años que no pienso más en Martín. Así es la vida, ¿verdad...?

Now answer the following questions.

1. ¿Cuánto tiempo hacía que la mujer conocía a Martín cuando se casaron?

   ____

2. ¿Y cuánto tiempo hacía que estaban casados cuando el casamiento terminó en un divorcio?

   ____

3. ¿Cuánto tiempo hace que la mujer vio a Martín en Madrid?

____

4. ¿Y cuánto tiempo hacía que ella no pensaba más en él cuando lo vio allí en Madrid?

____

B. Planes hechos con tiempo. *You have told your professor about a trip you plan to take to Mexico. Answer her questions according to the cues provided, using* **hace** + *time expressions.*

MODELO Usted está en mi clase, ¿verdad? (Sí, tres meses)
Sí, hace tres meses que estoy en su clase.

1. ¿Cuánto tiempo hace que usted estudia español? (dos años)

____

2. Usted le escribió a su amigo en Oaxaca, ¿no? (Sí, unos días)

____

3. ¿Cuánto tiempo hace que prepara usted este viaje? (cuatro meses)

____

4. ¿Usted ya tiene su pasaporte? (Sí, seis meses)

____

5. ¿Cuándo visitó usted Palenque? (un año)

____

6. ¿Tiene usted el boleto para su vuelo? (Sí, cinco semanas)

____

7. ¿Come usted comida mexicana? (Sí, diez años)

____

8. ¿La tía de su amigo vive en Oaxaca? (Sí, muchos años)

____

Copyright © 1989 by Holt, Rinehart & Winston, Inc. All rights reserved.

C. Explicaciones. *Add an explanatory sentence to each of the following statements, according to the model, using the appropriate form of* **hacer** *+ time expression. Other changes may be required. Be sure your sentences follow logically.*

MODELOS a. Ayer le hablé a Mateo.

Hacía mucho tiempo que { **no le hablaba a él.** / **no hablaba con él.** / **no hablábamos.** }

b. Hoy voy al cine con Alicia.

Hace tiempo que no { **voy al cine con ella.** / **vamos al cine juntos.** }

1. Anoche dormí bien.

____

2. Marta trabaja en una tienda cerca del Zócalo.

____

3. El año pasado fui de vacaciones a México.

____

4. El sábado me compré zapatos nuevos.

____

5. Hoy llamo a casa.

____

6. Esta tarde voy al médico.

____

7. Cambiaron el horario de los vuelos a México.

____

8. Tomás y Martín vienen a clase hoy.

____

D. Una chica internacional. *Now practice using* **hace...** *expressions combined with a variety of verb tenses. Complete the story providing the correct forms of the verbs in parentheses.*

¿Conocen ustedes a Freya Brinsdon? (Ustedes) ya (1-conocer) ______________________________ a los padres de ella en el Capítulo dos de este libro cuando ellos (2-estar) ______________________________ en Buenos Aires. (3-Hacer) ______________________________ dos años, Freya (4-visitar) ______________________________ México y le (5-gustar) ______________________________ tanto ese país que decidió estudiar español en la universidad. Freya es realmente una chica internacional. (6-Nacer) ______________________________ en Inglaterra, vivió en Francia y (7-llegar) ______________________________ a los Estados Unidos (8-hacer) ______________________________ ocho años. Cuando tenía diez años, ya (9-hacer) ______________________________ cinco años que hablaba francés. (10-Empezar) ______________________________ a estudiar español cuando tenía trece años, ¡y ahora (11-hacer)______________________________ cinco años que habla español! El año que viene Freya va a estudiar español en una universidad del Canadá. ¡Qué vida más interesante!

Copyright © 1989 by Holt, Rinehart & Winston, Inc. All rights reserved.

FUNCIONES Y ACTIVIDADES

A. En el Zócalo. *Continue exploring Mexico City using the following map. Answer the tourists' questions and help give directions by circling the correct phrase in parentheses. Remember that you are at the Zócalo.*

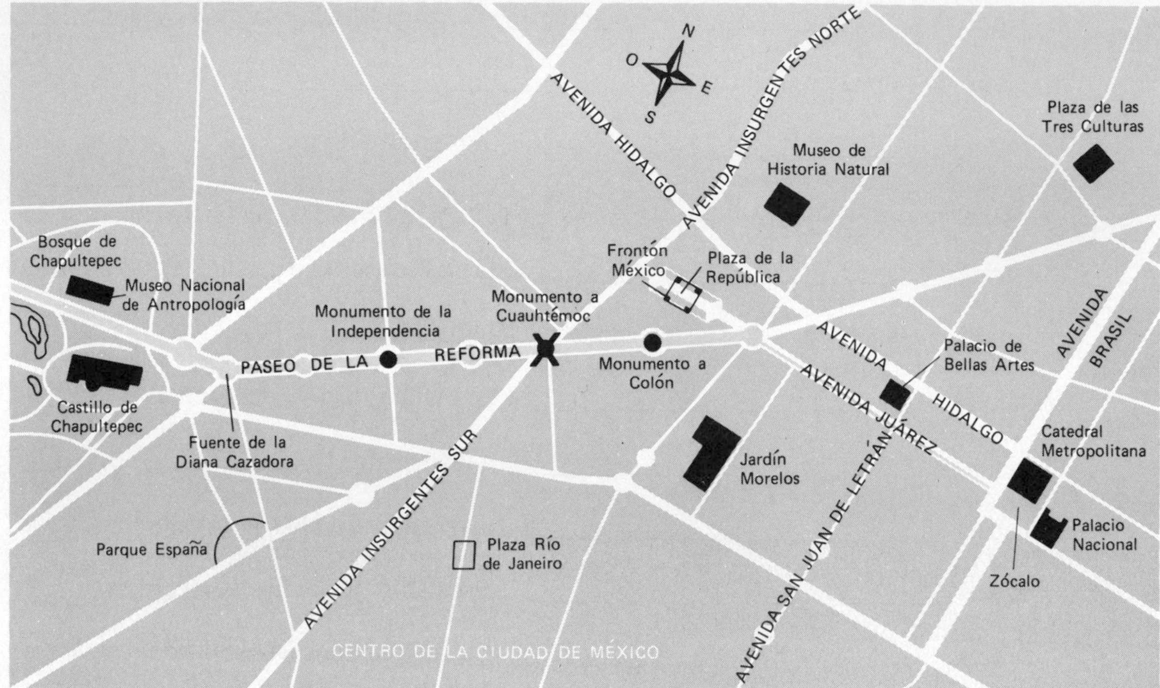

MODELO — Perdón. ¿Me puede decir cómo llegar al Palacio de Bellas Artes?
— Vaya (derecho, a la derecha) por la Avenida Juárez hasta llegar a la Avenida San Juan de Letrán. Doble a la derecha y camine media cuadra. Va a ver el Palacio a su (derecha, izquierda).

1. — Por favor, señor(a), busco la Plaza de las Tres Culturas.

   — Vaya por la Avenida Brasil hasta llegar a la esquina.. Doble a la (derecha, izquierda) en la Avenida Hidalgo. Camine una cuadra. Doble a la (derecha, izquierda) en la Avenida San Juan de Letrán. Siga por esa avenida hasta llegar a la Plaza; va a estar a su (derecha, izquierda).

2. — Discúlpeme, ¿por dónde va uno a la Plaza de la República?

   — Vaya (derecho, a la derecha) por la Avenida Juárez . Cruce el Paseo de la Reforma y siga (derecho, a la izquierda). Va a ver la Plaza de la República enfrente de usted.

3. — Perdón. ¿Me puede decir cómo llegar al Monumento de la Independencia?

— Tome la Avenida Juárez hasta llegar al Paseo de la Reforma. Doble a la (derecha, izquierda) y siga derecho hasta ver un monumento. Es el monumento a Cuauhtémoc. Siga en la misma dirección, (este, oeste), y el Monumento de la Independencia va a estar (enfrente, derecho) de usted.

4. — Perdóneme. ¿Dónde está el Jardín Morelos?

— Vaya (derecho, al este) por la Avenida Juárez y tome la primera izquierda después de (la Avenida San Juan de Letrán, la Avenida Brasil). El Jardín va a estar a su derecha.

5. — Por favor, ¿está el Museo Nacional de Antropología cerca de aquí?

— No, está bastante lejos. Tome la Avenida Juárez hasta llegar al Paseo de la Reforma. Doble a la (izquierda, derecha). Vaya derecho hasta llegar (a la Fuente de la Diana Cazadora, al Parque España). Allí no doble. Siga por el Paseo de la Reforma hasta llegar a un gran edificio a su derecha. Es el Museo.

B. ¿Dónde está el autobús? *Señora Martínez is nervously waiting in the Zócalo for her tour bus to end its early morning tour and arrive for the late morning tour. She keeps asking the dispatcher which streets the bus has passed and what monuments the tour participants have seen or visited. Using the map on page 192, and creating your own itinerary, formulate five of her questions according to the model.*

MODELOS **¿Han pasado por la Avenida Juárez?**
¿Han visto (visitado) la Plaza de la República?

1. ______________________________

2. ______________________________

3. ______________________________

4. ______________________________

5. ______________________________

Copyright © 1989 by Holt, Rinehart & Winston, Inc. All rights reserved.

NOMBRE ______________________ FECHA ____________ CLASE ____________

CAPÍTULO 13

ARTES Y LETRAS

VOCABULARIO

A. Asociaciones artísticas. *Different artistic or creative productions are found in different settings. Where would each of the elements listed most likely be found? Add to the list any other related words you know. Some items may be suitable in more than one category.*

la antología	el director	la escena	la galería
la novela	la ópera	la orquesta	el pianista
el libro	la sonata	el violín	el bailarín
el retrato	la cantante	el compositor	el cuadro
el cuento	el ensayo	la escultura	la exposición
la función	la pintura	la obra de teatro	

1. una librería: ______________________________

____

____

2. un museo: ______________________________

____

____

3. un teatro: ______________________________

____

____

4. una sala de conciertos: ______________________________

____

____

Copyright © 1989 by Holt, Rinehart & Winston, Inc. All rights reserved.

B. ¿Qué hacen? *There are many artistic professions. Identify and describe the professions of the people shown below. Give some detail and if you can, mention the name of a famous person in that profession.*

MODELO

un(a) pintor(a):
Un(a) pintor(a) pinta cuadros y retratos. Picasso pintó muchos cuadros famosos.

1. un(a) novelista:

____

____

2. un(a) escultor(a):

____

____

NOMBRE ______________________ FECHA __________ CLASE __________

3. un bailarín (una bailarina):

____

____

4. un(a) cantante:

____

____

5. un(a) cuentista:

____

____

Copyright © 1989 by Holt, Rinehart & Winston, Inc. All rights reserved.

6. un(a) fotógrafo(-a):

____

____

7. un(a) guitarrista:

____

____

8. un(a) escritor(a):

____

____

NOMBRE ______________________ FECHA __________ CLASE __________

I. EL MODO SUBJUNTIVO; *OJALÁ, TAL VEZ, QUIZÁ(S)*

A. Decisiones. *Mark the verb that best completes the sentence.*

MODELO Ojalá que Marta ________ mucho para el examen.
____✓____ estudie ________ estudia

1. Tal vez (*doubtful*) tú ________ una carta de ese actor famoso.

   ________ recibes ________ recibas

2. Ojalá que te ________ de la agencia de actores.

   ________ llamen ________ llaman

3. Quizás (*doubtful*) ________ un premio por este drama.

   ________ ganemos ________ ganamos

4. Tal vez (*not doubtful*) ellos ________ esos ensayos importantes.

   ________ leen ________ lean

5. Ojalá que ese crítico importante ________ a la exhibición.

   ________ asiste ________ asista

6. Quizás (*not doubtful*) ella ________ tan bien como Antonia, la novelista.

   ________ escriba ________ escribe

B. Un día muy activo en el Centro Cultural. *There is a flurry of artistic activity in the Cultural Center, and you hear many quick sentences as you walk through. Write in the appropriate forms of the verbs to complete the sentences. Pay careful attention to the hints in parentheses.*

MODELOS a. (canta / cante) Ojalá que Plácido Domingo cante esta noche.
b. (pinta / pinte) Tal vez Susana pinta el retrato de su hija. (expresa confianza)

1. (escribe / escriba) Quizás José María ________ otra obra de teatro. (expresa confianza)

2. (comemos / comamos) Tal vez ________ después de la función. ¡Espero que sí! (expresa duda)

3. (gana / gane) Quizás Gabriel Guzmán ________ el Premio Nobel por su última novela. (expresa duda)

Copyright © 1989 by Holt, Rinehart & Winston, Inc. All rights reserved.

4. (habla / hable) Ojalá que esta noche el profesor Galán ________ sobre «Las meninas» de Velázquez.

5. (canta / cante) Quizás la famosa Ariana ________ en la ópera «Carmen». (expresa confianza)

6. (asiste / asista) Tal vez el Presidente ________ a la función esta noche. (expresa confianza)

7. (comprenden / comprendan) Ojalá que los espectadores ________ la idea principal de esa obra de Casona.

II. EL PRESENTE DE SUBJUNTIVO DE LOS VERBOS REGULARES

A. Frases para completar. *Complete each of the following sentences with the most appropriate choice and mark the corresponding space.*

MODELO ¿Qué piensas de mí? Bueno, prefiero que no...

___ (a) lees más libros.
_✓_ (b) contestes esa pregunta.
___ (c) aprendes la canción.

1. No quiero que ustedes...

________ (a) olviden el concierto de violín de Kathleen.

________ (b) doblan en esa esquina.

________ (c) toman todo este vino antes de la función.

2. El director Méndez me pide que...

________ (a) cuida a sus hijos esta noche.

________ (b) le compra un boleto de ida y vuelta.

________ (c) le ayude ahora.

3. Voy a prohibir que...

_________ (a) pinten el retrato de la bailarina.

_________ (b) comen todo el queso antes del baile.

_________ (c) me miran así.

4. ¿Mandas que Amparo y yo...

_________ (a) cambiemos los cheques?

_________ (b) aprendemos a ser puntuales?

_________ (c) caminamos al correo?

5. Queremos que ellos...

_________ (a) nos mandan el ensayo.

_________ (b) pasen sus vacaciones con nosotros.

_________ (c) escriben cuentos para la antología.

6. Ariel, te pido que...

_________ (a) se lo preguntas.

_________ (b) nadas antes de almorzar.

_________ (c) no hables más durante el concierto.

7. Te prohíbo que...

_________ (a) preparas una torta especial para mi cumpleaños.

_________ (b) regreses allí después de la función.

_________ (c) vendes la guitarra.

Copyright © 1989 by Holt, Rinehart & Winston, Inc. All rights reserved.

B. Más práctica. *Complete each of the following sentences with the correct subjunctive form of an appropriate verb listed below.*

enseñar
hablar
asistir
escribir
comprender
ayudar
cantar
quedarse
pintar
cenar

1. Ojalá que este profesor ______________________________ mejor que el otro.
2. Tal vez Natalia y yo ______________________________ una canción folklórica mexicana.
3. Quizás ella no ______________________________ esa obra en español.
4. Quieren que esa escritora ______________________________ la biografía de Julio Iglesias.
5. Tal vez ellos ______________________________ antes de ir a la función.
6. Soy pintor y el rey manda que yo ______________________________ su retrato.
7. Ernesto prefiere que tú no ______________________________ a la exposición de sus esculturas.
8. Mis tíos viven en Madrid y quieren que yo ______________________________ con ellos todo el verano.
9. La profesora de arte no permite que nosotros ______________________________ en clase.
10. Mi hermana me pide que yo la ______________________________ a resolver un problema.

NOMBRE ______________________ FECHA __________ CLASE __________

C. Los padres mandan. *Although Pepe is a freshman in college, his mother can't believe he has grown up. Complete the responses that Pepe's mother makes to each of her son's statements or questions, putting the verb in the subjunctive. Follow the model.*

MODELO — Mamá, no voy a estudiar más hoy.
— Pero hijo, quiero que estudies una o dos horas más.

1. — Creo que voy a llamar a Gabriel y a...

   — Tu padre y yo preferimos que no ______________________ a tus amigos cuando tienes mucho que estudiar.

2. — O tal vez debo comprarle un regalo a Graciela.

   — Eso es peor. No queremos que le ______________________ regalos a esa chica.

3. — Tengo otra idea. La voy a invitar a la fiesta de cumpleaños de Jorge, y Jorge puede invitar a la hermana de Graciela.

   — Sabes muy bien que no queremos que ustedes ______________________ a las muchachas de ese barrio.

4. — Pero, mamá, no tengo ganas de escribir mis ejercicios ahora.

   — Hijo, te pido que los ______________________ antes de la cena.

5. — ¿Está bien si como la torta que está en el refrigerador?

   — No, te prohíbo que ______________________ antes de la cena.

6. — Pero...¡esto es el colmo! Los padres no comprenden a sus hijos...

   — Pepe, si quieres que nosotros te ______________________ ______________________, haz las cosas que mandamos.

7. — Ustedes me hablan como a un niño. ¿Cómo voy a tener éxito en el mundo con tantas prohibiciones?

   — ¿Quieres que nosotros te ______________________ como a un adulto? Entonces, escucha bien... Queremos que ______________________ en el mundo, pero aquí en esta casa... ¡mandamos nosotros! Y ahora, ve a estudiar una o dos horas más.

Copyright © 1989 by Holt, Rinehart & Winston, Inc. All rights reserved.

III. FORMAS SUBJUNTIVAS IRREGULARES

A. Selecciones lógicas. *Complete each of the following sentences with the present subjunctive of the most appropriate verb.*

MODELO **Te prohíbo que veas esa película.**
(ver / valer / poder)

1. La directora no quiere que nosotros le ______________________________ más favores.

   (vestir / pedir / acompañar)

2. Le voy a pedir que me ______________________________ a bailar.

   (enseñar / morir / dormir)

3. Ella no permite que Rafael ______________________________ más sillas en la sala.

   (valer / conocer / poner)

4. Fabio te va a pedir que ______________________________ más puntual.

   (ser / traer / entender)

5. Quiero que ustedes ______________________________ en sus planes para el futuro.

   (pensar / salir / pagar)

6. Alfredo prefiere que yo ______________________________ la fiesta el sábado.

   (almorzar / hacer / descansar)

7. Queremos que tú ______________________________ al concierto con nosotros.

   (quedarse / ir / saber)

8. Prefiero que los niños ______________________________ en tu casa hoy.

   (dormir / sentir / oír)

B. Infinitivos y formas irregulares. *Write the infinitive form of the verb in the first statement. Then complete the response with the present subjunctive of that same verb.*

MODELO — No le traje el regalo de cumpleaños a tía Alicia. __traer__
— Pues, quiero que le __traigas__ el regalo ahora mismo.

1. — No tenemos entradas para el concierto. ______________________________

   — Quiero que (ustedes) las ______________________________. Se las voy a comprar esta tarde.

2. — Juan no viene más a nuestra casa. ______________________________

   — ¿Por qué no le pides que ______________________________ mañana?

3. — No he conocido a tu novio. ______________________________

   — Quiero que lo ______________________________. Esta tarde te lo presento (*introduce*).

4. — Maribel e Inés van a la manifestación. ______________________________

   — No me gusta esa idea. Les voy a prohibir que ______________________________.

5. — Tu prima Mariana es la nueva directora y no ha sido muy cortés conmigo. ______________________________

   — ¿En serio? Le voy a pedir que ______________________________ más agradable en el futuro.

6. — Murieron tres hombres en la huelga del año pasado. ______________________________

   — Por eso no queremos que tú ______________________________ este año...

7. — Señor Campos, ¿asistió usted a la recepción, antes de la exposición? ______________________________

   — Sí. ¿Quiere que (yo) ______________________________ a la recepción final también?

Copyright © 1989 by Holt, Rinehart & Winston, Inc. All rights reserved.

C. Exposición de arte. *You are attending an art exhibit at the Galería de Arte in Madrid and walk in as the director is introducing a guest artist. Complete the sentences with the correct subjunctive forms of the verbs in parentheses.*

«...y quiero que ustedes (1-saber) ______________________________ quién es este joven pintor, que (2-conocer) ______________________________ la importancia de su obra, que (3-comprender) ______________________________ esto: quizás su obra no (4-poder) ______________________________ ser descrita como hermosa (*beautiful*), pero es originalísima y muy actual. La calidad (*quality*) de sus pinturas permite que nosotros (5-ver) ______________________________ en su autor al más importante de los artistas de hoy. Quiero que todos ustedes (6-venir) ______________________________ al Museo otra vez en las próximas semanas para ver cómo el público recibe a este joven artista.

Ahora, espero que a ustedes les (7-interesar) ______________________________ ver esta exposición tanto como a nosotros, que (8-sentirse) ______________________________ cómodos en nuestras salas y que (9-pasar) ______________________________ una tarde agradable entre estas pinturas tan magníficas. Muchas gracias por su atención.» (Aplauso)

D. ¡Qué problemas! *Your Aunt Elena has given you the following instructions for taking care of Paquito while she goes to the opera.*

Si Paquito dice que tiene sueño, debes acostarlo. Pero si no quiere dormir--tú sabes cómo son los niños--léele un cuento. Si todavía no se duerme, llama a tu tía Isabel. Aquí te he dejado su número de teléfono. Si no la encuentras en casa, llámame a mí. Éste es el número del teatro donde voy a estar. Si llama Pablo, dile que lo esperamos mañana. Y si llama Carmen, dile que vamos a volver muy tarde. Dos cosas más: he dejado las ventanas abiertas; si llueve, ciérralas. Y si Paquito se despierta con sed, dale leche. ¡Muchas gracias!

After she leaves, the following events take place. Write down what Elena wanted you to do as if recalling it. Use the present subjunctive, as in the models.

MODELO a. PAQUITO Tengo sueño, tengo mucho sueño.
Tía Elena quiere que lo acueste.
b. PABLO ¿Aló? ¿Está Elena?
Tía Elena quiere que le diga que lo esperan mañana.

1. PAQUITO No puedo dormir. No quiero quedarme en la cama.

____

2. PAQUITO Me gustó ese cuento. Ahora quiero tres más. No puedo dormir.

____

3. (*teléfono*) Rrrinn, rrrinn.
TÚ No contestan. Parece que tía Isabel no está en casa.

____

4. (Empieza a llover. Llueve mucho.)

____

Copyright © 1989 by Holt, Rinehart & Winston, Inc. All rights reserved.

5. (*teléfono*) TÚ ¿Bueno?

CARMEN ¿Aló? ¿Está Elena?

____

6. PAQUITO ¡Tengo sed! Quiero...una Coca-Cola.

____

IV. MANDATOS DE *NOSOTROS*, DE *VOSOTROS* Y DE TERCERA PERSONA

A. Después de la función. *The cast is tired and generally uncooperative after the evening performance of a long-running play. Complete the responses by changing the* **vamos a** *form to a* **nosotros** *command, as in the model.*

MODELO Vamos a *ir* al centro ahora.
Estoy cansado. No **vayamos** allí ahora.

1. Vamos a *tomar* un café ahora.

   Buena idea. ______________________ un café en esa cafetería.

2. Vamos a *sentarnos* aquí.

   Está bien. ______________________ aquí.

3. Vamos a *hacer* varios cambios.

   Bueno, sí, ______________________ los cambios necesarios.

4. Vamos a *explicarle* los cambios al personaje principal.

   No, no ______________________ eso ahora.

5. Vamos a *ayudar* a mis amigos después del ballet, ¿de acuerdo?

   De acuerdo. ______________________ a tus amigos, pero después del ballet.

6. Vamos a <u>decirles</u> a los músicos que hay dos funciones el sábado.

   No ______________________ eso ahora. Esperemos hasta mañana.

B. Que lo haga otra persona. *Complete the response to each of the following statements using the italicized verb in an indirect command. Use object pronouns whenever possible.*

MODELO — No *hiciste* el trabajo que te pedí.
— No he tenido tiempo. Que **lo haga** Pablo.

1. — No *acostaste* a Ana María.

   — Ya sé, pero tengo que salir. Que ________________ Concha.

2. — No *hemos escrito* a Pilar.

   — Yo no puedo. Que ________________ tía Amalia.

3. — Juan quiere que *vayamos* a su fiesta de cumpleaños.

   — Arturo tiene más tiempo que nosotros. Que ________________

   él.

4. — La suegra de Emilia quiere venir por unos días. ¿La *llamas*?

   — ¿Por qué yo? Que ________________ Emilia.

5. — Tú tienes que *recibir* a los padres de Adela.

   — Pero no voy a estar aquí. Que ________________ José.

C. Visitad el Prado. *María Pilar who was born in Madrid is telling her American students what to see when they go there. Restate her instructions using a* **vosotros** *command.*

MODELOS a. Tenéis que ir al Prado.
Id al Prado.
b. No es necesario salir del museo para almorzar.
No salgáis del museo para almorzar.

1. Debéis pasar mucho tiempo observando «Las meninas» de Velázquez.

   ____

2. Es necesario estudiar con cuidado los cuadros de Goya.

   ____

3. Hay que comer en la cafetería del musco.

   ____

Copyright © 1989 by Holt, Rinehart & Winston, Inc. All rights reserved.

4. No debéis dejar el museo sin ver «Guernica», el famoso cuadro de Picasso.

5. No hay que sacar fotos con «flash».

6. Es necesario ver las esculturas griegas.

7. No debéis ir al Prado un lunes; es el día que cierran los museos en Madrid.

8. Os pido que me traigáis, por favor, una reproducción del auto-retrato de Dürer.

D. ¿Qué hacemos este fin de semana? *Express in Spanish Jorge and Conchita's comments as they decide what to do with their weekend.*

1. Let's go to the ballet. I hope there are still tickets.

2. No, let's go to the concert. The orchestra is playing music by de Falla. Perhaps Alicia and Raúl will come with us.

3. I hope we can go to the opera next Sunday. Let's call to see if there still are tickets.

4. No, have your sister call. Afterwards, let's eat at the new Italian restaurant.

5. Have you read about the new film by Carlos Saura? Let's see it tomorrow!

____

____

6. Let's invite your mother to the theatre on Saturday. Perhaps we'll see that famous character we saw last August. Do you remember his name?

____

____

____

FUNCIONES Y ACTIVIDADES

A. Con mucho gusto. *Respond to the following invitations from your friends. You may either accept or decline, but you should give a reason for your decision.*

MODELO ¿Te interesa ir conmigo a ver una película de ciencia ficción?
Tengo mucho que hacer hoy. Mañana, tal vez.

1. ¿Quieres ir a Casa Hamburguesa conmigo esta noche?

____

2. ¿Qué te parece si vamos a la ópera el sábado por la noche?

____

3. Si estás libre hoy, podemos jugar al tenis. ¿Qué dices?

____

4. ¿Quieres ayudarme a lavar el auto esta tarde?

____

Copyright © 1989 by Holt, Rinehart & Winston, Inc. All rights reserved.

5. ¿Me acompañas al museo de arte mañana?

6. ¿Te interesa ir a la playa este fin de semana?

B. Situación difícil. *Compose a dialogue around the following problematic situation. You and your friend, Maribel, are on the way to the symphony when you run into José Blanco, someone Maribel knows. Maribel introduces you to José who suggests that you change your plans and go to hear Gritoloco, the famous rock singer. You decline the invitation politely. Try to incorporate at least two of the following expressions in your dialogue:* **¿Qué les parece si...?; ¿Quieren ir a...?; Me gustaría (mucho), pero...; ¡Qué lástima! Ahora...; Es que tengo (tenemos)...; Otro día tal vez, hoy... .**

NOMBRE ______________________ FECHA __________ CLASE __________

CAPÍTULO 14

FIESTAS Y ANIVERSARIOS

VOCABULARIO

A. Fiestas y celebraciones. *In what month are the following holidays and special days celebrated?*

MODELO Las Posadas **en diciembre**

1. el Día de la Madre ______________________
2. el Día de Acción de Gracias ______________________
3. la Navidad ______________________
4. la Independencia de los Estados Unidos ______________________
5. el Año Nuevo ______________________
6. el Día del Padre ______________________
7. el Día de los Reyes Magos ______________________
8. su cumpleaños (de usted) ______________________

B. Ocasiones especiales. *Answer the following questions naming the occasions on which these activities are customary.*

MODELO ¿Cuándo se dan regalos en el mundo hispánico?
el Día de (los) Reyes, el 6 de enero

1. ¿Cuándo cocinan ustedes un pavo?

____

2. ¿Cuándo hacen una torta?

____

3. ¿Cuándo usan un candelabro especial?

____

Copyright © 1989 by Holt, Rinehart & Winston, Inc. All rights reserved.

4. ¿Cuándo envían tarjetas a sus amigos?

____

5. ¿Cuándo ponen adornos en un árbol?

____

6. ¿Cuándo se dan regalos usted y sus parientes?

____

I. EL SUBJUNTIVO EN LAS CLÁUSULAS SUSTANTIVAS

A. En otras palabras. *Restate each sentence, beginning it with the main clause provided and changing the italicized verb to the subjunctive.*

MODELO Juan *va* a la fiesta.
Espero que **Juan vaya a la fiesta**.

1. Ella no me *acompaña.*

   Prefiero que ______________________________.

2. Doña Olga *tiene* un regalo para José.

   ¿Dudan que ______________________________?

3. Pepe le *pide* dinero a papá.

   Temo que ______________________________.

4. Los López *vienen* a visitarnos.

   Queremos que ______________________________.

5. La celebración *empieza* temprano.

   ¿Prohíben que ______________________________?

6. Cecilia y yo *volvemos* del concierto antes de las once.

   ¿Insistes en que ______________________________?

7. No *vas* a Querétaro durante la Navidad.

   Siento que ______________________________.

8. *Celebran* mi cumpleaños con una fiesta.

   Espero que ____.

9. El día 20 *es* un día feriado.

   Nos alegramos de que ____.

B. Apoyo de los demás *(Support from others). Most people like others to share in their ideas and activities. Provide this support in a second sentence by making changes based on the model.*

MODELO Quiero hablar con la persona que organiza el desfile.
Quiero que usted __**hable con la persona que organiza el desfile**__.

1. Prefieren comer torta de chocolate.

   Prefieren que él ____.

2. Esperamos tener tiempo para asistir a las Posadas.

   Espero que ustedes ____.

3. Deseo ir al baile.

   Deseo que tú ____.

4. Siento no poder acompañarlos a la procesión.

   Siento que tú no ____.

5. Tenemos miedo de no llegar a tiempo.

   Tenemos miedo de que ustedes ____.

6. Temes decirlo en la fiesta, ¿no?

   Temes que él también ____.

7. Necesito comprar otras tarjetas.

   Juana también necesita que tú ____.

8. Insisto en hablar con los padres de Luz.

   Yo también insisto en que usted ____.

Copyright © 1989 by Holt, Rinehart & Winston, Inc. All rights reserved.

C. Fiestas patronales. *The Márquez family is busy with preparations for* **Las Posadas.** *Complete the following statements in a way that would be appropriate for a festive occasion.*

MODELO Enrique, mamá quiere que tú **vayas con Elena a comprar refrescos**.

1. Niños, insisto en que (ustedes) ______________________________
____
2. Mamá, prefiero que tú ______________________________
____
3. Los García nos piden que (nosotros) ______________________________
____
4. Nos alegramos tanto que los abuelos ______________________________
____
5. Tengo miedo de que la cena ______________________________
____
6. Te aconsejamos que (tú) ______________________________
____
7. Recomiendan que yo ______________________________
____
8. Dudas que ella ______________________________
____
9. Queremos que usted ______________________________
____
10. No permito que ellos ______________________________
____

NOMBRE ______________________________ FECHA __________ CLASE __________

II. EL USO DEL SUBJUNTIVO Y DEL INDICATIVO EN EXPRESIONES IMPERSONALES Y EN OTRAS CLÁUSULAS SUSTANTIVAS

A. Decisiones. *Mark the most appropriate choice to complete each of the following sentences.*

MODELO Es cierto que...

__✓__ (a) ya no celebro mis cumpleaños.
____ (b) tengas una fiesta mañana.
____ (c) ellos bailen bien.

1. Es importante que...

________ (a) vamos al desfile.

________ (b) encontramos los adornos que necesitamos.

________ (c) escribamos las tarjetas.

2. Es mejor que ustedes...

________ (a) no pierdan más tiempo.

________ (b) se alegran de su buena suerte.

________ (c) empiezan las preparaciones.

3. Es obvio que...

________ (a) sus padres le permitan comer dulces.

________ (b) tengas quince años.

________ (c) a ella le encantan las celebraciones.

4. Elena dice que es mejor que...

________ (a) se quedan aquí por unas semanas.

________ (b) busquen otro hotel.

________ (c) no comemos tanto.

5. Creo que es ridículo que ellos...

________ (a) manden un regalo tan caro.

________ (b) sirven piñas y hamburguesas.

________ (c) todos quieren asistir a las Posadas.

Copyright © 1989 by Holt, Rinehart & Winston, Inc. All rights reserved.

6. Es posible que ella...

_________ (a) prefiera pasar la Navidad aquí.

_________ (b) compra una torta de cumpleaños.

_________ (c) encuentra una piñata para la fiesta.

7. Es cierto que...

_________ (a) esos invitados siempre llegan tarde.

_________ (b) todo vaya a arreglarse.

_________ (c) el pavo esté delicioso.

B. Pobre doña Isabel. *Doña Olga and doña Sofía are discussing what they think is doña Isabel's sad situation. Complete the dialogue with the correct forms of the verbs given in parentheses.*

OLGA Oiga, doña Sofía, ¿es cierto que el hijo de doña Isabel no (1-venir) ______________________________ a verla ayer, por el Día de la Madre...?

SOFÍA Ay, no sé. Quizás (2-ser) ______________________________ cierto, quizás no. Prefiero no (3-hablar)______________________________ de eso, pero dudo que ella (4-alegrarse) ______________________________ de que su hijo no la (5-recordar) ______________________________.

OLGA Pues, creo que es mejor no (6-tener) ______________________________ hijos. Siempre es posible que (ellos) (7-irse) ______________________________ de casa cuando uno más los necesita...

SOFÍA Doña Olga, ¡es terrible que usted (8-decir) ______________________________ esas cosas...!

OLGA ¿Por qué? ¡Es la verdad...!

SOFÍA No, no siempre es así.

(*En ese momento llega doña Isabel.*)

ISABEL ¡Doña Olga! ¡Doña Sofía! ¡Qué contenta estoy! Quiero que (9-leer) ______________________ la carta que recibí hoy de mi hijo y también quiero que (10-ver) ______________________ el regalo que me mandó por el Día de la Madre: ¡un cheque por mil dólares! ¿Sabían ustedes que mi hijo está trabajando en Estados Unidos...? La carta debió llegar ayer, pero como era domingo...

C. Cambio de opinión. *Change the following sentences to the negative.*

MODELO Es seguro que Felipe viene.
No es seguro que Felipe venga.

1. Es verdad que los profesores ganan mucho dinero.

   ____

2. Es seguro que se casan en junio.

   ____

3. Es obvio que tú estás en el desfile.

   ____

4. Es cierto que los norteamericanos celebran muchas fiestas religiosas.

   ____

5. Creo que los niños deben aprender los bailes tradicionales.

   ____

6. Piensan que usted recuerda la fiesta del año pasado.

   ____

7. Dudan que encontremos los regalos que necesitamos.

   ____

Copyright © 1989 by Holt, Rinehart & Winston, Inc. All rights reserved.

D. Un día feriado en casa. *A special celebration is taking place in your home and you are advising everyone about the preparations. Complete the sentences to give your advice.*

MODELO Es bueno que **mandes una torta para veinte personas**.

1. Es posible que ______________________________
2. Es necesario que ______________________________
3. Es sorprendente que ______________________________
4. Es difícil que ______________________________
5. No hay duda de que ______________________________
6. Es ridículo que ______________________________
7. Es importante que ______________________________
8. Es evidente que ______________________________

III. PALABRAS AFIRMATIVAS Y PALABRAS NEGATIVAS

A. Selecciones lógicas. *Circle the word that best completes each of the following sentences.*

1. ______________________________ de los postres estuvo bueno.

   (Ninguno, Nadie, Algo)

2. Quise decirle ______________________________, pero no me oyó.

   (alguien, algo, nada)

3. No quiero ______________________________, gracias.

   (nada, nadie, ningún)

4. Señorita, ¿hay ______________________________ problema con la sopa?

   (algo, algún, nada)

5. ¿Por qué no hay ______________________________ vino español en el menú?

   (ninguno, ningún, algo)

6. Patricia no fue a la fiesta ____________________.

   (nadie, tampoco, ninguna)

7. Esos músicos no desayunan ____________________.

   (nunca, nada, siempre)

8. ____________________ fabuloso me pasó el jueves: ¡me llamó el Presidente!

   (Algún, Algo, Tampoco)

9. ¿Es verdad que no había ni piñata ____________________ dulces en el cumpleaños de Pepito?

   (jamás, ninguna, ni)

B. Decir que no sin decir «no». *Restate these negative sentences differently by eliminating* **no.**

MODELO No los tomamos nunca.
Nunca los tomamos.

1. No llegó nadie a tiempo.

   ____

2. No queremos la torta tampoco.

   ____

3. No fue ningún músico a esa celebración.

   ____

4. No quise llevar nada al desfile.

   ____

5. No vino nadie por aquí hoy.

   ____

6. Ellos no le dieron las gracias por la invitación tampoco.

   ____

Copyright © 1989 by Holt, Rinehart & Winston, Inc. All rights reserved.

7. Mi abuela no ha viajado por avión jamás.

____

8. No fueron a la procesión ni Lorenzo ni Elena.

____

C. Ni huevos ni jamón. *Form negative sentences using the* **ni...ni** *construction and any other necessary negative words.*

MODELO Mandé tarjetas al presidente y a su secretario.
No mandé tarjetas ni al presidente ni a su secretario.

1. Paco comió huevos y jamón.

____

2. José y Roberto viven allí.

____

3. Catalina toca el piano y el violín.

____

4. Marcela y su hija conocen a esos turistas.

____

D. ¡Qué curiosidad! *Doña Felisa sits outside the door and watches everything that goes on. As you walk into the building, she catches you and asks you questions. Reply in the negative.*

1. ¿Viene alguien a estudiar contigo hoy?

____

2. ¿Tienes algo en la mano?

____

3. ¿Siempre vuelves a esta hora?

____

4. ¿Hay algunos policías en la esquina?

____

5. ¿Aquellas personas son turistas o estudiantes?

____

6. ¿Alguien te llamó hoy a las tres de la mañana?

____

7. ¿Recibiste alguna carta ayer?

____

8. Y ahora, ¿vas a estudiar o trabajar...?

____

IV. ADVERBIOS TERMINADOS EN *-MENTE*

A. Cambios rápidos. *Write the adverbial forms for the following adjectives.*

MODELO claro **claramente**

1. feliz ______________________
2. rápido ______________________
3. verdadero ______________________
4. alegre ______________________
5. directo ______________________
6. práctico ______________________
7. posible ______________________
8. fácil ______________________

Copyright © 1989 by Holt, Rinehart & Winston, Inc. All rights reserved.

B. Descripciones. *Describe the following pictures, forming sentences from the words provided. Follow the model.*

MODELO

jugar / entusiasta **Los niños juegan entusiastamente con la piñata.**

1. recibir / alegre ______________________________

2. bailar / perfecto ______________________________

NOMBRE ______________________ FECHA __________ CLASE __________

3. correr / diario ______________________

4. cantar / extremado ______________________

5. sentirse / real ______________________

6. estar / evidente ______________________

Copyright © 1989 by Holt, Rinehart & Winston, Inc. All rights reserved.

7. patinar / fácil ______________________________

8. celebrar / probable ______________________________

NOMBRE ______________________ FECHA __________ CLASE __________

FUNCIONES Y ACTIVIDADES

A. La fiesta de Margarita. *Describe what is happening at Margarita's party with as many details as possible.*

MODELO **Esteban está tocando la guitarra entusiastamente.**

____

____

____

____

____

____

____

____

____

____

____

____

Copyright © 1989 by Holt, Rinehart & Winston, Inc. All rights reserved.

B. Fiesta familiar. *You and your cousins, Paco and Rosaura, are making plans for a family reunion at your grandmother's house. You must first choose a holiday for the celebration, but not everyone agrees. Paco likes Christmas, Rosaura prefers Thanksgiving, and you favor Mother's Day. Each person gives a reason for choosing one day, another disagrees, and finally you all agree on one holiday for the celebration. Compose a dialogue around this situation and use expressions of agreement and disagreement. Have each speaker express wish or preference with the subjunctive. Try the following format.*

PACO No, no estoy de acuerdo contigo, Rosaura. Yo quiero que todos vengan para la Navidad porque ______________________________
____
____

ROSAURA Naturalmente que es bueno reunirse para la Navidad, pero ______________
____
____

USTED Pues, yo realmente insisto en que nos reunamos el Día de la Madre porque
____
____
____
____
____

NOMBRE ______________________ FECHA __________ CLASE __________

CAPÍTULO 15

NOVIOS Y AMIGOS

VOCABULARIO

A. Situaciones sociales. *Associate each of the following terms with the situations listed below. Some words might fit into more than one category. Add any other words you know that seem appropriate.*

el casamiento	llevarse bien	la ayuda
el beso	divorciarse	la separación
la novia	el amigo	la amiga
enamorarse	la iglesia	tener una cita
el novio	la prometida	el abrazo
gritar	la anulación	el matrimonio
el anillo	la sinagoga	el consejo
ser celoso(-a)		

1. el noviazgo: ______________________________

____

2. la boda: ______________________________

____

3. el divorcio: ______________________________

____

4. la amistad: ______________________________

____

Copyright © 1989 by Holt, Rinehart & Winston, Inc. All rights reserved.

B. Entre novios y amigos. *Complete each sentence with an appropriate word from the list below. Conjugate the verbs when necessary.*

enamorarse
noviazgo
casamiento
acompañar
abrazo
amores
casarse
beso

1. Antonia y Federico se conocieron y rápidamente

   ________________________________ en Granada.

2-3. El ______________________________________ de mi hermano duró tres años. Él y

   su novia _______________________________ ayer.

4. Ellos se dieron el primer _______________________________ mientras daban un

   paseo por el parque.

5. Generalmente es mejor no hablar de los _______________________________ de

   otras personas.

6. No sabemos por qué cambiaron la fecha de su

   ________________________________.

7-8. Alicia y Toño se dieron un _______________________________ cuando se

   encontraron en la estación. Después, éste _______________________________ a

   aquélla a la universidad.

I. EL FUTURO

A. Cambios al futuro. *Change the verbs in the following sentences to the future tense.*

MODELO Los Vidal salen a las siete. __saldrán__

1. Ustedes comen bien en Córdoba y Granada,

   ¿no? ______________________________

2. Ellos viven cerca de los parientes de ella. ______________________________

3. Yo hablo con los novios. ______________________________

4. Salimos mañana para Sevilla. ______________________________

5. Eso me da muchos problemas. ______
6. Sabes la fecha de la boda, ¿verdad? ______

B. Lo que va a ser... ¡será! *In the following sentences change the* **ir a** *+ infinitive construction to the future tense.*

MODELO Vamos a ir todos juntos.
Iremos todos juntos.

1. ¿Ustedes van a tener una boda religiosa?

______

2. Me voy a casar el año que viene.

______

3. Su noviazgo no va a ser muy largo.

______

4. Van a pasar su luna de miel en la capital.

______

5. ¿Vas a venir con Enrique?

______

6. ¿No va a ponerse celoso Raúl?

______

C. Consejos de una madre. *A mother is talking to her daughter the day before her wedding. Complete the sentences with the appropriate future tense forms of the verbs given in parentheses.*

Hija, mañana (1-casarse) ______. Tu padre y yo (2-estar) ______ muy felices por ti. Toda nuestra familia (3-venir) ______ a tu boda. Después de la ceremonia, tus amigos y nosotros (4-ir) ______ al «Club Granada». Allí (5-haber) ______ una fiesta magnífica en honor de ustedes. Tu tía Filomena (6-hacer) ______ la torta de casamiento. Todos nosotros (7-divertirse) ______ muchísimo y ustedes

Copyright © 1989 by Holt, Rinehart & Winston, Inc. All rights reserved.

(8-recibir) ________________________________ ¡muchísimo! ¿Ya saben adónde

(9-ir) ________________________________ de luna de miel? Después de algunos años,

ustedes (10-tener) ________________________________ tres o cuatro hijos y tu padre y yo

(11-jugar) ________________________________ con los nietos, como lo hicimos contigo

hace algunos años. Estoy segura de que tú (12-ser) ________________________________

muy feliz en tu nueva vida.

D. Preparaciones de boda. *Imagine that you are getting married in two months. Using the future tense, make a list of the things you and your future bride (groom) will do to prepare for your wedding.*

MODELO **Decidiremos a quiénes vamos a invitar al casamiento.**

____

____

____

____

____

____

E. ¿Quién será y qué pasará? *As we all do sometimes, Elena and Teresa are hypothesizing about the unknown. Translate their conversation using the future of probability. Pay careful attention to the possible English translations for this construction.*

Suena el timbre de la puerta *(The doorbell rings).*

MODELO TERESA Who could be at the door, Elena?
¿Quién estará en la puerta?

1. ELENA

   It is probably Edmundo.

   ____

2. TERESA

   Do you think he is going out with Lucía, too?

   ____

3. ELENA

What do you think you'll do tonight?

____

4. TERESA

I suppose we'll go to the movies.

____

5. ELENA

What time do you think you'll be getting home?

____

6. TERESA

We'll probably be back before twelve o'clock.

____

II. EL CONDICIONAL

A. Decisiones. *Mark the verb form that is in the conditional tense.*

MODELO ______ hacía ______ había __✓__ habría ______ haremos

1. ________ vendría ________ vendía

   ________ trabajaba ________ seguiré

2. ________ hecho ________ hubo

   ________ habíamos ________ harías

3. ________ serías ________ era

   ________ iré ________ irán

4. ________ sepa ________ supe

   ________ sabría ________ saldrán

5. ________ dio ________ dábamos

   ________ digan ________ daría

Copyright © 1989 by Holt, Rinehart & Winston, Inc. All rights reserved.

6. _________ pusieron _________ pongan

_________ pondrán _________ pondríamos

7. _________ irían _________ fue

_________ íbamos _________ vendré

B. Visión desde el pasado. *Rewrite each sentence in the past according to the cue, changing the second verb to the conditional tense.*

MODELO Creo que venderán la casa después de divorciarse. (Creía)
Creía que venderían la casa después de divorciarse.

1. Siempre me dice que saldrá con María Elena. (decía)

____

2. Creemos que es preferible una boda tradicional . (Creíamos)

____

3. Le digo que no haremos nada. (Le dije)

____

4. Creo que el autobús parará en esa esquina. (Creía)

____

5. Sé que habrá mucha gente en la boda. (Sabía)

____

6. Dicen que Granada es un lugar perfecto para una luna de miel. (Decían)

____

NOMBRE ______________________________ FECHA __________ CLASE __________

C. El amor no paga las cuentas. *Raúl and Enrique are sharing an apartment in Sevilla when some problems arise. Complete the following dialogue by translating the portions in English and using the conditional to express probability in the past.*

MODELO What would you do in Raúl's place?
¿Qué haría usted en el lugar de Raúl?

(Suena el timbre): Rrrrrriiiiiinnnnnn, rrrriiiinnnn.

Enrique le dice a su amigo, Raúl, --¡No contestes!

(Suena otra vez) Rrrriiiinnnn. (Nadie contesta.)

RAÚL (*Who could that have been?*)

(1) ____

ENRIQUE (*It was probably*)

(2) ____el dueño

(*landlord*). No pagué el alquiler (*rent*) este mes.

RAÚL (*You probably forgot*)

(3) ____, ¿verdad?

ENRIQUE No, no olvidé pagarlo.

RAÚL Entonces el banco (*was probably closed*)

(4) ____ cuando fuiste por el dinero.

ENRIQUE No, el banco no estaba cerrado cuando fui a buscar el dinero.

RAÚL Entonces, el cheque (*was probably in the mail*)

(5) ____.

ENRIQUE No, el cheque no estaba todavía en el correo.

RAÚL No comprendo. Yo te di mi parte hace tres semanas..., ¿no?

ENRIQUE Sí..., pero... yo le compré un anillo a mi novia.

RAÚL ¡¡Ayyy!! El amor no sólo es ciego (*blind*): ¡es estúpido!

Copyright © 1989 by Holt, Rinehart & Winston, Inc. All rights reserved.

¿Qué haría usted en el lugar de Raúl? *Describe your reaction.*

____

____

____

D. Una cita perfecta. *Use your imagination and write a paragraph describing the perfect date. Be sure to use the conditional tense.*

MODELO **En una cita perfecta, yo iría a un concierto y después a cenar en un restaurante pequeño y romántico...**

____

____

____

____

____

____

III. LA FORMA ENFÁTICA DE LOS ADJETIVOS POSESIVOS

A. Lo mío es mío y lo tuyo es tuyo ... (*What's mine is mine and what's yours is yours*). *Translate the following phrases, using short- and long-form possessive adjectives. Follow the model.*

MODELO my house: **mi casa; la casa mía**

1. their wedding: ______________________________
2. my ring: ______________________________
3. our people: ______________________________
4. his work: ______________________________
5. their relatives: ______________________________
6. my cousins (*female*): ______________________________
7. your (**tú**) friends:

8. his tennis rackets: ______________________

9. our round-trip tickets: ______________________

10. your (**tú**) novels: ______________________

B. Profesión: ladrón. *Your dormitory has been burglarized. The burglars have been caught three blocks away with a truck full of stolen articles. The police ask you to identify the contents of the truck and the owners of the articles.*

MODELO
(los zapatos, Leopoldo)
Los zapatos son de Leopoldo.
Son suyos.

1. (el televisor, Sonia)

____

____

2. (los libros, yo)

____

____

3. (la motocicleta, nosotros)

____

____

Copyright © 1989 by Holt, Rinehart & Winston, Inc. All rights reserved.

4. (la bicicleta, él y Jorge)

____

____

5. (la radio, vosotros)

____

____

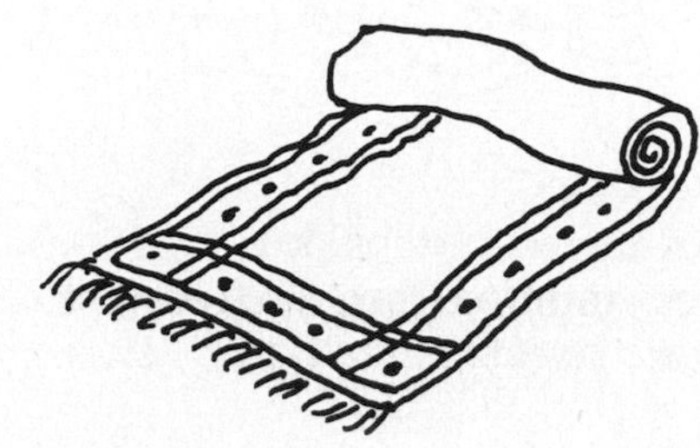

6. (la máquina de escribir, tú)

____

____

7. (la alfombra, tú y ella)

____

____

You recognize other items in the truck. Identify them and tell who they belong to. Use two forms and your imagination. Follow the model.

MODELO **¡El bolso! El bolso es de Sofía. ¡Es suyo!**

1. ______________________________
2. ______________________________
3. ______________________________
4. ______________________________
5. ______________________________

NOMBRE ________________________________ FECHA __________ CLASE __________

IV. EL RECÍPROCO

A. Matrimonio típico. *Roberto and Cecilia are a typical happily married couple. Describe the things they do, using the reflexive pronoun* **se**, *as in the model.*

MODELO Roberto mira a Cecilia y Cecilia mira a Roberto.
Roberto y Cecilia se miran.

1. Cecilia quiere a Roberto y Roberto quiere a Cecilia.

   ____

2. Cecilia ayuda a Roberto y Roberto ayuda a Cecilia.

   ____

3. Roberto entiende a Cecilia y Cecilia entiende a Roberto.

   ____

4. De vez en cuando Roberto grita a Cecilia y Cecilia grita a Roberto.

   ____

5. De vez en cuando Cecilia insulta a Roberto y Roberto insulta a Cecilia.

   ____

6. Pero finalmente siempre Cecilia besa a Roberto y Roberto besa a Cecilia.

   ____

B. Reuniones de familia. *Using the verbs below as a guide, write six sentences describing the things you and your family do together and when you normally do them.*

ver	hablar	escribir
molestar	querer	besar
ayudar	dar las gracias	llamar
saludar	insultar	visitar
dar regalos		

MODELO **Después de comer nos hablamos.**

1. ____
2. ____
3. ____
4. ____

Copyright © 1989 by Holt, Rinehart & Winston, Inc. All rights reserved.

5. ______________________________

6. ______________________________

FUNCIONES Y ACTIVIDADES

A. ¿Qué será, será? *Use these expressions of possibility and probability to write sentences about what your life will be like after you graduate.*

1. Seguramente ______________________________

____

2. Por cierto ______________________________

____

3. Es poco probable que ______________________________

____

4. Tal vez ______________________________

____

5. Creo que ______________________________

____

6. Es posible que ______________________________

____

7. No hay duda de que ______________________________

____

B. Desastres de amor. *Various couples discover that they are not made for each other. Using the vocabulary given describe the unhappy situations and then predict the consequences.*

MODELO Alberto y Alicia / conocerse en una clase de español / no llevarse bien / Por lo tanto ...
Alberto y Alicia se conocieron en una clase de español, pero no se llevaron bien. Por lo tanto no se enamoraron.

1. Carlos y Clara / tener una cita / insultarse mucho por cuestiones políticas / Como consecuencia...

____

____

2. David y Dora / ir al cine / dormirse durante toda la película / Será que ..

____

____

3. Eugenia y Eugenio / salir juntos / enfermarse sin saber por qué / Por eso...

____

____

4. Flora y Fabio / deber encontrarse para cenar / olvidar la cita y no llamarse más / Por estas razones...

____

____

5. Juan / acompañar a Juanita al teatro / ella llorar y él roncar (*snore*) durante toda la obra / Por lo tanto...

____

____

Copyright © 1989 by Holt, Rinehart & Winston, Inc. All rights reserved.

NOMBRE ______________________ FECHA __________ CLASE __________

REPASO III

VERBOS

Imperfect Tense: Regular Verbs

	-ar *endings*			-er / -ir *endings*
	aba			**ía**
	abas			**ías**
	aba	**com**		**ía**
habl +	**ábamos**	**escrib**	+	**íamos**
	abais			**íais**
	aban			**ían**

Imperfect Tense: Irregular Verbs

ser	**ir**	**ver**
era	iba	veía
eras	ibas	veías
era	iba	veía
éramos	íbamos	veíamos
erais	ibais	veíais
eran	iban	veían

- Are there any other verbs that are irregular in the imperfect in Spanish? No.

The imperfect is used:

1. To express customary or repeated past actions
2. To express past actions as then being in progress
3. To describe situations or conditions that existed for a definite period of time
4. To describe past mental or emotional states
5. To express time of day or age of people in the past.

Remember that the preterit is used:

1. To relate actions or conditions that occurred and were completed at a specific time or within a definite period in the past
2. To say that an action started or interrupted another action
3. To report past actions.

Copyright © 1989 by Holt, Rinehart & Winston, Inc. All rights reserved.

Past tenses:

- What are the two simple past tenses in Spanish? — Preterit and imperfect.

The Present Perfect (el presente perfecto)

The present perfect is a compound tense formed by combining a present form of **haber** and a past participle.

- What is the present of **haber?** — **he, has, ha, hemos, habéis, han**

Past participles are formed by dropping the ending of the infinitive, then adding **-ado** for **-ar** verbs and **-ido** for **-er** and **-ir** verbs. A few past participles are irregular:

abrir — **abierto**	decir — **dicho**
cubrir — **cubierto**	hacer — **hecho**
describir — **descrito**	morir — **muerto**
escribir — **escrito**	romper — **roto**
poner — **puesto**	ver — **visto**
resolver — **resuelto**	volver — **vuelto**

- What are the past participles of **oír, traer, creer**? — **oído, traído, creído** (Don't forget the accents!)
- What are the past participles of **ser** and **ir**? — **sido, ido**
- Do the endings of past participles used in compound tenses change? — No.

The present perfect is used to report past actions or conditions that have an active bearing on the present.

- Express *She hasn't returned yet* in Spanish. — **(Ella) no ha vuelto todavía.**

The Past Perfect (el pluscuamperfecto)

The past perfect tense is a compound tense formed with an imperfect form of **haber** plus a past participle.

- Is **haber** regular in the imperfect? — Yes.

The past perfect tense indicates a past action that took place before another past event, stated or implied (if it is stated, it is usually in the preterit or imperfect).

- Express *We had not been there before* in Spanish. — **No habíamos estado allí antes.**

- Where are pronouns and negative words normally positioned in relation to compound tenses?

They precede the form of **haber.**

More on Commands

Nosotros: To form **nosotros** commands, add **-mos** to the **usted** command form.

- Express *Let's take this bus* in Spanish.

Tomemos este autobus.

- What is the only exception for an affirmative **nosotros** command?

Ir: vamos (But: **No vayamos**)

In affirmative **nosotros** commands using reflexive verbs, the final **-s** of the verb is dropped before the reflexive pronoun is added.

Future

Formation: For all regular **-ar, -er,** and **-ir** verbs, add the future endings to the complete infinitive of the verb.

hablar **comer** **vivir**	+	**-é** **-ás** **-á** **-emos** **-éis** **-án**

- Express in Spanish:

I will talk	**hablaré**
you (**tú**) *will live*	**vivirás**
she'll eat	**comerá**
will we work?	**¿trabajaremos?**
they will understand	**entenderán / comprenderán**
you (**ustedes**) *will write*	**escribirán**

- Are some verbs irregular in the future?

Yes.

- If so, where is the irregularity, in the stem or the endings?

In the stem.

Copyright © 1989 by Holt, Rinehart & Winston, Inc. All rights reserved.

• Give the indicated future form:

venir, yo	**vendré**
poder, tú	**podrás**
hacer, él	**hará**
decir, nosotras	**diremos**
saber, ellos	**sabrán**
tener, ustedes	**tendrán**

Conditional

Formation: For all regular verbs, add the conditional endings (which are the same as the **-er, -ir** imperfect indicative endings) to the complete infinitive.

hablar
comer + { **-ía**, **-ías**, **-ía**, **-íamos**, **-íais**, **-ían** }
vivir

• Are some verbs irregular in the conditional? — Yes.

• If so, which ones? — The same verbs that change their stems in the future. They use the same changed stems in the conditional.

The conditional is often an equivalent of English *would.* But when *would* is used to express habitual action in the past, the equivalent in Spanish is the imperfect indicative.

• Express in Spanish:

In that situation, I wouldn't fall asleep. — **En esa situación, yo no me dormiría.**

When he was younger, he would go to bed earlier. — **Cuando era más joven, se acostaba más temprano.**

The Subjunctive Mood (el modo subjuntivo)

Formation:

Regular verbs: **-ar** verbs drop the **-o** from the **yo** form of the present indicative and add the present subjunctive endings.

- What are the present subjunctive endings for **-ar** verbs? — **-e, -es, -e, -emos, -éis, -en**

-er / **-ir** verbs drop the **-o** from the **yo** form of the present indicative and add the present subjunctive endings.

- What are the present subjunctive endings for **-er** and **-ir** verbs? — **-a, -as, -a, -amos, -áis, -an**

Stem-changing verbs: **-ar** and **-er** stem-changing verbs keep the same "shoe" pattern they have in the present indicative.

- What is the present subjunctive for *I can; we can* in Spanish? — **pueda, podamos**

-ir stem-changing verbs keep the same "shoe" pattern they have in the present indicative; in addition, they change **o** → **u** or **e** → **i** in the **nosotros** and **vosotros** forms.

- What is the present subjunctive for *I sleep; we sleep* in Spanish? — **duerma, durmamos**

Spelling-changing verbs:

z → **c** **g** → **gu** **c** → **qu**	before **e** (as in the preterit and command forms)

- Express **llegar, buscar,** and **empezar** in the **tú** form of the present subjunctive. — **llegues, busques, empieces**

Irregular verbs:

ser:	**sea, seas, sea, seamos, seáis, sean**
saber:	**sepa, sepas, sepa, sepamos, sepáis, sepan**
dar:	**dé, des, dé, demos, deis, den**
estar:	**esté, estés, esté, estemos, estéis, estén**
haber:	**haya, hayas, haya, hayamos, hayáis, hayan**
ir:	**vaya, vayas, vaya, vayamos, vayáis, vayan**

Copyright © 1989 by Holt, Rinehart & Winston, Inc. All rights reserved.

Use:

While verbs in the indicative affirm that an action happens or a condition exists, verbs in the subjunctive mention actions or conditions as concepts about which a comment is being made in the same sentence. (The concepts may or may not correspond to realities.)

Most subjunctives occur in dependent clauses functioning as nouns, adjectives, or adverbs and usually having a different subject from the main clause.

Noun clauses: The verb in the noun clause is subjunctive if:

1. The subject is different from the subject of the main clause, and
2. The verb or impersonal expression in the main clause expresses a commentary (hope, request, emotion, doubt, denial) about the existence of the action mentioned by the verb in the dependent clause.

- Can the **que** introducing a noun clause in Spanish ever be omitted?

No.

- What usually happens if there is no change of subject?

The dependent clause is dropped and an infinitive is used instead.

When a main clause merely reaffirms the reality of the action mentioned in the dependent clause, the verb in the dependent clause is indicative.

POSSESIVES

Long-Form Possessive Adjectives

mío	**nuestro**
tuyo	**vuestro**
suyo	**suyo**

- Do these forms precede or follow the noun modified?

Follow.

The long-form possessive adjectives are more emphatic than the short forms. They change their endings to agree with the nouns they modify (the object possessed).

- Express *some aunts of his* in Spanish.

unas tías suyas

4.	(ser)	Pedro (2) ____________________	vino
		a mi casa antes de las cinco de la	
		mañana y entonces los dos	
		(3) ____________________ a	fuimos
		buscar a Luis.	
5.	(llegar,	(4) ____________________ casi	Eran
	(nosotros)	las siete cuando	
6.	(hacer)	(5) ____________________.	llegamos
7.	(haber)	(6) ____________________ un día	Hacía
8.	(pagar,	lindo. No	
	nosotros)	(7) ____________________ nubes	había
9.	(estar)	en el cielo.	
10.	(pasar)	(8) ____________________ quince	Pagamos
		dólares por persona. Todos nosotros	
		(9) ____________________ listos	estábamos
		para salir. ¿Sabe usted lo que	
		(10) ____________________	pasó
		después?	

C. Ya está hecho. *Respond using a present perfect form to indicate that the activity has already been done.*

1.	¿Cuándo llegan los Vergara?	
	Ya ____________________.	han llegado
2.	¿Cuándo vas a ir al médico?	
	Ya ____________________.	he ido
3.	¿Cuándo comen ustedes hoy?	
	Ya ____________________.	hemos comido

Possessive Pronouns

These are derived from the long-form possessive adjectives and are usually preceded by a definite article (except after the verb **ser**).

- How are the forms of **suyo** clarified when the possessor is ambiguous? — Prepositional phrases with **de (de él, de ella, de ustedes,** etc.) substitute for **suyo.**
- Express: *This house is mine, but that one is his* in Spanish. — **Esta casa en mía, pero aquélla es de él (suya).**

OTRAS ESTRUCTURAS

— Relative pronouns:

que — refers to people or things, except after short prepositions (**con, a, de, en, para,** etc.), when it refers only to things.
quien(es) — refers only to people and is usually used as the object of a preposition.

- Can relative pronouns ever be omitted in Spanish? — No.

— Past participles can be used as adjectives, in which case they agree in gender and number with the nouns modified. As adjectives, they are also used with **estar** to show the result of an action (**La ventana está abierta**).

— Remember: All command forms are the same as subjunctive forms except for affirmative **tú** commands.

— **Ojalá (que)** takes the subjunctive form of the verb. **Tal vez** and **quizá(s)** take a subjunctive when doubt is expressed.

— Negative words **nadie, nada, ningún(-o, -a), tampoco,** and **nunca** can be placed before or after the verb. **No** must precede the verb if a negative word follows it.

— Many adverbs in Spanish are formed by adding **-mente** to the feminine form of an adjective. An adverb modifying an adjective usually precedes it. When two or more adverbs ending in **-mente** are in a series, **-mente** is added only to the final one.

— **Hace** + expression of time + **que** + present indicative form of verb expresses the idea that an action started and has been going on for a period of time.

Copyright © 1989 by Holt, Rinehart & Winston, Inc. All rights reserved.

— **Hace** + expression of time + **que** + preterit form of verb expresses the idea that an action began a period of time ago.

— **Hacía** + expression of time + **que** + imperfect form of verb expresses the idea that an action had been going on for a period of time (and, usually, that it was then interrupted).

— The future is used to express probability about the present; the conditional is used to express probability about the past.

— The future cannot substitute for the subjunctive in a dependent clause.

— The conditional is often used to soften requests or suggestions.

EJERCICIOS

A. ¿Tienes un pasado interesante? *Complete the dialogue with the correct imperfect tense forms of the verbs in parentheses.*

1. (ser / vivir) — Cuando yo ____________________ pequeño, ____________________ en Buenos Aires. — era / vivía
2. (ir, tú) — ¡Qué interesante! ¿____________________ a una escuela argentina? — Ibas
3. (levantarse) — Sí, todas las mañanas mi hermano y yo ____________________ a las siete. — nos levantábamos
4. (salir) — Y ¿a qué hora ____________________ ustedes de casa? — salían

5. (llevar / ver) — Mis padres nos ____________________ a la escuela a las siete y media y entonces nosotros no nos ____________________ hasta la noche. — llevaban / veíamos
6. (tener) — Pero ustedes no ____________________ clases en diciembre, ¿verdad? — tenían
7. (haber / hacer / hablar) — No, pero ____________________ clases en julio porque allá ____________________ frío. Lo mejor de todo es que yo siempre ____________________ en español y ahora no tengo que aprenderlo como tú. — había / hacía / hablaba

B. ¿Pretérito o imperfecto? *Complete the paragraph with either the preterit or the imperfect of the verbs in parentheses, depending on the context.*

1. (decidir, yo) El otro día
2. (venir) (1) ____________________ ir a — decidí
3. (ir) pescar con mis amigos Pedro y Luis.

Copyright © 1989 by Holt, Rinehart & Winston, Inc. All rights reserved.

4. ¿Cuándo te tengo que devolver el dinero?

   Ya me lo ____________________________. has devuelto

5. ¿Cuándo te trae tu mamá los pasteles?

   Ya me los ____________________________. ha traído

6. ¿Cuándo le vas a decir que te vas?

   Ya se lo ____________________________. he dicho

D. Hace tiempo. *Answer each question as indicated by the cue.*

1. ¿Cuánto hace que usted estudia español? (seis meses) — Hace seis meses que lo estudio.
2. ¿Cuánto tiempo hace que ustedes no salen de vacaciones? (un año) — Hace un año que no salimos de vacaciones.
3. ¿Cuánto hace que Elisa se casó? (tres meses) — Hace tres meses que se casó.
4. ¿Cuánto hace que fuiste a ese museo? (mucho tiempo) — Hace mucho tiempo que fui a ese museo.
5. ¿Cuánto tiempo hace que ustedes pidieron la cuenta? (diez minutos) — Hace diez minutos que pedimos la cuenta.
6. ¿Cuánto tiempo hacía que su amigo buscaba trabajo? (cinco semanas) — Hacía cinco semanas que buscaba trabajo.
7. ¿Cuánto hacía que el profesor tenía ese problema? (dos días) — Hacía dos días que tenía ese problema.

E. ... Y ya estaba hecho. *Now respond with a past perfect form to say the activity had already been done.*

1. ¿Por qué no vieron ustedes esa película nueva?

   Porque ya la

   ____________________________. habíamos visto

2. ¿Por qué no me escribiste de Encarnación?

   Porque ya te ____________________________ había escrito

   de Asunción.

Copyright © 1989 by Holt, Rinehart & Winston, Inc. All rights reserved.

3. ¿Por qué no abrieron los regalos aquí?

Porque ya los ______________________________ habían abierto

en casa.

4. ¿Por qué no hice la sopa para tu tía?

Porque ya se la

______________________________ antes, mamá. habías hecho

5. ¿Por qué no quería leer eso tu hermano?

Porque ya lo ______________________________. había leído

F. Ahora no; más tarde. *Respond that it can't be done now, but later.*

1. ¿Te levantas temprano todos los días?

No, pero me ______________________________ levantaré

temprano mañana.

2. ¿Irán ustedes con ella el sábado?

No, pero ______________________________ iremos

con ella el domingo.

3. ¿Podré jugar al tenis hoy?

No, pero ______________________________ podrás

jugar el sábado por la tarde.

4. ¿Me dirás la respuesta durante la clase?

No, pero te la

______________________________ después del diré

examen.

5. ¿Sabremos las noticias hoy?

No, pero las ______________________________ sabrán

(ustedes) mañana.

6. ¿Hará Elena lo más difícil ahora mismo?

   No, pero lo ____________________________ hará

   pronto.

G. ¿Millonarios... ? *Complete the sentences with the correct form of the verb in parentheses to say what would happen if you and people you know were millionaires.*

1. (comprar) Yo

   ____________________________ compraría

   un palacio en España.

2. (poner) Mis padres

   ____________________________ pondrían

   cien mil dólares en el banco para mí.

3. (salir) Mi hermano

   ____________________________ saldría

   con mujeres ricas y famosas.

4. (hacer) Y tú, Juan, ¿que

   ____________________________? harías

5. (estar) Ellos

   ____________________________ estarían

   en Europa.

6. (ser) Ahora, dígame la verdad, con un

   millón de dólares en sus manos,

   ¿____________________________ sería

   usted mi amigo?

Copyright © 1989 by Holt, Rinehart & Winston, Inc. All rights reserved.

H. El subjuntivo. *Complete the sentences with the correct present subjunctive forms of the verbs in parentheses.*

1. (trabajar) No es posible que ellos ______________________ tanto.
   trabajen
2. (poder) Dudamos que tú ______________________ terminarlo a tiempo.
   puedas
3. (traer) ¿Crees que ellos ______________________ algo de comer?
   traigan / traen
4. (haber) Espero que ______________________ tiempo.
   haya
5. (ir) Es importante que Elena y yo ______________________ allí temprano.
   vayamos
6. (tener) Ojalá que ellos ______________________ otra oportunidad.
   tengan
7. (pedir) El camarero recomienda que nosotros ______________________ flan.
   pidamos
8. (empezar) No creen que la fiesta ______________________ a las seis.
   empiece

I. Palabras afirmativas y negativas. *Make these sentences negative.*

1. Alguien viene a visitarnos. — Nadie viene *or* No viene nadie...
2. Hay algunos programas interesantes en la televisión. — No hay ningún programa interesante...
3. La familia Alfonsín siempre oye el noticiero de las siete. — La familia Alfonsín nunca oye *or* no oye nunca...
4. Algún amigo te mandó una carta, ¿verdad? — Ningún amigo te mandó una carta, ¿verdad? *or* No te mandó una carta ningún amigo, ¿verdad?
5. También te llamó tu novia. — Tampoco te llamó tu novia *or* Tu novia no te llamó tampoco.
6. Algo le pasa a Pedro. — Nada le pasa *or* No le pasa nada...
7. Los niños quieren o bailar o cantar. — Los niños no quieren ni bailar ni cantar.

J. ¿Indicativo o subjuntivo? *Complete the sentences with the correct indicative or subjunctive forms of the verbs in parentheses.*

1. (ser) No creo que eso ______________ posible. — sea
2. (divertirse) Sabemos que tú ______________ mucho en las fiestas. — te diviertes
3. (leer) Mi profesor quiere que yo ______________ una obra de Cervantes. — lea

Copyright © 1989 by Holt, Rinehart & Winston, Inc. All rights reserved.

4. (asistir, nosotros) Es preciso que

_____________________ asistamos

a la conferencia esta tarde.

5. (casarse) No hay duda de que Mario y Julia

_____________________ se casan *or* se van a casar *or* van a casarse *or* se casarán

el año próximo.

6. (venir) El director les pide a todos que

_____________________ vengan

temprano al concierto.

7. (trabajar) Don Álvaro prohíbe que su esposa

_____________________ trabaje

fuera de la casa.

8. (haber) Es verdad que

_____________________ hay

muchísima gente en el mercado hoy.

9. (salir, tú) Ellos insisten en que

_____________________ salgas

de allí ahora mismo.

10. (escuchar) Les aconsejo a los niños que

_____________________ escuchen

a sus padres.

K. ¿De quién es...? *Restate using an indefinite article and the long form of the possesive adjective.*

1. nuestra pelota — una pelota nuestra
2. tus pantalones — unos pantalones tuyos
3. sus maletas — unas maletas suyas

4. mi carta — una carta mía

5. nuestros deseos — unos deseos nuestros

Now complete the sentences as suggested by the English cues.

6. (*hers*) Buscamos mi boleto y ____________________. — el suyo

7. (*mine*) Tienen el cheque de ella y ____________________. — el mío

8. (*ours*) Estas revistas son de ellos y ésas son ____________________. — nuestras

9. (*yours*, familiar) Quieren mi escultura y ____________________. — la tuya

10. (*yours*, formal) Mis zapatos no son tan modernos como ____________________. — los suyos

Copyright © 1989 by Holt, Rinehart & Winston, Inc. All rights reserved.

NOMBRE ______________________ FECHA __________ CLASE __________

CAPÍTULO 16

SENTIMIENTOS Y EMOCIONES

VOCABULARIO

A. Asociaciones. *We all experience a range of emotions and consider some unpleasant and others pleasant. Drawing from the verbs below, list on the left those that evoke pleasant feelings and on the right those that evoke unpleasant feelings. Add other verbs to the lists if you wish.*

asustarse	sentirse feliz	alegrarse
avergonzarse	reírse	estar orgulloso
frustrarse	besar	aburrirse
viajar	llorar	deprimirse
enamorarse	enojarse	sentirse triste
cansarse	abrazar	

agradable	desagradable
______________________	______________________
______________________	______________________
______________________	______________________
______________________	______________________
______________________	______________________
______________________	______________________
______________________	______________________
______________________	______________________

Copyright © 1989 by Holt, Rinehart & Winston, Inc. All rights reserved.

B. Acciones y reacciones. *Ana is trying to help Rosa calm down. Complete the dialogue, choosing one of the two words suggested for each blank.*

ANA ¿Qué te pasa, Rosa? ¡Estás tan pálida! ¿Estás (1-asustada / orgullosa) ______________________________?

ROSA Sí, no vas a creerlo; es que pasó algo increíble. ¡Qué (2-asustada / alegre) ______________________________ estoy!

ANA Dime... ¿Qué pasó?

ROSA Maribel y yo íbamos al centro en su nuevo auto. Ella estaba muy (3-contenta / risa) ______________________________ y (4-se reía / conducía) ______________________________ muy rápidamente; por eso no vio a un señor que estaba en la esquina enfrente del correo; ¡casi lo mató (*killed*)! Claro, ella estaba (5-avergonzada / feliz) ______________________________; bajó del auto y le pidió perdón. Pero él estaba tan (6-alegre / furioso) ______________________________ y le dijo cosas tan horribles que a Maribel le dio (7- risa / rabia) ______________________________ y (8-se enojó / se vio) ______________________________ muchísimo.

ANA ¡Qué barbaridad! ¿Recuerdas lo que (*what*) dijo el hombre?

ROSA ¡Cómo no! , pero me da (9-vergüenza / orgullo) ______________________________ repetir sus palabras. A mí también me dio (10-vergüenza / rabia) ______________________________ la actitud de él, pero ahora que lo pienso, todo el incidente me parece un poco cómico y me da (11-noticias / risa) ______________________________.

NOMBRE ______________________ FECHA __________ CLASE __________

I. EL SUBJUNTIVO EN CLÁUSULAS ADJETIVALES

A. Conclusiones lógicas. *Mark the response that most apppropriately completes each of the following sentences.*

MODELO Prefiero que me construyas una casa que...
____ (a) es de estilo colonial.
____ (b) está el en centro.
__✓__ (c) tenga dos patios.

1. Me parece que Ud. debe buscar un amigo que...

   ________ (a) la comprenda.

   ________ (b) la visita.

   ________ (c) tiene dinero.

2. Es importante casarse con alguien que...

   ________ (a) se lleve bien con uno.

   ________ (b) no tiene problemas económicos.

   ________ (c) va a muchas fiestas.

3. No hay nada aquí que...

   ________ (a) me deprime.

   ________ (b) me guste.

   ________ (c) me alegra.

4. Gustavo está casado con una mujer que...

   ________ (a) escribe obras de teatro.

   ________ (b) lo salude todos los días.

   ________ (c) esté deprimida.

5. No debes pensar en nada que...

   ________ (a) te gusta.

   ________ (b) te ofende.

   ________ (c) te dé rabia.

Copyright © 1989 by Holt, Rinehart & Winston, Inc. All rights reserved.

6. Yo sé que la felicidad es algo que...

_________ (a) busquen los jóvenes.

_________ (b) tenga la gente con buena salud.

_________ (c) no se puede ni comprar ni vender.

B. Actitud negativa. *Change the following sentences to the negative. Remember to use* **ningún** *and* **ninguno(-a)** *in the singular when rendering the negative of* **algunos(-as)**.

MODELO Hay alguien aquí que puede hacerlo.
No hay nadie aquí que pueda hacerlo.

1. Conozco a algunas personas que se deprimen fácilmente.

____

2. Tiene algunos amigos que son supersticiosos.

____

3. Necesito a alguien que conozca al presidente.

____

4. Venden algo que yo puedo comprar.

____

5. Así ofendes a alguien que es inocente.

____

C. Frases lógicas. *Form sentences with the following words, writing the verbs in either the present indicative or subjunctive as appropriate.*

MODELO a. De vez en cuando / Rosalinda / soñar con / animales / que / asustarla
De vez en cuando Rosalinda sueña con animales que la asustan.

b. Usted / necesitar / encontrar / un banco / que / estar abierto hasta las seis
Usted necesita encontrar un banco que esté abierto hasta las seis.

1. Ustedes / deber / pedir / la cerveza / que / yo / siempre / pedir

____

2. (Nosotros) / ir a / un restaurante / que / no estar / lejos / de casa

____

3. ¿Hay / alguien / que / no / saber / conducir?

______

4. Tú / no / ir a / encontrar / un traje / que / costar / tan poco

______

5. (Yo) / pensar / buscar / un trabajo / que / pagar / bien

______

6. (Nosotros) / conocer / una mujer / que / ser / actriz

______

D. Deseos de todos. *Something is always missing. Complete the following sentences in any way that seems appropriate.*

1. Buscamos una profesora que ______
2. Juanita quiere un novio que ______
3. Quiero encontrar un empleo que ______
4. Aquí no hay nadie que ______
5. Necesitamos una casa que ______
6. Buscamos una escuela donde no ______
7. Necesito a alguien que me ______
8. Quiero un libro de español que ______

Copyright © 1989 by Holt, Rinehart & Winston, Inc. All rights reserved.

II. EL SUBJUNTIVO Y LAS CONJUNCIONES ADVERBIALES

A. Conspiración en clase. *David is talking to Álvaro before class. Express his thoughts by combining the sentences with the conjunction in parentheses.*

MODELO No puedo ir. Tú vienes conmigo. (a menos que)
No puedo ir a menos que tú vengas conmigo.

1. Vamos a hablar. El profesor nos llama. (antes de que)

____

2. Debes volver pronto. El profesor empieza la clase más temprano. (en caso de que)

____

3. No podemos casarnos. Nos queremos. (sin que)

____

4. Te doy este anillo. Me das doscientos guaraníes. (con tal que)

____

5. Soy puntual. El profesor no se enoja. (para que)

____

6. Vas a llegar a casa. Sara va al liceo. (antes de que)

____

7. Te mando este libro. Tienes algo que leer. (para que)

____

NOMBRE ______________________ FECHA __________ CLASE __________

B. ¡Cuidado con el monstruo! *Refer to the drawings below to complete each of the accompanying sentences with the appropriate form of a verb from the following list. Do not use a verb more than once..*

ser	despertarse	estar
correr	poder	recibir
reírse	ver	llorar

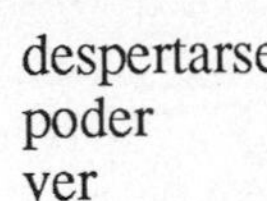

1. El monstruo va a matarlos a menos que

   a. todo ______________________ un sueño.

   b. ______________________ muy rápidamente.

   c. ______________________ ayuda.

2. Ella le da un regalo para que el niño

   a. ______________________

   b. no ______________________ más.

   c. ______________________ contento.

Copyright © 1989 by Holt, Rinehart & Winston, Inc. All rights reserved.

3. Tratan de salir de la casa sin que su tío

   a. ______________________________ enojarse.

   b. ______________________________

   c. los ______________________________

C. ¿Subjuntivo o indicativo? *Complete each sentence with the appropriate indicative or subjunctive form of the verb in parentheses.*

1. (llegar) Voy a salir en cuanto ellos ______________________ .
2. (ver) El niño empezó a llorar tan pronto como ______________________ a su mamá.
3. (enojarse) No me habló hasta que (yo) ______________________ .
4. (decir) No me iré hasta que usted me ______________________ la verdad.
5. (terminar) Pintaré la casa cuando ______________________ este trabajo.
6. (poder) Quieren ir al mercado tan pronto como ______________________ .
7. (casarse) Regresarás a México después de que tú y Luis ______________________ ¿verdad?
8. (hablar) Siempre hago algo mientras ______________________ por teléfono.

D. Bruno el perfecto. *Complete the passage using the present indicative or subjunctive of the verbs given in parentheses.*

Bruno Figueroa es un hombre que siempre trata de (*tries to*) reírse aunque (1-estar) ______________ enojado o (2-sentirse) ______________ deprimido. Él casi siempre está contento, a menos que su esposa Julia (3-estar) ______________ triste por alguna razón. En ese caso se queda en casa con ella por unas horas para que los dos (4-poder) ______________ hablar y entenderse. También, si él ve que su hija se ha asustado por algo o tiene un poco de miedo, juega con ella para que la niña no (5-empezar) ______________ a llorar. En caso de que alguien lo (6-ofender) ______________, él se queda muy tranquilo hasta que la otra persona (7-perder) ______________ interés y lo deje en paz. Claro, si ustedes dudan que exista un hombre tan perfecto, les presento a Bruno para que lo (8-ver) ______________ y (9-creer) ______________ esto que les estoy diciendo. Pero debo decirles algo antes de que lo (10-conocer) ______________: dejen sus relojes, anillos y joyas en casa.

III. USOS DEL INFINITIVO

A. ¿Sí o no? *Answer the questions in either the affirmative or the negative using an infinitive as shown in the model.*

MODELO ¿Es necesario que yo sepa guaraní para estudiar en Asunción?
No, no es necesario saber guaraní para estudiar en Asunción.

1. ¿Es bueno que estés a dieta?

____

2. ¿Es necesario que compremos pasajes de ida y vuelta?

____

3. ¿Es importante que yo salga antes de las cinco?

____

Copyright © 1989 by Holt, Rinehart & Winston, Inc. All rights reserved.

4. ¿Es posible que durmamos en el tren Expreso?

____

5. ¿Es malo que corran después de comer?

____

B. ¿Qué va a pasar cuando...? *Petronila is very inquisitive about what you would do if . . . . Answer the questions in either the affirmative or the negative using* **al** *plus an infinitive.*

MODELO Cuando llegues a casa, ¿vas a preparar la comida?
Sí, al llegar a casa, voy a preparar la comida. *or*
No, al llegar a casa, no voy a preparar la comida.

1. Cuando termines de leer, ¿vas a dormirte?

____

2. Cuando veas a Mario, ¿vas a enojarte?

____

3. Cuando recibas la carta, ¿vas a sentirte feliz?

____

4. Cuando tengas noticias, ¿vas a calmarte?

____

5. Cuando te mudes, ¿vas a hacer nuevos amigos?

____

C. Decisiones. *Mark the most appropriate choice to complete each of the following sentences.*

MODELO ________ a la fiesta, vi que todos estaban contentos.
✓ (a) Al llegar
____ (b) Acabo de comprar
____ (c) Me gusta acompañar

1. Usted debe descansar o tomar una copa de vino ________ por todo.

________ (a) en vez de preocuparse

________ (b) para recordar

________ (c) al calmarse

2. El ________ a Leonor no es una buena idea en este momento.

________ (a) ponerse

________ (b) mentir

________ (c) tener prisa

3. Vístete mejor ________ con ellos.

________ (a) para llorar

________ (b) si quieres temer

________ (c) antes de salir

4. Es verdad que Pepito ________ y por eso no quiere que lo veamos.

________ (a) acaba de llorar

________ (b) tener suerte

________ (c) pensar mucho

5. Por ________, Ud. no escuchó que yo lo llamaba.

________ (a) tener tanta prisa

________ (b) calmarse

________ (c) vamos a ver

Copyright © 1989 by Holt, Rinehart & Winston, Inc. All rights reserved.

D. Letreros. *You are about to leave for a trip to Asunción, Paraguay, and want to know what kinds of signs you will encounter. A friend shows you these pictures. What do they mean? You might have to consult your dictionary.*

MODELO 1. Ladies and Gentlemen (restrooms)

2. ______________________________

3. ______________________

4. ______________________

5. ______________________

6. ______________________

7. ______________________

8. ______________________

Here are some additional signs you might see. Give their meanings also.

9. NO FUMAR: ______________________

10. TIRAR: ______________________

11. EMPUJAR: ______________________

12. NO ESTACIONAR: ______________________

13. NO FIJAR CARTELES: ______________________

14. NO DOBLAR A LA IZQUIERDA: ______________________

Copyright © 1989 by Holt, Rinehart & Winston, Inc. All rights reserved.

FUNCIONES Y ACTIVIDADES

Más visitas a Madame Leonor

A. La decepción de Josefina Malalengua. *You have just found out that Josefina Malalengua lied to you when she told you that your best friend was going out with your boyfriend (girlfriend). In your first visit to Madame Leonor, you describe how you felt upon learning the false information, how you were furious at your boyfriend (girlfriend), and how you feel now. Compose a dialogue between yourself and Madame Leonor. You will do most of the talking and use expressions of emotion like* **sentirse triste o deprimido(-a), enojarse, asustarse, estar avergonzado(-a), avergonzarse,** *etc. Include also some infinitive constructions like* **acabar de, al** + *infinitive, etc.*

MODELO **¡Ay! Madame Leonor, acabo de saber que Josefina Malalengua me mintió cuando me dijo que Carmen salía con mi novio. Al saber eso, me enojé tanto...**

____

____

____

____

____

____

B. La solución. *Madame Leonor recommended that you calm down for two days and then come back to see her. This is your second visit. She assures you that everything will be all right if you talk to everyone about the problem. She suggests what you should say to your boyfriend (girlfriend) and your best friend. Compose a dialogue between yourself and Madame Leonor. This time she will do most of the talking and include some of these expressions for apologizing and giving advice:* **Lo siento, Siento mucho que, Perdóneme, Usted debe, Recomiendo que usted..., Le aconsejo que..., Es mejor que usted....**

MODELO **Recomiendo que usted hable con su novio. No será difícil. Usted simplemente le dirá: «Perdóname...»**

____

____

____

____

____

____

C. La reconciliación. *Now imagine what your boyfriend (girlfriend) and best friend will say when you apologize. Compose a dialogue with either one of them and include some of these expressions for apologizing and expressing forgiveness:* **Lo siento mucho, Siento mucho que, Perdóname, Está bien, No hay pena, No hay problema.**

MODELO **X, perdóname. Josefina me mintió y le creí. Lo siento mucho.**

____

____

____

____

____

____

Copyright © 1989 by Holt, Rinehart & Winston, Inc. All rights reserved.

NOMBRE ______________________ FECHA __________ CLASE __________

CAPÍTULO 17

DE COMPRAS

VOCABULARIO

A. Tiendas y más tiendas. *Guess what is sold in each of the following stores.*

MODELO librería **books**

1. frutería ____________________
2. pescadería ____________________
3. florería ____________________
4. zapatería ____________________
5. lechería ____________________
6. panadería ____________________
7. carnicería ____________________
8. mueblería ____________________

Copyright © 1989 by Holt, Rinehart & Winston, Inc. All rights reserved.

B. ¿A qué tienda vamos? *Select from the list below the things you buy in each of the following stores. Some words might fit into more than one category.*

abrigo	alfarería	arroz	azúcar
termómetros	bananas	blusa	bolso
medicamentos	cama	camisa	carne
cerámica	vitaminas	falda	huevos
leche	lechuga	manzanas	mesas
naranjas	pan	pantalones	pescado
piña	pollo	poncho	queso
silla	sofá	aspirina	sombrero
suéter	tapices	tomate	torta
vestido	jarabe de tos	vino	zapatos

1. tienda: ____

____

____

2. mercado: ____

____

____

3. farmacia: ____

____

____

4. almacén: ____

____

____

5. mueblería: ____

____

____

NOMBRE ______________________ FECHA __________ CLASE __________

I. EL IMPERFECTO DE SUBJUNTIVO

A. Decisiones. *Mark the verb that is in the imperfect subjunctive.*

MODELO ____ regateaba ____ regateará _√_ valieran ____valieron

1. ________ rebajaran ________ rebajaba
   ________ deberían ________ debieron
2. ________ pediría ________ pedíamos
   ________ gastáramos ________ gastábamos
3. ________ aconsejaremos ________ aconsejáramos
   ________ hicieron ________ harán
4. ________ estarán ________ estaban
   ________ sería ________ fueran
5. ________ valiera ________ valdrán
   ________ quisieron ________ querían
6. ________ se acostumbraron ________ venía
   ________ admirarían ________ nevara
7. ________ saludaron ________ ayudará
   ________ naciera ________ anduvieron

B. Visión desde el pasado. *Change the following sentences from the present to the past tense. Note that the main clause may require the preterit or imperfect, according to the meaning of the sentence.*

MODELO Quiero que usted vaya con la dependiente.
Quería que usted fuera con la dependiente.

1. Me pide que le compre un poncho en el mercado.

   ____

2. Ojalá que no pierda todo su dinero.

   ____

3. Dudamos que ellos paguen tanto por ese tapiz.

   ____

Copyright © 1989 by Holt, Rinehart & Winston, Inc. All rights reserved.

4. Insiste en que yo sea como él.

____

5. Su madre le pide que no vea más a Ramón.

____

6. Esperamos que Ana ahorre su dinero.

____

7. Es mejor que pidan eso en una boutique del centro.

____

8. Es necesario que regatees en el mercado.

____

9. Busco un banco que me cambie este cheque.

____

10. Quieren ver esa cerámica antes de que se la des a tu amiga.

____

C. Tía Ana, la sabelotodo. *Tía Ana knows all there is to know about shopping. Complete Catalina's responses, changing the verbs to the imperfect subjunctive. Follow the model.*

MODELO

TÍA ANA: Quiero que compres donde haya ofertas y nos conozcan.
CATALINA: Lo sé. Ayer ya me dijiste que comprara donde hubiera ofertas y nos conocieran.

1. TÍA ANA: Mira, Catalina, te voy a pedir que vayas al mercado antes de que lo cierren.

   CATALINA: Claro, tía Ana. También ayer me pediste que ____________________

   ____

2. TÍA ANA: Y no olvides, hija... es mejor que manejes con cuidado y que no tengas prisa.

   CATALINA: Sí, la vez pasada ya me dijiste que era mejor que ____________________

   ____

3. TÍA ANA Espero que trates de regatear para que nos den los mejores precios posibles.

CATALINA Lógico, pero ayer también me dijiste que ______________________

____

4. TÍA ANA Es muy importante que no compres nada que no esté en oferta.

CATALINA Sí, mi querida tía, ayer también era importante que ____________

____

5. TÍA ANA Bueno, quiero que lleves más dinero en caso de que veas algo no muy caro y de buena calidad.

CATALINA Recuerdo que la semana pasada también querías que ____________

____

6. TÍA ANA Es probable que vendan las mejores cosas muy temprano y que no quede nada bueno después.

CATALINA Siempre la misma historia. Ayer me dijiste que era probable que

____

____

7. TÍA ANA Y te digo que no pares en ninguna parte para hablar con tus amigos, ¡aunque te pidan que tomes una copa con ellos!

CATALINA ¡Dios mío! ¿Otra vez con eso? ¡Nunca cambiarás¡, tía! Ayer también me dijiste que ______________________________________

____

8. TÍA ANA Pero, Catalina, ¡sólo pienso en ti! Me parece increíble que no quieras seguir mis consejos de buena tía...

CATALINA Por supuesto. Ayer también te pareció increíble que ____________

____

Copyright © 1989 by Holt, Rinehart & Winston, Inc. All rights reserved.

D. Ayer no tuve suerte. *Yesterday was not your day. You needed a number of people to do things for you, but no one was being helpful. Perhaps you wanted your mother to fix a special meal or a friend to return a book to the library. List below six things you wanted other people to do for you. Use the imperfect subjunctive in each of your sentences.*

MODELO **Quería que mi hermano me llevara a la panadería.**

1. ______________________________
2. ______________________________
3. ______________________________
4. ______________________________
5. ______________________________
6. ______________________________

E. Con cortesía. *Write the sentences below in a more polite fashion by using the imperfect subjunctive.*

MODELO Quiero mostrarle más cerámica, señora.
Quisiera mostrarle más cerámica, señora.

1. Quiero cambiar estos boletos.

   ____

2. Tú debes llamar antes de salir.

   ____

3. ¿Me puede traer una taza de café?

   ____

4. Ella quiere que usted la acompañe.

   ____

5. Ustedes deben tener sus maletas preparadas.

   ____

II. EL IMPERFECTO DE SUBJUNTIVO EN CLÁUSULAS CON *SI*

A. Si fuera posible... *Gabriela is determined to find out what Natalia would do in certain situations. Rewrite her original question according to the answer Natalia gives her, using the appropriate if-clause construction.*

MODELO — Gabriela, si tienes tiempo, ¿irás de compras conmigo?
— Es que no tengo tiempo. Lo siento mucho.
— Bueno, pero si lo tuvieras, ¿irías?

1. — Natalia, si encuentras el suéter que me gusta, ¿me lo darás?

   — Pero Gabriela, yo sé que no lo encontraré.

   — Bueno, pero ______________________________

2. Si el poncho que vimos ayer en esa tienda vale menos de cuatrocientos pesos, ¿lo compraráss?

   — Pero creo que vale mucho más.

   — Bueno, pero ______________________________

3. — Si el señor Villa rebaja sus precios, ¿comprarás en su tienda?

   — Pero Gabriela, es probable que no los rebaje.

   — Bueno, pero ______________________________

4. — Si Héctor se enamora de una dependiente en su trabajo, ¿ustedes se divorciarán?

   — ¡Qué idea más ridícula! Mi esposo nunca se enamoraría de otra mujer.

   — Claro, pero quiero estar segura: si ______________________________

5. — Si le aumentan el sueldo a Héctor, ¿él te llevará a Europa?

   — Mira, en mil años no le van a aumentar el sueldo; siempre ganará poco.

   — Puedes creer eso ahora, pero si ______________________________

Copyright © 1989 by Holt, Rinehart & Winston, Inc. All rights reserved.

6. — Éste...Natalia..., si Héctor sabe que estoy diciendo estas cosas, ¿se ofenderá?

— No te preocupes. No lo va a saber.

— Bueno, pero en un caso hipotético, si él lo

____

____

7. — Si te hago más preguntas, podemos hablar toda la tarde, ¿verdad?

— Ay, Gabriela, espero que no me hagas más preguntas.

— Bueno, pero si _______________________________

B. Meditaciones de un trabajador. *Luis is thinking about his work situation. Complete the following passage by choosing the appropriate forms of the verbs and writing them in the blanks provided.*

Si yo (1-paso, pasaría, pasaba) ____________________ mucho tiempo en una tienda, me (2-puse, pongo, puesto) ____________________ muy triste, porque sé que no puedo comprar nada. Si (3-pudiera, podré, pudo) ____________________ encontrar un trabajo que pagara mejor, yo (4-dejaré, dejando, dejaría) ____________________ este apartamento para que mi mujer y nuestros tres hijos (5-tendrán, tenían, tuvieran) ____________________ una vida mejor. Claro, eso (6-paso, pasará, pasara) ____________________ si me (7-aceptarán, aceptan, aceptarían) ____________________ en el programa especial de ciencias de computación que me interesa, porque así (8-podré, pudo, pueden) ____________________ aprender mucho y aumentar mis posibilidades. Pero no sé si eso será posible, pues si (9-tengo, tendría, tuviste) ____________________ que trabajar día y noche por este sueldo miserable, ¿qué futuro nos (10-espera, esperara, esperó) ____________________?

C. Hipotéticamente. *Complete the sentences, telling what you would do in the following hypothetical circumstances.*

1. Si yo tuviera una semana de vacaciones, ______
2. Si yo necesitara mucho dinero, ______
3. Si yo tuviera mil dólares, ______
4. Si hiciera mucho calor, ______
5. Si ya hablara español perfectamente, ______

D. No me gusta porque... *Marta doesn't like Lorenzo who keeps asking her for a date. She is telling her friend Sara about him. Finish her sentences with critical statements as she might.*

1. Conduce el auto como si ______
2. Come como si ______
3. Se ríe como si ______
4. Habla como si ______
5. Fuma todo el día como si ______
6. Se viste como si ______

III. CAMBIO DE LAS CONJUNCIONES *Y* EN *E* Y *O* EN *U*

Decisiones. *Provide the necessary conjunctions* (**y, e, o, u**).

1. Trabajo para la Compañía Gómez ______ Hijos, S.A.
2. Pedro ______ Ramón están por llegar.
3. Lo puedo comprar en el mercado, o en Caracas ______ en Maracaibo.
4. Dice que quiere uno ______ otro, no le importa cuál.
5. Ella estudia sociología, psicología ______ historia.
6. Boehme ______ Lladró son dos compañías conocidas por sus cerámicas finas.

Copyright © 1989 by Holt, Rinehart & Winston, Inc. All rights reserved.

7. El director acaba de recibir un telegrama largo _______________ importante.
8. La calle se llama o Cerro de Pasco _______________ Urdaneta, no me acuerdo bien.
9. Marta acaba de tener una niña; gracias a Dios, madre _______________ hija están bien.

IV. FORMAS DIMINUTIVAS

Otra vez de compras con la tía Ana. *Tía Ana likes small things. When asked if she likes something, she always responds that she would prefer something smaller. Take her part and answer her niece, Catalina.*

MODELO mesa

CATALINA ¿Te gusta esta mesa?
TÍA ANA Sí, pero me gusta más esa mesita.

1. galletas ______________________________
____
2. pan ______________________________
____
3. pastel ______________________________
____
4. flores ______________________________
____
5. auto ______________________________
____
6. vasos ______________________________
____
7. reloj ______________________________
____
8. blusa ______________________________
____

NOMBRE ______________________ FECHA __________ CLASE __________

9. poncho ____

____

10. maletas ____

____

FUNCIONES Y ACTIVIDADES

A. Reacciones positivas y negativas. *Study each of the following pictures where someone is reacting to a situation. Use an expression of satisfaction or dissatisfaction from the list below to give the reaction of the person pictured. Be sure to use all the expressions!*

¡Esto (Eso) es fabuloso!
¡Esto (Eso) es justo lo que nos faltaba!
¡Esto (Eso) es insoportable!
¡Esto es buenísimo!
Es demasiado. Esto (Eso) no es aceptable.

MODELO **¡Esto es fabuloso!**

1. ______________________ 2. ______________________

Copyright © 1989 by Holt, Rinehart & Winston, Inc. All rights reserved.

3. ______________________ 4. ______________________

5. ______________________ 6. ______________________

B. En resumen. *Have you ever met someone who never gets to the point but says repeatedly that he is getting there? Meet Luis. Complete his description of a shopping trip using the information given below and beginning each new topic with one of the expressions for summarizing:* **Total que... A fin de cuentas... Después de todo ... Al fin y al cabo ...**

MODELO **Después de todo, ayer yo también fui de compras a la Gran Tienda del Mundo.**

____ decidí ir también a una

mueblería ____

____

____ después de pasar tres

horas en la mueblería, ______________________________________

____

____

________________ salí de esa mueblería para caminar al mercado y ____________

____

____

En conclusión, ____

____

____

Copyright © 1989 by Holt, Rinehart & Winston, Inc. All rights reserved.

NOMBRE ____________________ FECHA __________ CLASE __________

CAPÍTULO 18

PROFESIONES Y OFICIOS

VOCABULARIO

A. Profesión: psicólogo. *Esteban goes to the psychologist for the first time and is asked to associate various occupations with other words that come to mind. Help him with this task using the occupations and professions below. Follow the model.*

MODELO policía: **robo, crimen, criminal, accidente,** etc.

1. agente de viajes: ____________________
2. jardinero(-a): ____________________
3. hombre / mujer de negocios: ____________________
4. consejero(-a) de trabajo: ____________________
5. peluquero(-a): ____________________
6. ama de casa: ____________________
7. músico(-a): ____________________
8. doctor(a): ____________________

Copyright © 1989 by Holt, Rinehart & Winston, Inc. All rights reserved.

B. Si yo fuera... *On the three lines below, write three professions that you would like to pursue, in the order of your preference.*

1. ______________________________

2. ______________________________

3. ______________________________

Now describe in complete sentences what things you would do if you pursued each of those three professions. Use the conditional in your answers.

MODELO   jardinera. **Si yo fuera jardinera, planearía jardines estupendos con flores y árboles muy bonitos.**

1. ____
____
____

2. ____
____
____

3. ____
____
____

I. OTROS USOS DEL PROGRESIVO

A. Otra vez, estar. *Review the present tense of the verb* **estar,** *used to form the present progressive.*

1. Yo no ______________________ con mi consejero.
2. Rafael y Teresa ______________________ en la iglesia, hablando con el sacerdote.
3. Nosotros no ______________________ en la oficina del doctor.
4. Tú ______________________ en la agencia de viajes, ¿no?
5. Él ______________________ listo para hablar con su abogada.

Now review the imperfect tense of **estar,** *used to form the past progressive.*

6. Marisa ______________________ con el ingeniero Robles cuando yo llegué.

7. Tú ______________________ resfriado en esos días.

8. Yo ______________________ mal en enero.

9. Patricia y yo ______________________ en la peluquería cuando tú llamaste.

10. Ustedes no ______________________ de acuerdo, ¿verdad?

B. Preguntas personales. *Answer the following questions in Spanish using the present or past progressive tense, as appropriate.*

1. ¿Qué está haciendo usted ahora?

____

2. ¿Y qué estaba haciendo antes?

____

3. ¿Alguien está llamando por teléfono en este momento?

____

4. Y antes, ¿estaba usted hablando por teléfono con alguien?

____

5. ¿Está usted jugando al tenis ahora?

____

8. ¿Y estaba usted practicando algún deporte antes?

____

Copyright © 1989 by Holt, Rinehart & Winston, Inc. All rights reserved.

C. Un fin de semana agradable. *Señor Kingsley is a very busy economist who has a new job. Last Saturday he and his family had a chance to relax and on Sunday, they had a party with friends. Complete the sentences with the past progressive of the verbs in parentheses as Señora Kingsley tells her friend Teresa about what the family was doing last weekend while they were entertaining friends and business associates.*

MODELO (jugar) Catalina y sus amigos **estaban jugando** en el patio (*backyard*) cuando llegaron los primeros invitados.

1. (cocinar) Eran las cinco y yo todavía ______________________________ para la fiesta.
2. (limpiar) Catalina ______________________________ su cuarto (*room*) cuando llegó Ana María, su mejor amiga.
3. (mirar) El sábado por la noche, la familia ______________________________ televisión mientras yo preparaba los postres.
4. (leer) El señor Kingsley ______________________________ el periódico y me ayudaba de vez en cuando.
5. (divertirse) Todos nosotros ______________________________ mucho pero tuvimos que interrumpir nuestras actividades a las once p.m. porque era hora de dormir.
6. (celebrar, acordarse) El domingo mientras nosotros ______________________________ el nuevo trabajo, tú también ______________________________ de nosotros, ¿verdad?
7. (correr, reírse) Los niños ______________________________ y ______________________________ de todo y todos.

8. (hablar, comer, beber) Todos nuestros amigos

______________________________ del nuevo empleo del

señor Kingsley mientras

______________________________ los platos deliciosos

que yo había preparado y

______________________________ sangría, vino y

cerveza...

D. ¿Qué seguían haciendo? *Using the pictures below, imagine that these busy people were not aware of an important presidential address broadcast on the radio. Form sentences using* **seguir** *+ present participle to say that they kept on doing the activity pictured.*

MODELO **El ama de casa seguía cocinando.**

1. La profesora ______________________
____

2. El abogado ______________________
____

Copyright © 1989 by Holt, Rinehart & Winston, Inc. All rights reserved.

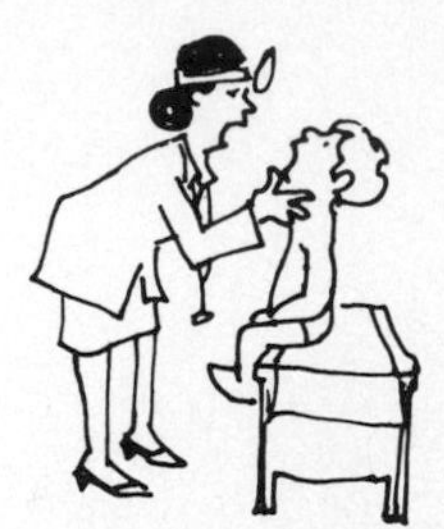

3. El programador ______________________

____

4. La doctora ______________________

____

5. La cantante ______________________

____

6. El policía ______________________

____

II. USOS ADICIONALES DEL PRONOMBRE *SE*

A. Decisiones. *Mark the word that best completes each of the following sentences.*

MODELO No se ____________ un cuadro de Picasso por veinte dólares.
__✓__ compra ____ ven ____ dice

1. En algunas ciudades latinoamericanas, ya no se ________________ los negocios durante el almuerzo.

________________ cierran

________________ abren

________________ cuidan

2. Señora, vaya usted al Banco Internacional. Allí se ________________ cheques de viajero.

    ________________ hacen

    ________________ cambian

    ________________ oyen

3. Para llegar a ese mercado se ________________ tener auto porque está muy lejos.

    ________________ pierde

    ________________ debe

    ________________ prohíbe

4. Se ________________ «Gracias» cuando alguien nos da un regalo.

    ________________ habla

    ________________ explica

    ________________ dice

5. Se ________________ algunos cuadros muy buenos de Picasso en el Museo de Arte Moderno de Nueva York.

    ________________ ven

    ________________ aprenden

    ________________ gastan

6. Mario me dijo que se ________________ maestro(-a) bilingüe en la escuela secundaria de nuestro barrio.

    ________________ pensaba

    ________________ necesitaba

    ________________ resolvía

Copyright © 1989 by Holt, Rinehart & Winston, Inc. All rights reserved.

B. Correspondencias. *Choose a phrase from the second column to complete appropriately each phrase in the first column.*

________ 1. Se presentan	(a) más poesía que ahora.
________ 2. Antes se leía	(b) el arte y la literatura son tan importantes como la tecnología.
________ 3. Se dice	(c) muchas obras excelentes.
________ 4. En el mercado se puede encontrar	(d) costumbres diferentes a las nuestras.
________ 5. En algunos países se cree que	(e) todo más barato.
________ 6. En el mundo hispano se practican	(f) «Hasta luego» cuando se va a ver a alguien más tarde.

C. ¿Qué se permite? *The pronoun* **se** *is often used in signs. Translate the following signs that might be seen on streets, roads, shop windows, fences, or elsewhere in the Hispanic world. You will probably need your dictionary.*

1. Se ruega no fumar. ____________________
2. Se habla inglés. ____________________
3. No se permiten visitas después de las diez. ____________________

   ____
4. Se compran libros usados. ____________________

   ____
5. Se necesitan cajeros con experiencia. ____________________

   ____
6. Se prohíbe tocar la bocina. ____________________
7. No se permite hablar con el chofer. ____________________
8. Se prohíbe tirar basura. ____________________

Now write some signs of your own, using the **se** *construction.*

9. For sale: ______________________________

10. For rent: ______________________________

11. Portuguese spoken here: ______________________________

12. Pedestrians prohibited: ______________________________

13. Travelers Checks Exchanged: ______________________________

14. Identification required: ______________________________

III. LOS ADJETIVOS USADOS COMO SUSTANTIVOS

A. Decisiones. *Read the following descriptions and mark the nouns that the adjectives most likely refer to.*

MODELO La blanca es muy bonita, pero no va muy bien con las faldas que tengo.
________ un libro ________ un suéter ____✓____ una blusa

1. ¿Ustedes creen que voy a comprar aquella tan pequeña? ¡Imposible! Necesito una mucho más grande, como la que Alicia compró ayer.

   ________ una mesa

   ________ un auto

   ________ una abogada

2. Creo que las japonesas son superiores. No son baratas, pero la calidad es importante. ¿Por qué no compran ésta. Es muy fácil usarla.

   ________ una falda

   ________ un auto

   ________ una cámara

Copyright © 1989 by Holt, Rinehart & Winston, Inc. All rights reserved.

3. Javier dice que van a presentar una francesa en el Orfeo. ¿Entiendes francés? ¿Sí? Entonces, podemos divertirnos mucho.

________ una película

________ un concierto

________ una huelga

4. Las primeras van a estar muy contentas, pero las últimas no, porque si llegan después de las dos de la tarde van a encontrar solamente algunas blusas y los vestidos más caros.

________ los comerciantes

________ las vendedoras

________ las mujeres

5. Aquí hay uno, pero no encuentro el otro. ¡Qué problema! ¿Dónde puede estar? Tengo que vestirme y el autobús no me va a esperar.

________ las sandalias

________ los zapatos

________ los pantalones

B. Clarificaciones. *Write a follow-up question asking for clarification, as in the model.*

MODELO ¿Sabes dónde está *mi falda*? (verde)
¿Cuál? ¿La verde?

1. ¿Qué te parecen *los zapatos de Elena*? (azul)

____

2. ¿Te gustan *esas computadoras*? (pequeño)

____

3. Tengo *tu suéter*. (negro)

____

4. ¿Me compras *esa bicicleta bonita,* papá? (rojo)

____

5. *Aquella abogada* es muy famosa. (francés)

____

6. Si vas a llevar esa camisa a la oficina, debes ponerte *otros pantalones* . (gris)

____

C. Preferencias. *Reply to the following questions, using the italicized adjective or adjective phrase as a noun. Follow the model.*

MODELO ¿Quiere usted el libro *grande* o el libro pequeño?
Quiero el grande.

1. ¿Prefieren manejar los autos mexicanos o los autos *japoneses*?

____

2. ¿Usted trabaja en el edificio viejo o en el edificio *nuevo*?

____

3. ¿Ella quiere el vestido *rojo* o el vestido azul?

____

4. ¿Rosaura va al baile con el muchacho *rubio* o con el muchacho moreno?

____

5. ¿Usted quiere el boleto *de primera clase* o de segunda clase?

____

6. ¿Te ayudó el peluquero alto o el peluquero *bajo*?

____

Copyright © 1989 by Holt, Rinehart & Winston, Inc. All rights reserved.

IV. EL FUTURO Y EL CONDICIONAL PERFECTOS

A. De aquí a cinco años. *Paco, a first-year law student at the* **Universidad Nacional,** *is thinking what his life will be like five years from now. From the pairs of sentences below, choose the ones that seem the most realistic posssibilities for Paco.*

MODELO a. Habré recibido el Premio Nobel de Literatura.
(b.) Me habré mudado a otra ciudad.

1. a. Habré aprendido a hablar bien el inglés.
   b. Habré visitado el planeta Venus.
2. a. Me habré casado con mi novia.
   b. Me habré divorciado de mi segunda esposa.
3. a. Habré ganado mi primer millón de dólares.
   b. Habré conseguido mi primer trabajo como abogado.
4. a. Habré ahorrado el dinero necesario para comprar un avión.
   b. Habré ahorrado el dinero necesario para comprar un auto.
5. a. Habré descubierto cómo curar el cáncer.
   b. Habré defendido a algunos acusados.

B. Y mi familia, ¿qué habrá hecho? *Now choose some reasonable possibilities for what Paco's family will have accomplished five years from now.*

MODELO Mis padres a. habrán celebrado veinticinco años juntos.
b. se habrán muerto de viejos.

1. Mi hermana Elisa: a. habrá terminado sus estudios en la universidad.
   b. habrá sido la primera mujer presidente del país.
2. Ricardo, mi hermano menor: a. habrá sido un jugador de béisbol famoso.
   b. habrá empezado la escuela secundaria.
3. Mis abuelos: a. habrán ganado el maratón de Boston.
   b. se habrán mudado a una casa más pequeña.

4. Todos nosotros: a. habremos organizado varias reuniones de familia.
   b. habremos sido los primeros astronautas del país.

5. Tío Carlos y tía Camila: a. habrán tenido seis hijos más.
   b. habrán comprado una casa en el campo.

C. ¡Cómo habría cambiado la vida! *Francisco is telling his roommate how different his life would have been if he hadn't gone to college. Choose the best Spanish equivalent for the italicized words.*

MODELO *I would not have learned* English.
a. No habré aprendido
(b.) No habría aprendido
c. No habríamos aprendido

1. *I would not have attended* so many lectures.
   a. No habrías asistido
   b. No habrás asistido
   c. No habría asistido

2. *I would have continued to live* with my family.
   a. Habría continuado viviendo
   b. Habremos continuado viviendo
   c. Habrían continuado viviendo

3. *I would not have eaten* so many meals in the cafeteria.
   a. No habréis comido
   b. No habrías comido
   c. No habría comido

4. *I would have had* a job already.
   a. Habría tenido
   b. Habré tenido
   c. Habrían tenido

Copyright © 1989 by Holt, Rinehart & Winston, Inc. All rights reserved.

5. *I would not have met* the friends I have now.

   a. No habremos conocido

   b. No habría conocido

   c. No habrás conocido

FUNCIONES Y ACTIVIDADES

A. Grandes ideas. *Aurelio Audacia has big ideas about his future. He plans to be the president of a large company in the United States within ten years of finishing college. React to his statements using one of these expressions of doubt:* **¿Qué sé yo?; Puede ser; ¿Quién sabe?; Tal vez; Tengo mis dudas; Lo dudo.**

1. Para el año 2000 ya habré sido famoso, ¿no lo crees?

   ____

2. Sin duda habré ganado más de un millón de dólares, ¿verdad?

   ____

3. Me habré casado con una mujer simpática y rica.

   ____

4. Habré abierto oficinas en muchas ciudades.

   ____

5. Me habrán invitado para muchas entrevistas por radio y televisión.

   ____

6. El presidente me habrá pedido que sea su consejero.

   ____

B. Un caso de nervios. *Timoteo Timidez arrives for a job interview and is so nervous that he asks the receptionist for permission to do everything! Help him formulate his requests and have the receptionist respond with expressions of permission. Consult your book for expressions to use when asking and granting or denying permission.*

MODELO entrar en esta oficina
¿Me permite entrar en esta oficina?
Sí, está bien... Entre, por favor.

1. sentarme en esa silla ____
____
2. mirar algunas revistas mientras espero ________________________________
____
3. decirme la hora exacta ____
____
4. salir para hacer una llamada de teléfono ________________________________
____
5. pedirle un vaso de agua para tomar un tranquilizante ____________________
____
6. hacerle una pregunta final ____
____

Copyright © 1989 by Holt, Rinehart & Winston, Inc. All rights reserved.

NOMBRE ______________________ FECHA ____________ CLASE __________

CAPÍTULO 19

EN CASA

VOCABULARIO

A. Asociaciones. *Where in the house do we find the following things? Classify them according to the places given and add any other items you can think of.*

el garaje
la cómoda
el jardín
la estufa
el lavamanos
la bicicleta
el helado
el pan
el sillón
el congelador
el horno
la nevera
el árbol de Navidad
el estante de libros
el refrigerador
la cafetera
la ducha
el inodoro
el escritorio
la lámpara
el auto

1 en el dormitorio ______________________________

____

2. en la cocina ______________________________

____

3. en la sala ______________________________

____

4. en el baño ______________________________

____

5. fuera de (*outside*) la casa ______________________________

____

Copyright © 1989 by Holt, Rinehart & Winston, Inc. All rights reserved.

B. ¿Qué es y dónde está? *Describe the following items and tell where each is in a typical home.*

MODELO

Un escritorio. Es un mueble que usamos para escribir y estudiar. En general, cada estudiante tiene uno en su dormitorio.

1. ______________________________

____

2. ______________________________

____

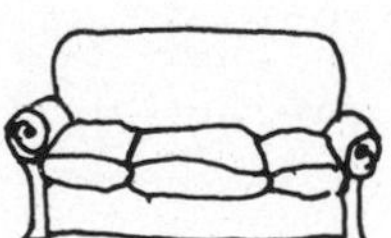

3. ______________________________

____

4. ______________________________

____

5. ______________________________

____

6. ______________________________

____

I. USOS ADICIONALES DEL ARTÍCULO DEFINIDO

A. Decisiones. *Write a form of the definite article in the following sentences when required. Leave the space blank if no article is necessary.*

1. No me gusta ______________ café colombiano.
2. En ese mercado venden ______________ naranjas, ______________ manzanas y ______________ piñas.
3. Están vendiendo las naranjas a 350 sucres ______________ kilo.
4. En invierno siempre nos quitamos ______________ botas en el garaje.
5. Cuando vivíamos en Florida, nunca compramos ______________ botas.
6. Es que allí nevaba sólo una vez (*once*) ______________ año .
7. ______________ español es ______________ lengua oficial de Ecuador pero muchas personas también hablan ______________ quechua.
8. Hace dos meses nos mudamos a una casa nueva, pero no llegaron los muebles, ni ______________ sofá, ni ______________ sillas, ni ______________ mesa para el comedor.

B. En el mercado de Otavalo. *Your friends Lewis and Virginia have come to visit you in Quito, and you decide to take them to the market in Otavalo. They don't speak anything but English, and you don't speak the local Indian dialect, so the conversation takes place in Spanish. Translate the following conversation between Virginia and the Indian seller.*

1. Do you sell typical sweaters here?

   ____

2. Yes. Do you like sweaters?

   ____

3. Of course, especially the ones with many colors. Are they expensive?

   ____

4. Well, it's cheaper if you buy two; they cost 1,000 sucres per pair (*par*).

   ____

Copyright © 1989 by Holt, Rinehart & Winston, Inc. All rights reserved.

5. That seems expensive. Can I buy only one?

6. Of course, but we have special sales only once (*una vez*) per year. Why don't you buy one for you and one for your husband?

7. OK, I'll buy two.

8. Good idea! Don't forget to put on your sweaters before you leave!

II. LA SUPRESIÓN DEL ARTÍCULO INDEFINIDO

A. En una mueblería fina. *You take your friend to an expensive furniture store and identify some of the people you see there. Write out your sentences following the model. Remember that Spanish omits the indefinite article in many places where English normally uses it.*

MODELO aquella señorita / ser / cantante de ópera
Aquella señorita es cantante de ópera.

1. ese hombre de camisa azul / ser / famoso pintor venezolano

2. la joven de pelo largo / trabajar de / camarera en / restaurante típico ecuatoriano

3. esa mujer elegante / ser / viuda (*widow*) / y / ser / católico muy devota

4. aquellas personas / tener / casa grandísima / pero / no tener / auto

5. aquel hombre alto / no ser / capitalista: / ser / comunista / y / tener / media docena de hijos

____

____

6. ¡Qué / sofá / cómodo...!

____

B. Nombres famosos. *Answer a question about the profession of these famous people and then tell something about them. Follow the model.*

MODELO Gabriel García Márquez escritor / novelista contemporáneo / colombiano
Es escritor. Es un novelista contemporáneo. Es colombiano. Ganó el Premio Nóbel de Literatura en 1981.

1. Larry Byrd / jugador de básquetbol / hombre alto / norteamericano

____

____

2. Miguel de Cervantes / escritor / novelista español

____

____

3. Michael Dukakis / político / hombre bajo / norteamericano

____

____

4. Salvador Dalí / pintor / artista surrealista / español

____

____

5. Jane Fonda / artista de cine / actriz norteamericana popular

____

____

6. Julio Iglesias / cantante / conocido intérprete de músico hispano

____

____

Copyright © 1989 by Holt, Rinehart & Winston, Inc. All rights reserved.

III. EL ARTÍCULO NEUTRO *LO*

A. Decisiones. *Mark the choice that best completes each sentence.*

MODELO Lo ________ de una casa de campo es que allí se puede admirar la naturaleza.
___√___ mejor ________ contaminado ________ extremo

1. Lo ________ es tener un poco de silencio y tranquilidad.

   ________ importante ________ eterno ________ peor

2. Su casa es linda; ________ no me gusta es el barrio.

   ________ lo que ________ poco ________ los que

3. ________ que me preocupa de un apartamento en la ciudad es la contaminación del aire.

   ________ La que ________ Lo ________ Lo que

4. ¿Qué es ________ ustedes llaman «tranquilo»? A mí este lugar no me parece muy tranquilo.

   ________ el que ________ lo que ________ lo

5. Isabel dijo que esta casa era muy grande, pero ¡realmente no ________ es!

   ________ el ________ lo que ________ lo

6. — Es muy agradable poder caminar de noche sin tener miedo.

   — Sí, ________ es, pero hay otros problemas.

   ________ la ________ la que ________ lo

B. Preguntas para usted. *Now answer these questions addressed to you .*

1. ¿Qué es lo más aburrido de su vida universitaria?

   ____

2. ¿Y qué es lo más interesante?

   ____

3. ¿Qué profesión u oficio le interesa más a usted?

   ____

4. ¿Qué es lo que más le interesa de esa profesión (ese oficio)?

____

5. Según su opinión, ¿qué es lo más importante de una casa (apartamento)? ¿Por qué?

____

IV. LA VOZ PASIVA

A. De activo a pasivo. *To complete the following exchanges, circle the letter of the most appropriate verb in the passive voice.*

MODELO Tu padre construyó la casa, ¿verdad?
No, ________ por mi abuelo.
a. estuvo construida
(b.) fue construida
c. es construida

1. — Enrique escribió este poema.

   — No, no es cierto. ________ por Teresa.

   a. fue escrito

   b. será escrito

   c. estuvo escrito

2. — Jaime venderá todas estas blusas. Es muy buen vendedor.

   — No, ________ por Isabel.

   a. serían vendidas

   b. serán vendidas

   c. son vendidas

3. — Margarita ya mandó las cartas.

   — Creo que ________ por Gregorio.

   a. fueron mandadas

   b. estuvieron mandadas

   c. serían mandadas

Copyright © 1989 by Holt, Rinehart & Winston, Inc. All rights reserved.

4. — Rosa limpiará el baño, ¿verdad?

— No, ________ por Valbuena.

a. será limpiado

b. fue limpiado

c. estará limpiado

5. — El televisor lo arregló Rodríguez, ¿no?

— No, ________ por Guillermo.

a. sería arreglado

b. estará arreglado

c. fue arreglado

6. — Los Gómez van a alquilar esa casa.

— Eso es imposible. Ya ________ por los sobrinos de Raúl Palacios.

a. fue alquilada

b. estuvo alquilada

c. será alquilado

7. — ¿Invitó Rafael a Susana y a Pilar?

— No, ________ por Marcos.

a. son invitadas

b. fueron invitadas

c. están invitadas

B. ¿Cuál es la mejor traducción? *Choose the best translation for the italicized words in the following sentences.*

MODELO Those sculptures *were made* by the Mayas a thousand years ago.
(a.) fueron hechas
b. estuvieron hechas

1. The cities of Cuzco and Machu Picchu *were built* by the Incas.

a. fueron construidas

b. estuvieron construidas

2. That old building *is already renovated.*

   a. ya es renovado

   b. ya está renovado

3. Those portraits *were painted* by Velázquez.

   a. fueron pintados

   b. estuvieron pintados

4. Our new house *was painted* green when we bought it.

   a. era pintada

   b. estaba pintada

5. The water pollution problem *will be solved* by the new law.

   a. será resuelto

   b. estará resuelto

6. In some countries *it's already solved.*

   a. ya es resuelto

   b. ya está resuelto

7. Those pieces of furniture — the chair and the sofa — *were made* in South America.

   a. fueron hechos

   b. estuvieron hechos

C. ¡Han ocurrido tantas cosas! *When Juanita returned, her roommate told what happened while she was out of town. Circle the letter of the appropriate phrases to restate the sentences using the passive* **se** *construction.*

MODELO Alguien fue atacado en el jardín, cerca de la biblioteca. ________ a alguien en el jardín cerca de la biblioteca.
(a.) Se atacó
b. Se atacará

1. El edificio central fue renovado. ________ el edificio central.

   a. Se renovará

   b. Se renovó

Copyright © 1989 by Holt, Rinehart & Winston, Inc. All rights reserved.

2. Los cigarrillos fueron prohibidos en la universidad.

________ los cigarrillos en la universidad.

a. Se prohibieron

b. Se prohíben

3. Los sueldos de los profesores fueron aumentados.

________ los sueldos de los profesores.

a. Se aumentó

b. Se aumentaron

4. Las ventanas rotas serán reparadas. ________ las ventanas rotas.

a. Se repararán

b. Se repararon

5. Una escultura fue construida en el parque.

________ una escultura en el parque

a. Se contruyeron

b. Se construyó

6. Algunos muebles nuevos fueron comprados.

________ algunos muebles nuevos.

a. Se compró

b. Se compraron

NOMBRE ________________ FECHA __________ CLASE __________

FUNCIONES Y ACTIVIDADES

A. Reacciones. *Give a reaction to each of the following statements using one of the following expressions of empathy:* **¡Estará(s) muy feliz!; Debe(s) estar muy desilusionado(-a), muy feliz, muy triste; Se (Te) sentirá(s) muy orgulloso(-a).**

MODELO Acabo de comprar una casa de verano en las montañas.
¡Estarás muy contento!

1. El abuelo del señor Vega se murió la semana pasada.

   ____

2. Perdí mi billetera (*wallet*) en el autobús.

   ____

3. Mi hijo ganó su primer partido de fútbol.

   ____

4. Alguien me robó (*robbed*) el coche anoche.

   ____

5. Anita sacó una mala nota en el último examen.

   ____

6. ¡Mi tía favorita ganó la lotería anoche!

   ____

7. Mi esposo tiene un nuevo empleo muy interesante y que paga bien.

   ____

Copyright © 1989 by Holt, Rinehart & Winston, Inc. All rights reserved.

B. **Crucigrama.**

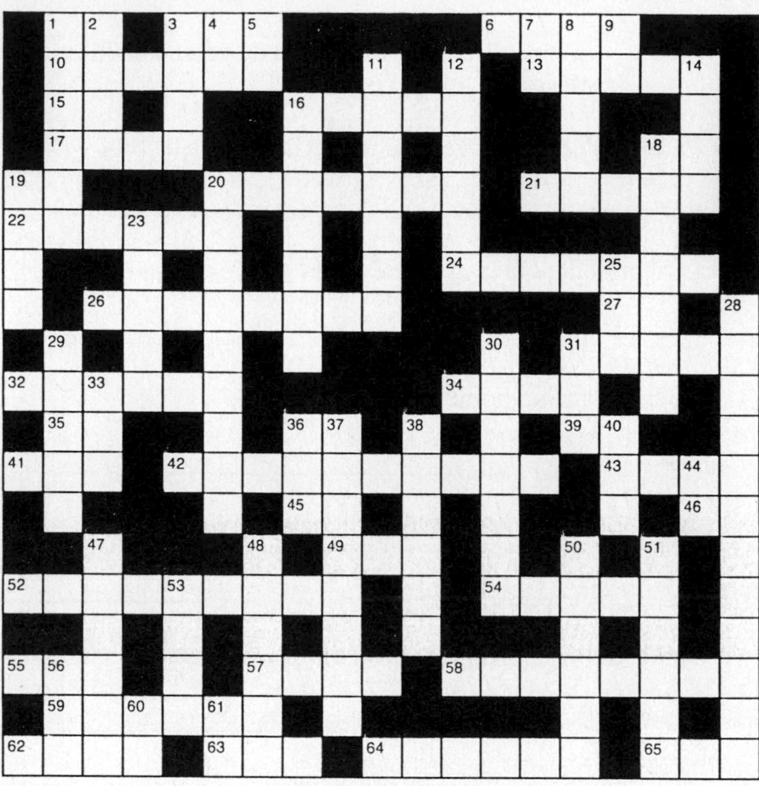

NOMBRE ______________________ FECHA __________ CLASE __________

Horizontales

1. interj., cognado de *ah!*
3. adjetivo posesivo (pl.)
6. femenino de **hijo**
10. grupo de doce elementos
13. en inglés se dice *shower*
15. artículo definido
16. imperfecto de **temer**
17. forma de llamar a la **madre**
18. terminación de infinitivo
19. mandato de **dar** (**tú** *form*)
20. en inglés se dice *lamp*
21. en inglés se dice *meat*
22. en inglés se dice *stove*
24. lugar por donde se entra a una casa
26. oficio del que hace pan
27. artículo neutro
31. en inglés se dice *oven*
32. sinónimo de **refrigerador**
34. mueble que se usa para dormir
35. preposición
36. presente de **ser**
39. en inglés se dice *already*
41. pronombre posesivo
42. sinónimo de **alcoba**
43. mandato de **comer** (**tú** *form*)
45. contracción
46. pronombre sujeto
49. presente de **leer**
52. **A** _, equivalente de *By the way*
54. está en la cabeza y sirve para oír
55. sinónimo de **escuchar**
57. presente de **reír** (pl.)
58. verbo relacionado con el adjetivo **grande**
59. cognado de *devout*
62. subjuntivo presente de **pasar**
63. adjetivo demostrativo (fem.)
64. parte de la casa donde se cocina
65. pronombre reflexivo y recíproco

Verticales

1. en inglés se dice *besides*
2. en inglés se dice *hello*
3. sinónimo de **tópico**
4. artículo indefinido
5. abreviación de **Sociedad Anónima**
7. mandato de **ir** (**vosotros** *form*)
8. femenino de **judío**
9. abreviación de **antes de Cristo**
11. **Sin** ___, equivalente de *However*
12. lugar donde se pone el auto
14. presente de **abrir**
16. forma afirmativa de **tampoco**
18. elemento indispensable del **baño**
19. parte de la mano
20. en el baño, lugar donde uno se lava la cara y las manos
23. futuro de **usar**
25. variación de **hola**, cuando se contesta el teléfono
28. plural de **congelador**
29. en inglés se dice *half*
30. sinónimo de **corredor**
31. en inglés se dice *there is (are)*
33. presente de **ver**
36. el nombre *Emma*, en español
37. plural de **sillón**
38. lugar donde se pone la ropa
40. variante de **aquí**
44. pronombre reflexivo
47. plural de **pobre**
48. plural de **libro**
50. presente de **reparar**
51. lugar donde se cultivan flores y plantas de adorno
53. en inglés se dice *other* o *another*
56. pasaje de ___ y vuelta
60. mandato de **ir** (**tú** *form*)
61. pronombre reflexivo

Copyright © 1989 by Holt, Rinehart & Winston, Inc. All rights reserved.

C. ¡Qué aburrimiento! *Your cousin Enrique wants to move to another city. He keeps boring you with what he doesn't like about the place you both live. You keep trying to change the subject. Complete the dialogue below and try to use in it expressions for adding information (***Además, También***) as well as expressions for changing the subject (* **A propósito, En cambio, Por el contrario, Por otra parte***).*

ENRIQUE Lo que no me gusta de esta ciudad es ______________________________

____

____________, no me gustan ____

____

USTED ____________, lo bueno de esta ciudad ____________________________

____

____

ENRIQUE __________________, lo malo de esta ciudad ____________________

____

USTED ______________________,... ¿sabes que se da una película nueva en el Cine Rex? ____

____

____

____

NOMBRE ________________________ FECHA __________ CLASE __________

CAPÍTULO 20

COMUNICACIÓN Y RELACIONES HUMANAS

VOCABULARIO

Respuestas apropiadas. *Respond to each of the following statements by choosing an appropriate reply.*

MODELO ¡Ya sirven la comida!
(a.) ¡Buen provecho!
b. Buenos días.
c. Saludos a tus padres.

1. Se me murió el perro.

   a. Salud!

   b. Lo siento.

   c. Con permiso.

2. Ayer te mandé de regalo cuatro libras de piñas frescas.

   a. Igualmente.

   b. Buenas tardes.

   c. Te agradezco mucho.

3. A Pedro le robaron doscientos dólares ayer.

   a. Buen provecho!

   b. ¡Caramba!

   c. Perdón.

4. Aquí tenemos una botella de champán francés.

   a. Salud!

   b. Lo siento.

   c. Igualmente.

Copyright © 1989 by Holt, Rinehart & Winston, Inc. All rights reserved.

5. Hoy es mi cumpleaños.

   a. Con permiso.

   b. ¡Dios mío!

   c. ¡Felicitaciones!

6. Te traigo estos recuerdos de mi viaje a Santo Domingo.

   a. Perdón.

   b. Gracias.

   c. Hasta la próxima.

7. Tengo un nuevo empleo que me gusta mucho.

   a. Mucho gusto.

   b. ¡Felicitaciones!

   c. Saludos a tus padres.

8. Se me rompieron cuatro copas de cristal.

   a. Encantado(-a).

   b. ¡Salud!

   c. ¡Caramba!

NOMBRE ________________________ FECHA __________ CLASE __________

I. EL PRESENTE PERFECTO Y EL PLUSCUAMPERFECTO DEL SUBJUNTIVO

A. Conversación entre empleado y jefe. *It's not easy being in charge of workers who can't read your mind! Circle the letter of the appropriate verb form to complete Señor García's response to each of his employee's comments.*

MODELO EMPLEADO Mañana escribo la carta a Chicago.
JEFE Es una lástima que no la ______________ ayer.
(a.) hayas escrito
b. escribiste
c. has escrito

1. EMPLEADO Mañana le hablo al comerciante sobre la cuenta.

   JEFE Es una lástima que no le ______________ sobre eso ayer.

   a. hablaste

   b. hables

   c. hayas hablado

2. EMPLEADO Mañana pongo el dinero en el banco.

   JEFE Es una lástima que no lo ______________ allí el lunes pasado.

   a. has puesto

   b. hayas puesto

   c. pusiste

3. EMPLEADO Mañana voy a ver al abogado.

   JEFE Es una lástima que no lo ______________ la semana pasada.

   a. hayas visto

   b. veas

   c. habías visto

4. EMPLEADO Mañana compro el boleto para ir a San Juan.

   JEFE Es una lástima que no lo ______________ antes.

   a. compraste

   b. hayas comprado

   c. compres

Copyright © 1989 by Holt, Rinehart & Winston, Inc. All rights reserved.

5. EMPLEADO Mañana le mando el regalo al presidente de la otra compañía.

JEFE Es una lástima que no se lo ________________ antes.

a. hayas mandado

c. habías mandado

c. mandaste

6. EMPLEADO Mañana contesto el telegrama que llegó anoche.

JEFE Es una lástima que no lo ________________ anoche.

a. contestes

b. has contestado

c. hayas contestado

7. EMPLEADO Mañana asisto a una conferencia sobre relaciones de trabajo entre empleados y jefes.

JEFE ¡Es una lástima que no ______________________________ a una conferencia similar el año pasado!

a. hayas asistido

b. ha asistido

c. habías asistido

B. Ahora no; antes. *Circle the letter of the appropriate verb form to change each sentence from the present to the past.*

MODELO Buscan a alguien que haya conocido al profesor Leal.
Buscaban a alguien que ________ al profesor Leal.
(a.) hubiera conocido
b. había conocido
c. conoció

1. Buscan personas que hayan trabajado allí antes.

Buscaban personas que ________ allí antes.

a. habían trabajado

b. hubieran trabajado

c. trabajaron

2. Tememos que se hayan perdido.

   Temíamos que ________.

   a. se hubieran perdido

   b. se habían perdido

   c. se han perdido

3. ¿No conoces a nadie que haya hablado con él?

   ¿No conocías a nadie que ________ con él?

   a. habló

   b. había hablado

   c. hubiera hablado

4. Dudo que ese auto haya funcionado.

   Dudaba que ese auto ________.

   a. hubiera funcionado

   b. ha funcionado

   c. había funcionado

5. Es posible que ellos hayan estado en la reunión el año pasado.

   Era posible que ellos ________ en la reunión el año pasado.

   a. estuvieron

   b. habían estado

   c. hubieran estado

6. No puedo darte ese dinero a menos que hayas terminado el proyecto.

   No podía darte ese dinero a menos que ________ el proyecto.

   a. habías terminado

   b. ha terminado

   c. hubieras terminado

Copyright © 1989 by Holt, Rinehart & Winston, Inc. All rights reserved.

C. Más selecciones lógicas. *The following sentences refer to contrary-to-fact situations in the past and present. Circle the letter of the clause that best completes the sentence.*

MODELO ________________, la llevaría al baile el sábado.
(a.) Si ella fuera mi novia
b. Si ella hubiera sido mi novia

1. ________________, compraría el poncho.

   a. Si ella tuviera el dinero

   b. Si ella hubiera tenido

2. ________________, habría cenado con nosotros.

   a. Si Pedro estuviera aquí

   b. Si Pedro hubiera estado aquí

3. ________________, me habría puesto otro suéter.

   a. Si hiciera mucho frío

   b. Si hubiera hecho mucho frío

4. ________________, podrían arreglar el auto.

   a. Si ellos tuvieran más tiempo

   b. Si ellos hubieran tenido mas tiempo

5. ________________, le habría comprado un anillo a mi novia.

   a. Si yo no pagara el alquiler

   b. Si yo no hubiera pagado el alquiler

NOMBRE ______________________________ FECHA __________ CLASE __________

D. Confusión de identidad. *Review the use of* **como si** *in Chapter 17. For these pairs of sentences, match the English translation with the corresponding Spanish sentence.*

MODELO __b__ 1. Le habla como si fuera su profesora.
__a__ 2. Le hablaba como si hubiera sido su profesora.
a. She spoke to him as if she had been his professor.
b. She spoke to him as if she were his professor.

1. ________ Canta como si fuera profesional.

2. ________ Cantaba como si hubiera sido profesional.

a. He sings as if he were a professional.

b. He sang as if he had been a professional.

3. ________ Ese agente de viajes nos habla como si conociera República Dominicana.

4. ________ Ese agente de viajes nos habló como si hubiera conocido República Dominicana.

a. That travel agent spoke to us as if he had been acquainted with the Dominican Republic.

b. That travel agent spoke to us as if he were acquainted with the Dominican Republic.

5. ________ El bombero entra a la casa como si no hubiera peligro (*danger*).

6. ________ El bombero entró a la casa como si no hubiera habido peligro.

a. The fire fighter enters the house as if there were no danger.

b. The fire fighter entered the house as if there had been no danger.

7. ________ Esa estudiante comprende estos cuentos como si fuera cuentista.

8. ________ Esa estudiante comprendió estos cuentos como si hubiera sido cuentista.

a. That student understood these stories as if she had been a story writer.

b. That student understands these stories as if she were a story writer.

Copyright © 1989 by Holt, Rinehart & Winston, Inc. All rights reserved.

II. LA SUCESIÓN DE TIEMPOS CON EL SUBJUNTIVO

A. Viaje a Santo Domingo. *To complete the sentences, write the letter of the appropriate form of the verb in the blank provided. Pay careful attention to the tense of the main verb.*

MODELO Ellos quieren que yo los __a__ a Santo Domingo.
a. acompañe b. acompañara c. acompañé

1. Pablo le ha pedido a Mario que ________________ allí juntos.

   a. fueron b. han ido c. vayan

2. El profesor querrá que ________________ mucho español antes de hacer el viaje.

   a. estudiáramos b. estudiemos c. estudiamos

3. Llame a la agencia en cuanto usted ________________ la documentación.

   a. reciba b. recibiera c. ha recibido

4. Págueme lo que me debe tan pronto como lo ________________.

   a. consiguiera b. consiguió c. consiga

5. En Santo Domingo, llegaron temprano al restaurante para que les ________________ pronto.

   a. sirven b. sirvan c. sirvieran

6. Era importante que cada viajero ________________ el dinero necesario para las comidas.

   a. tuviera b. tenga c. tiene

7. Me sorprendió que Julia no nos ________________.

   a. acompañó b. acompañara c. acompañe

8. ¿Te gustaría que te ________________ ese favor?

   a. hiciera b. haga c. hice

9. Nos han pedido que les ________________ muchas cartas de Puerto Plata.

   a. escribamos b. hayamos escrito c. escribimos

10. ¿No encontraste a nadie que ________________ cómo ir a Puerto Plata...?

   a. sepa b. supo c. supiera

B. Más selecciones lógicas. *For each pair of sentences, choose and write (in the blank provided) the letter of an appropriate clause to end the sentence. Pay careful attention to the tense of the verbs.*

1. No me gusta que ________________________________.
2. No me gustaba ________________________________.

   a. no sabes nada de la cultura del Caribe

   b. no supieras nada de la cultura del Caribe

   c. no sepas nada de la cultura del Caribe

3. Juan quiere que ________________________________.
4. Juan habría querido que ________________________________.

   a. le describan los problemas económicos de la región

   b. le describieran los problemas económicos de la región

   c. le describen los problemas económicos de la región

5. ________________________________, lo habrían hecho.
6. ________________________________, lo harían.

   a. Si te pudieran ayudar

   b. Si te hubieran podido ayudar

   c. Si te pueden ayudar

7. Ella me va a pedir que ________________________________.
8. Ella me pidió que ________________________________.

   a. le envié un recuerdo de San Cristóbal

   b. le enviara un recuerdo de San Cristóbal

   c. le envie un recuerdo de San Cristóbal

Copyright © 1989 by Holt, Rinehart & Winston, Inc. All rights reserved.

9. Llama a mi prima tan pronto como ______________________________.

10. ¿Llamaste a mi prima tan pronto como ______________________________?

   a. llegaste a Santo Domingo

   b. llegaras a Santo Domingo

   c. llegues a Santo Domingo

C. Mamá, ¡por favor! *Rosita was having trouble communicating with her mother who wouldn't let her go with her friends on a trip to the Dominican Republic for spring vacation. Complete her story by choosing the appropriate verbs from the list below. Write the letters of the appropriate verbs in the blanks provided.*

Mamá temía que ______________ todos los días y dudaba que yo ______________. También quería que mi hermanito ______________ conmigo y tenía miedo de que ______________ más muchachos que muchachas en el grupo. Además dijo que si mi padre ______________ conmigo todo el tiempo, ella me permitiría ir.

Ahora ella ha cambiado de opinión y dice que sí, que puedo ir con tal de que la ______________ y le ______________ cartas todos los días, que no ______________ sola a ningún bar, que no ______________ demasiado sol y, finalmente, ¡que mi primito Pedro me ______________!

a. llame
b. lloviera
c. fuera
d. acompañe
e. escriba
f. vaya
g. estuviera
h tome
i. me divirtiera
j. hubiera

NOMBRE ________________________________ FECHA __________ CLASE __________

III. MODOS DE DECIR *TO GET, TO BECOME*

A. El futuro de Maricarmen y Manuel. *Choose the Spanish infinitive or expression that you would use to translate the italicized English expressions with* **to get** *and* **to become**. *Write the letter of the infinitive or expression in the space provided.*

a. llegar a ser	b. cansarse	c. hacerse
d. ponerse feliz	e. casarse	f. volverse loco

1. ______________ Maricarmen and Manuel want *to get married* next year.

2. ______________ They never *get tired* of each other.

3-4. ______________ ______________ In fact, Manuel *became crazy* with love the first time he saw Maricarmen and he still *gets* very *happy* whenever he sees her.

5. ______________ Maricarmen wants *to become* a lawyer and so does Manuel.

6-7. ______________ ______________ But Manuel also wants *to become* a politician and with some luck and the influence of certain friends, perhaps *he'll become* a representative someday.

B. Cambios emocionales. *How would your feelings change in the following situations? From the list below, choose an appropriate reaction for each drawing on page 332. Some of the reactions can be used more than once.*

a. Me habría puesto extremadamente nervioso (-a).

b. Me habría puesto orgulloso (-a).

c. Me habría puesto alegre.

d. Me habría puesto avergonzado (-a).

e. No me habría enojado.

f. Me habría entristecido.

MODELO __b.__ Me habría puesto orgulloso.

Copyright © 1989 by Holt, Rinehart & Winston, Inc. All rights reserved.

1. ______________________________

____

2. ______________________________

____

3. ______________________________

____

4. ______________________________

____

5. ______________________________

____

6. ______________________________

____

7. ______________________________

____

8. ______________________________

____

REPASO IV

VERBOS

Subjunctive

More on Uses of the Subjunctive

Remember that most subjunctives occur in dependent clauses functioning as nouns, adjectives, or adverbs, and usually having a different subject from the main clause.

Adjective clauses: The verb in an adjective clause may be indicative or subjunctive, depending on whether the antecedent (the noun or pronoun being described) is definitely known to exist.

> Antecedent unknown, indefinite, uncertain, or nonexistent: subjunctive.
> Antecedent definitely known and existent: indicative.

- In the Spanish version of *I am looking for someone who speaks Italian,* would the verb in the dependent clause be subjunctive or indicative? Why?

Subjunctive; the "someone" is unknown, indefinite.

Adverbial clauses: The verb in an adverbial clause may be indicative or subjunctive, depending on whether the circumstances in the adverbial clause are a verified reality from the point of view of the main clause. If the situation in the dependent clause is future to the main clause, hypothetical, or dependent on a condition that does not yet exist, the verb must be expressed in the subjunctive.

Some conjunctions used to introduce an adverbial clause must always be followed by a subjunctive because of their meaning:

a menos que	**con tal que**	**para que**
antes (de) que	**en caso (de) que**	**sin que**

A preposition + infinitive is used instead of an adverbial clause if there is no change of subject between the two clauses.

- Is the indicative or subjunctive used in the adverbial clause to express *I told him when he returned* in Spanish? Why?

Indicative; his return is a verifiable fact.

Copyright © 1989 by Holt, Rinehart & Winston, Inc. All rights reserved.

Imperfect Subjunctive

Formation: Drop the **-ron** ending of the **ustedes** form of the preterit and add the endings **-ra, -ras, -ra, -ramos, -rais, -ran.**

Any irregularities in the stem of the **ustedes** form of the preterit are maintained in all forms of the imperfect subjunctive.

• Give the indicated imperfect subjunctive form:

tener, yo	**tuviera**
decir, él	**dijera**
estar, tú	**estuvieras**
ser / ir, nosotros	**fuéramos**

IF Clauses

When an *if* clause expresses something hypothetical or contrary to fact, a subjunctive form is used: the imperfect subjunctive to refer to the present (or the past perfect subjunctive to refer to the past). The verb in the main clause is in the conditional (or the conditional perfect).

• Express *If he were here, he would see you* in Spanish. — **Si estuviera aquí, te vería.**

When an *if* clause expresses a definite situation, the indicative is often used.

• Express *If it rains, we won't go* in Spanish. — **Si llueve, no iremos.**

OTHER VERB FORMS

Progressive Tenses

Remember that the progressive tenses, which visualize the action as being in progress, are usually made up of a conjugated form of **estar** plus the present participle of the main verb.

The two progressive tenses most commonly used are the present and the past progressive tenses.

Summary:

a. Present progressive = present of **estar** + present participle form of verb.
b. Past progressive = imperfect (or preterit) of **estar** + present participle of verb.

Future Perfect (Indicative)

Formation: Future of **haber** + past participle.

habré
habrás
habrá
habremos
habréis
habrán
} + past participle

The future perfect tense refers to something that will have taken place by some future time.

(For example, *They will have finished by three.* = **Habrán terminado para las tres.**)

Conditional Perfect (Indicative)

Formation: Conditional of **haber** + past participle.

habría
habrías
habría
habríamos
habríais
habrían
} + past participle

The conditional perfect corresponds to English *would have* + past participle.

(For example, *We would have gone with her.* = **Habríamos ido con ella.**)

Passive Voice

Formation: A form of **ser** + past participle. If the agent is mentioned, it is introduced by **por.**

- Does the past participle vary its ending to agree with the subject? (For example, *The house was built by Felipe.* = **La casa fue construida por Felipe.**) Yes.

Copyright © 1989 by Holt, Rinehart & Winston, Inc. All rights reserved.

When no agent is expressed or implied, **se** + a third-person form of the verb (agreeing in number with the grammatical subject) is often used to substitute for the true passive construction.

(For example, *More Spanish teachers are needed.* = **Se necesitan más profesores de español.**)

Present Perfect Subjunctive

Formation: Present subjunctive of **haber** + past participle.

haya **hayas** **haya** **hayamos** **hayáis** **hayan**	+ past participle

• Does the ending of the past participle used this way ever vary? No.

The present perfect subjunctive expresses an action or situation occurring prior to the time of the main verb when the main verb is in the present, future, or command form.

(For example, *I hope they have eaten.* = **Espero (Ojalá) que hayan comido.**)

Past Perfect Subjunctive

Formation: Imperfect subjunctive of **haber** + past participle.

hubiera **hubieras** **hubiera** **hubiéramos** **hubierais** **hubieran**	+ past participle

The past perfect subjunctive expresses an action or situation occurring prior to the time of the main verb when the main verb is in a past or conditional tense.

(For example, *It was a shame they had already done it.* = **Era una lástima que ya lo hubieran hecho.**)

SEQUENCE OF TENSES

Sequence of tenses refers to the usual combination of tenses in sentences where the subjunctive is required.

main clause	**subordinate clause**
Present Present perfect Future Command	Present subjunctive Present perfect subjunctive
Imperfect Preterit Past Perfect Conditional	Imperfect subjunctive Past perfect subjunctive

(For example, *I'm sorry they didn't come.* = **Siento que no hayan venido.**)

OTRAS ESTRUCTURAS

— Some important uses of infinitives in Spanish:
1. As a noun
2. As a verb complement
3. As the object of a preposition
4. With **al** to express the idea of *on* or *upon* plus the *-ing* form of the verb.

— The imperfect subjunctive is used after **ojalá** to express a wish that is hypothetical or unlikely to be fulfilled.

— **Como si** always takes a verb in the imperfect or past perfect subjunctive.

— Object pronouns used with progressive forms of tenses may either precede the conjugated form of **estar** or be attached to the present participle.

— Adjectives may be used as nouns in Spanish by simply deleting the noun they modify, as long as the meaning is clear: **¿Ves aquellos autos? El rojo es mío.**

Copyright © 1989 by Holt, Rinehart & Winston, Inc. All rights reserved.

— Synopsis of uses of the definite article that vary from English usage.

The definite article is used in Spanish:
With titles of address, except in direct address
With dates and days of the week
Instead of possessive adjectives with parts of the body and articles of clothing when it is clear who the possessor is
Before a noun used in a general sense
With names of languages and fields of study except after **de, en, hablar, escribir, enseñar, estudiar, aprender,** and **leer**
Before each noun in a series.

— The neuter article **lo** can be used with the masculine singular form of an adjective to express an abstract quality or idea.

— The indefinite article is omitted in Spanish before an unmodified noun of nationality, profession, religion, or political affiliation when it follows the verb **ser.** The indefinite article is not used with **medio, otro, cierto,** or in exclamations using **qué** + noun.

— When the conjunction y is followed by **i** or **hi,** it becomes **e**; when the conjunction **o** is followed by **o** or **ho,** it becomes **u.**

SUMMARY OF VERB COMBINATIONS

Haber + past participle (invariable) → compound (perfect) tenses

Ser + past participle (variable) → passive voice

Estar + past participle (variable) → to indicate result of action

Estar + present participle (invariable) → progressive form of tenses

NOMBRE ______________________ FECHA __________ CLASE __________

EJERCICIOS

A. El subjuntivo. *Complete the sentences with the correct present subjunctive forms of the verbs in parentheses.*

1. (poder) Quiero comprarte libros que tú ______________________ leer. puedas
2. (volver) ¿Nos esperarán hasta que (nosotros) ______________________? volvamos
3. (llegar) Se los diré en cuanto (ellos) ______________________? lleguen
4. (ser) Lo siento, señor, pero no tenemos nada que ______________________ tan barato. sea
5. (saber) No conozco a nadie que ______________________ tanto como ella. sepa
6. (llover) Iremos al picnic a menos que ______________________ llueva
7. (dar) Te llamo para que me ______________________ tu dirección. des
8. (venir) ¿Me llamarás tan pronto como ______________________ los Díaz? vengan

Copyright © 1989 by Holt, Rinehart & Winston, Inc. All rights reserved.

9. (querer) Necesitamos a alguien que

_______________ quiera

trabajar los fines de semana.

10. (tener) ¿Buscan una casa que

_______________ tenga

cuatro baños?

B. ¿Indicativo o subjuntivo? *Complete the sentences with the correct indicative or subjunctive forms of the verbs in parentheses.*

1. (hablar) Tengo que verte antes de que (tú)

_______________ hables

con el abogado.

2. (vivir) ¿Conoce usted al señor que

_______________ vive

en el tercer piso?

3. (saber) La compañía tiene cuatro ingenieros que

_______________ saben

hablar portugués y quechua.

4. (estar) No vamos a empezar hasta que

_______________ estén

todos aquí.

5. (encontrar) A menos que (tú)

_______________ encuentres

trabajo, el banco no te va a prestar dinero.

6. (mostrar) Buscan un libro que

______________________________ muestre

fotos de Oaxaca.

7. (llegar) Carlos siempre prende el televisor tan

pronto como

______________________________ llega

a casa.

8. (ser) Queremos un apartamento que

______________________________ sea

cómodo.

9. (llover) ¿Por qué se deprime José cuando

______________________________? llueve

10. (poder) ¿No hay nadie aquí que

______________________________ pueda

ayudarnos?

C. Todo es imperfecto.... *Complete the sentences with the imperfect subjunctive of the verb in parentheses.*

1. (llegar) Sería difícil que ellos

______________________________ llegaran

antes de las ocho.

2. (tener) Buscaban una mujer que

______________________________ tuviera

experiencia.

3. (saber) Paco habla como si lo

______________________________ supiera

todo.

Copyright © 1989 by Holt, Rinehart & Winston, Inc. All rights reserved.

4. (salir) Llegaríamos tarde si ______________ después de las seis. — saliéramos

5. (poder) Me pidieron el examen antes de que yo ______________ terminarlo. — pudiera

6. (terminar) Era imposible que nosotros ______________ de leerlo para la reunión. — termináramos

7. (pedir) No querían que tú ______________ otro postre. — pidieras

8. (ser) Hablabas como si ______________ el jefe. — fueras

9. (querer) Podría hacerlo si ustedes lo ______________ — quisieran

10. (decir) Si yo te lo ______________, ¿me creerías? — dijera

D. ¿Qué estaba pasando...? *Change the italicized verbs to their progressive forms, as appropriate.*

1. ¿Cuánto tiempo *vivieron* allí? — estuvieron viviendo
2. Anoche *hablé* con Paco. — estuve hablando
3. *Llovía* cuando llegaste, ¿no? — Estaba lloviendo
4. ¿Qué *hacían* a esa hora? — estaban haciendo
5. *Dormíamos* cuando usted llamó. — Estábamos durmiendo

E. Demasiado tarde. *Indicate your feelings about something that has already happened, choosing the correct tense.*

1. Siento que (hayas estado / estés) enfermo. — hayas estado
2. Es probable que (fueron / hayan ido) al cine. — hayan ido
3. No creo que usted (pueda / haya podido) verlo. — haya podido
4. No es verdad que (hayamos dicho / dijimos) eso. — hayamos dicho
5. ¿Dudas que ya (llegaron / hayan llegado)? — hayan llegado

F. Todo tiene su secuencia. *Apply the correct sequence of tenses and choose the most appropriate answers for the sentences below.*

1. Ojalá que (estés / hayas estado) aquí mañana. — estés
2. Es probable que Carmen ya (termine / haya terminado) el examen. — haya terminado
3. No había nadie que (conociera / conozca) a Luis. — conociera
4. Habrían ido si (habían podido / hubieran podido). — hubieran podido
5. Espero que usted (duerma / haya dormido) bien anoche. — haya dormido
6. Dile a Marta que (venga / viniera) a visitarnos pronto. — venga

Copyright © 1989 by Holt, Rinehart & Winston, Inc. All rights reserved.

EJERCICIOS DE LABORATORIO

CAPÍTULO 1

LA FAMILIA

VOCABULARIO

La familia de Juan

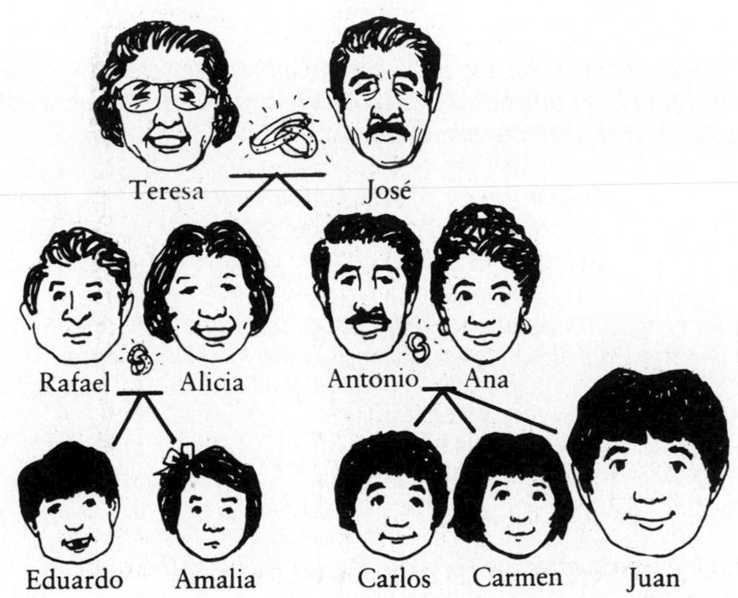

Study the drawing of Juan's family tree. Listen to the speaker and for each statement you hear mark **V (*verdadero*)** *for true or* **F (*falso*)** *for false according to what you see in the drawing. You will hear each statement twice. First listen to the model.*

MODELO You see: __________ Ana . . .
You hear: Ana es la esposa de Antonio.
You write: ____*V*____ Ana . . .

1. __________ Juan . . .
2. __________ Carmen . . .
3. __________ Carlos y Amalia . . .
4. __________ Rafael y Alicia . . .
5. __________ Eduardo . . .
6. __________ José . . .
7. __________ Alicia y Antonio . . .
8. __________ Teresa . . .

Copyright © 1989 by Holt, Rinehart & Winston, Inc. All rights reserved.

PRONUNCIACIÓN

Listen to the names of the people in Juan's family and repeat each one after the speaker, concentrating on the vowel sounds.

Teresa	Antonio	Carlos	Amalia
José	Rafael	Carmen	Juan
Ana	Alicia	Eduardo	

In Spanish, the soft **b** *sound is pronounced without closing the lips completely. The written letters* **b** *and* **v** *both represent this sound, except after a pause or after the letters* **l, m,** *or* **n.** *Listen and repeat the following words.*

abuelo	avión	Habana	Cuba	llevar
favor	hablar	Roberto	Eva	autobús

When the **b** *or* **v** *is at the beginning of a word or after the letters* **l, m,** *or* **n,** *the sound is pronounced with the lips completely closed. However, the sound is still softer than the English* **b**. *Listen and repeat the following words.*

Víctor	buscar	viajar	buenos días
Bogotá	Alberto	hombre	Valencia
vacaciones	buenas noches		

When the letter **c** *appears before the letters* **a, o, u,** *or any consonant other than* **h,** *it is pronounced like the English* **k**. *Listen and repeat the following words.*

Catalina	capital	con
Carlos	Colombia	cuál
clase	costa	cómo
Cuzco		

Now repeat these words after the speaker. Pay attention to the pronunciation of vowels as well as consonants.

Acapulco	estoy bien
Venezuela	cámara
Víctor y Tomás	abuela
Tomás y Víctor	cuaderno
estamos aquí	Bolivia

NOMBRE ______________________ FECHA __________ CLASE __________

I. PRESENTE DE INDICATIVO DEL VERBO *SER*

A. *Listen to the following dialogue as you read along. Be prepared to do comprehension exercise* **B** *based on it.*

En un café, en Madrid

PEDRITO	Ustedes no son de aquí..., ¿verdad?
SR. LARKIN	No, la doctora Silva y yo somos de los Estados Unidos. Yo soy de Tejas.
PEDRITO	Usted habla muy bien el español.
SR. LARKIN	Gracias, eres muy amable.
PEDRITO	Y usted, doctora Silva, ¿es también de Tejas?
DRA. SILVA	No, soy de California, Pedrito...

B. *Now you will hear five statements based on the dialogue. Mark* **V (verdadero)** *if the statement is true, and* **F (falso)** *if it is false. Each statement will be repeated.*

1. __________
2. __________
3. __________
4. __________
5. __________

C. *Change the following sentences to the singular. Then repeat the correct answer after the speaker. Each sentence will be repeated. First listen to the model.*

MODELO	You hear:	Somos de los Estados Unidos.
	You say:	**Soy de los Estados Unidos.**
	You hear and repeat:	**Soy de los Estados Unidos.**

II. EL ORDEN DE LAS PALABRAS Y LA ENTONACIÓN

A. *Listen to the following conversations. During the pause provided after each line, write the missing words in the blanks.*

a.

JAIME ¿Cómo está usted, ______________________?

SRA. MENA Estoy ______________________, gracias.

¿______________________ están Rodrigo y Ana? Y ______________________, ¿cómo estás?

JAIME ______________________ estamos bien. Muchas gracias.

Copyright © 1989 by Holt, Rinehart & Winston, Inc. All rights reserved.

b. ELENA Pedro ______________________________ en España, ¿verdad?

MARGARITA Sí, está ______________________________ los primos, en Barcelona.

ELENA ¿Barcelona? Está ______________________________ Castilla, ¿no?

MARGARITA No, Barcelona ______________________________ en Cataluña.

B. *Now answer the following questions about the conversations you have just heard. Try not to look at the dialogues you have filled in. Repeat the correct answer after the speaker. First listen to the model.*

MODELO	You hear:	¿Cómo está Jaime?
	You say:	**Está bien.**
	You hear and repeat:	**Está bien.**

NOMBRE ______________________ FECHA __________ CLASE __________

III. PRESENTE DE INDICATIVO DE LOS VERBOS TERMINADOS EN *-AR*

A. *Listen to the sentences and mark the subject of the verb you hear with an* X. *Each sentence will be repeated. First listen to the model.*

MODELO You hear: Deseamos estudiar.
You mark an *X* under **Carmen y yo** since the subject is **nosotros**.

	yo	**tú**	**Juan**	**Carmen y yo**	**ellos**
Modelo				**X**	
1.					
2.					
3.					
4.					
5.					

Copyright © 1989 by Holt, Rinehart & Winston, Inc. All rights reserved.

B. *Change the verbs in each of the following sentences to the* **yo** *form. Then repeat the correct answer after the speaker. First listen to the model.*

MODELO	You hear:	Viajamos mañana.
	You say:	**Viajo mañana.**
	You hear and repeat:	**Viajo mañana.**

C. *You will hear six false statements about the drawing in your lab manual. Each statement will be repeated. Disagree and give the correct information. Then repeat the answer after the speaker. First listen to the model.*

MODELO	You hear:	Rafael habla con Amalia, ¿verdad?
	You say:	**No, habla con Alicia.**
	You hear and repeat:	**No, habla con Alicia.**

IV. GÉNERO Y NÚMERO DE SUSTANTIVOS Y ARTÍCULOS

A. *Change the following sentences according to the cue you hear. Then repeat the correct answer after the speaker. First listen to the model.*

MODELO	You hear:	Busco el pasaporte. (pasaportes)
	You say:	**Busco los pasaportes.**
	You hear and repeat:	**Busco los pasaportes.**

B. *Write the singular form of each word you hear in the space provided. Include the definite article. You will hear each word twice.*

1. ____________________
2. ____________________
3. ____________________
4. ____________________
5. ____________________
6. ____________________

V. LAS CONSTRUCCIONES *AL* Y *DEL*

You will be asked a question that contains a location. Answer with a negative phrase, adding the location suggested by the printed cue. Then repeat the correct answer after the speaker. First listen to the model.

MODELO	You hear:	¿Regresamos al museo?
	You see:	la universidad
	You say:	**Al museo, no. A la universidad.**
	You hear and repeat:	**Al museo, no. A la universidad.**

1. la clase
2. la plaza
3. el hotel
4. el aeropuerto
5. la farmacia
6. el restaurante

DIÁLOGO

A. *Listen to the following dialogue while you read along. Be prepared to answer questions about it.*

Janet and her cousin Susan have just arrived in Madrid from the United States. They are in ***La Puerta del Sol,*** *an important square in the heart of the old part of the city.*

JANET Perdón, señor, deseamos visitar el Museo del Prado. ¿Qué autobús tomamos?
SEÑOR RUIZ ¡Qué lástima! Hoy los museos están cerrados.
SUSAN Pues, entonces mañana. ¿Visitamos la casa del presidente de España hoy, Janet?
SEÑOR RUIZ Perdón. En España el jefe de estado es el rey.
SUSAN Entonces, ¿qué tipo de gobierno hay en España?
SEÑOR RUIZ Hay una monarquía.
JANET Ah, sí, y el rey se llama Juan Carlos, ¿verdad?
SEÑOR RUIZ Exactamente, y la esposa del rey se llama Sofía. Hoy están en Toledo porque hay una celebración importante.
JANET En la monarquía aquí en España, ¿hay también un parlamento?
SEÑOR RUIZ Sí, hay un parlamento y también hay un presidente del gobierno.
SUSAN ¿Usted trabaja en Madrid, señor?

Copyright © 1989 by Holt, Rinehart & Winston, Inc. All rights reserved.

SEÑOR RUIZ	No, yo no trabajo en Madrid, señorita. Trabajo en la Universidad de Salamanca. Soy profesor. Enseño filosofía.
JANET	¡Qué interesante! A propósito, nosotras deseamos visitar la ciudad de Salamanca.
SUSAN	Yo necesito comprar un mapa de España. También deseo comprar libros en español... ¿Hay una librería cerca?
SEÑOR RUIZ	Sí, aquí muy cerca hay una librería importante. Yo también deseo comprar un texto. ¿Caminamos a la librería ahora?
SUSAN	Pues..., ¿caminamos, Janet?
JANET	Bueno, de acuerdo.

B. *You will hear a series of statements. If the statement is possible or probable based on the information offered in the dialogue, check* **P** *for* **probable**. *If the statement is impossible or improbable, check* **I** *for* **improbable**. *Each statement will be repeated. First listen to the model.*

MODELO You hear: Janet: Trabajo con la esposa del rey.
You check: ___√___ **I** for **improbable**.

1. __________P __________I
2. __________P __________I
3. __________P __________I
4. __________P __________I
5. __________P __________I
6. __________P __________I

DICTADO

You will hear some information about the Rivera family. Each sentence or phrase will be read twice. Write down what you hear after each pause. The entire passage will then be repeated so that you can check what you have written.

____

____

____

____

____

____

____

____

____

____

NOMBRE ______________________ FECHA __________ CLASE __________

CAPÍTULO 2

DESCRIPCIONES

VOCABULARIO

Listen to the following phrases and circle the letter of the word or words that best complete each one. You will hear each phrase twice.

1. a. inteligente
   b. realista
   c. elegante
2. a. difícil
   b. deliciosa
   c. optimista
3. a. el museo
   b. la carta
   c. el autobús
4. a. contaminado
   b. delicioso
   c. cortés
5. a. grande
   b. sensible
   c. perdida
6. a. viejos
   b. bonitos
   c. contentos

PRONUNCIACIÓN

Listen to the following words and repeat each one after the speaker, concentrating on the vowel and diphthong sounds.

sociable	colonial	idealista	viejo
bueno	realista	delicioso	cafetería

In Spanish, the **t** *and* **p** *sounds are pronounced like the English letters in* **tease** *and* **postman.** *As with the* **k** *sound, there is no puff of air as you make the sound. As you say each word, hold the palm of your hand in front of your mouth. If you are making the sound correctly, you should not feel a puff of air. Listen and repeat these words.*

típico	pesimista	Tomás	interesante
inteligente	padre	papel	persona
pequeño	capital	tres	apartamento

The letter **g** *when followed by the letters* **e** *or* **i** *is pronounced like a strong* **h** *in English. Listen and repeat these words.*

argentino	agencia	inteligente	página

Copyright © 1989 by Holt, Rinehart & Winston, Inc. All rights reserved.

When the **g** *is followed by the letters* **a, o, u, r,** *or* **l,** *it is pronounced like the* **g** *in* **go.** *Listen and repeat these words.*

grande	elegante	amigo	preguntar
inglés	gusto	llegar	

I. EL PRESENTE DE INDICATIVO DE LOS VERBOS TERMINADOS EN *-ER* Y EN *-IR*

A. *Eduardo is talking about his courses and other activities. His statements will be repeated. Listen to what he says. Then create a new sentence by changing his statement to say that the subjects given in your lab manual are also involved in those activities. Repeat the correct answer after the speaker. First listen to the model.*

MODELO	You hear:	Mario y yo leemos el Capítulo 2.
	You see:	Yo . . .
	You say:	**Yo también leo el Capítulo 2.**
	You hear and repeat:	**Yo también leo el Capítulo 2**

1. Cristina...
2. Walter y yo...
3. Tú...
4. Ana y Luisa...
5. Yo...
6. Carlos y yo...

B. *You will hear a statement or a question. Choose the most likely response from the choices given in your lab manual, and read it aloud. The correct answer will then be given. Do not repeat it. Listen to the model.*

MODELO	You hear:	Recibes muchas cartas.
	You see:	(a) Sí. Mis hermanos escriben mucho.
		(b) Debes recibir vinos argentinos.
	You say:	**Sí. Mis hermanos escriben mucho.**
	You hear (but do not repeat):	Sí. Mis hermanos escriben mucho.

1. (a) Creo que comes mucho. (b) Comprendo. La situación es muy difícil.
2. (a) La profesora vive en el centro. (b) Sí, muy buena. Aprendo mucho allí.
3. (a) Sí, porque los padres también viven bien. (b) Sí, porque es mexicano.
4. (a) No, porque no estudio mucho. (b) Sí, porque debo estudiar más.
5. (a) Sí, porque es buena y vivimos muy cerca. (b) Sí, debemos vivir en un apartamento.
6. (a) Sí, Julio y yo vivimos aquí. (b) ¿Qué? ¿No vives con Gabriel y Alejandro?
7. (a) Creo que lee en la biblioteca. (b) Sí, pero debe pasar las vacaciones aquí en casa, ¿verdad?
8. (a) ¿Comer en la cafetería? Sí, hoy nosotros comemos allí. (b) ¿Comer? ¡Yo no como! Leo, corro y tomo café, pero ¡no como!

II. LAS PALABRAS INTERROGATIVAS

A. *Refer to the drawings in your lab manual to answer the questions you hear. Your answers may omit subject nouns and pronouns, but should include verbs and other information. Repeat the correct answer after the speaker. First listen to the model.*

MODELO	You hear:	En el número 2, ¿cómo está la señora Ramos?
	You say:	**Está enferma.**
	You hear and repeat:	**Está enferma.**

B. *You will hear the response to a question, but not the question itself. Decide what the more likely question would have been, based on the choices given in your lab manual. Then read the question aloud. You will then hear the original question and the response again; do not repeat them. First listen to the model.*

MODELO	You hear:	Muy bien.
	You see:	(¿Por qué / Cómo) estás hoy?
	You say:	**¿Cómo estás hoy?**
	You hear (but do not repeat):	**–¿Cómo estás hoy?** **–Muy bien.**

1. (¿Cómo / Dónde) estás?
2. (¿Cuál / A quién) necesitas?
3. (¿Cuáles / Cuántos) estudiantes hay?
4. (¿Con qué / Con quién) hablo, por favor?
5. (¿A quién / Cuándo) llamamos?
6. (¿Qué / Por qué) no estudias?

Copyright © 1989 by Holt, Rinehart & Winston, Inc. All rights reserved.

III. LAS PREPOSICIONES *A* Y *DE*; *A* PERSONAL

A. *Listen to the dialogue as you read along. Be prepared to answer questions about it.*

En un restaurante de Buenos Aires

JULIA Buenos días, Oscar.
OSCAR Buenos días, Julia. ¿A quién buscas hoy? ¿Necesitas a Roberto...?
JULIA No, busco a Elena, la hermana de Ramón.
OSCAR ¡Ah! Elena, la estudiante de Uruguay. Ella está con una prima y visitan el norte argentino.
JULIA ¿Y regresan pronto?
OSCAR Creo que sí. Elena debe regresar porque trabaja aquí mañana.

B. *Now you will hear some questions about the dialogue. Answer them according to the information given in the dialogue. Then repeat the correct answer after the speaker. The questions will be repeated. First listen to the model.*

MODELO	You hear:	¿Busca un restaurante Julia?
	You say:	**No, busca a Elena.**
	You hear and repeat:	**No, busca a Elena.**

IV. LOS ADJETIVOS Y LOS NUMEROS ORDINALES

A. *Give a response to each of the following questions or statements, denying what is said. Choose the adjective from the list in your lab manual that is opposite in meaning to the one you hear. Maintain the same gender and number ending. Then listen to the correct answer, but do not repeat it. First listen to the model.*

MODELO	You hear:	Arturo es pesimista, ¿no?
	You see:	optimista / práctico / alto
	You say:	**No, es optimista.**
	You hear (but do not repeat):	**No, es optimista.**

1. pequeña / mala / agradable
2. descortés / feliz / simpático
3. elegante / difícil / realista
4. idealista / cómodo / pequeño
5. vieja / interesante / grande
6. felices / aburridos / descontentos
7. coloniales / jóvenes / lindos
8. bueno / importante / difícil

B. *You will hear a sentence containing an ordinal number. Disagree, using an ordinal number one greater than the one you hear. Then repeat the correct answer after the speaker. First listen to the model.*

MODELO	You hear:	Carlos debe leer el segundo capítulo.
	You say:	**No, debe leer el tercer capítulo.**
	You hear and repeat:	**No, debe leer el tercer capítulo.**

NOMBRE ________________________________ FECHA __________ CLASE __________

V. *SER* VS. *ESTAR*

A. *Listen to the following words or phrases and decide whether you would use* **ser** *or* **estar** *with each. Then mark an X under the appropriate column in the chart.*

	ser	estar
1.		
2.		
3.		
4.		

	ser	estar
5.		
6.		
7.		
8.		

B. *You will hear several sentences with the verb omitted. Mark with an X the appropriate verb for each item in your lab manual. Then repeat the complete sentence after the speaker. First listen to the model.*

MODELO
You hear: Él y yo ... estudiantes.
You mark: ______ estamos __X__ somos.
You hear and repeat: **Él y yo somos estudiantes.**

1. __________ es __________ está
2. __________ son __________ están
3. __________ soy __________ estoy
4. __________ eres __________ estás
5. __________ son __________ están
6. __________ es __________ está
7. __________ somos __________ estamos
8. __________ es __________ está

Copyright © 1989 by Holt, Rinehart & Winston, Inc. All rights reserved.

DIÁLOGO

A. *Listen to the following dialogue while you read along. Be prepared to do comprehension exercise* **B** *based on it.*

En un autobús. Los señores Brinsdon son turistas ingleses y están de vacaciones en Buenos Aires. Buscan el Museo de Historia Natural.

SEÑOR BRINSDON ¡Dios mío! El tráfico está horrible y el aire está contaminado.

SEÑORA BRINSDON Es el precio del progreso. Pero los porteños son amables y la ciudad es bonita, ¿no?

SEÑOR BRINSDON Sí, pero es muy grande. Estamos perdidos... ¿Cómo llegamos al museo?

SEÑORA BRINSDON ¿Por qué no preguntamos?

SEÑOR BRINSDON Buena idea. Por favor,... señorita, ¿dónde está el Museo de Historia Natural?

LA PASAJERA Está lejos. Ustedes no son de aquí, ¿verdad?

SEÑORA BRINSDON No, somos ingleses.

LA PASAJERA ¡Ah!, son de Inglaterra. Pues... bienvenidos al París de Sudamérica. ¿Por qué desean visitar el museo?

SEÑORA BRINSDON Para ver las exposiciones sobre los animales típicos del país, sobre la cultura de los indios y sobre...

LA PASAJERA Un momento, por favor. Me llamo Alicia Discotto y soy agente de viajes. Por casualidad estamos enfrente de la Agencia de Viajes Discotto. ¿Por qué no bajamos?

SEÑOR BRINSDON ¿Para visitar el museo?

LA PASAJERA No. Pero es posible visitar una estancia moderna, ver a los gauchos y...

SEÑORA BRINSDON Gracias, señora. Otro día, quizás. Hoy deseamos visitar el famoso Museo de Historia Natural.

LA PASAJERA Bueno, adiós...¡Y buena suerte!

La señora Discotto baja del autobús. Los señores Brinsdon no bajan.

SEÑORA BRINSDON Todavía estamos perdidos. ¿Por qué no preguntas?

SEÑOR BRINSDON Buena idea. Por favor,... señor, ¿dónde está el Museo de Historia Natural?

EL PASAJERO Está lejos. Ustedes no son de aquí, ¿verdad?...

B. *Now try to do this exercise without looking at the printed dialogue. You will hear a phrase taken directly from the dialogue, or one with an approximately equivalent meaning. Mark with an X the choice that is most directly related to that phrase.*

MODELO You hear: el Paris de Sudamérica
You mark: _____ Córdoba X_____ Buenos Aires

1. __________ los porteños __________ los ingleses
2. __________ Buenos Aires __________ la agencia de viajes
3. __________ Alicia Discotto __________ el señor Brinsdon
4. __________ el Museo de Historia Natural __________ la agencia de viajes

5. __________ el Hotel Plaza __________ una ciudad grande

6. __________ el aire contaminado __________ los gauchos

7. __________ está lejos __________ está enfrente

8. __________ la señora Brinsdon __________ la señora Discotto

PARA ESCUCHAR *(listen)* Y ESCRIBIR

As Isabel and Clara talk, listen carefully and fill in the missing words in your lab manual. Each segment will be read twice, and then the conversation will be repeated so you can check your work.

ISABEL ¡Hola, Clara! ¿______________ tal...? ¿______________ ______________________________ en el hotel...?

CLARA Sí, y también estoy ______________ ______________________________.
Mi habitación está ______________ ______________
______________________________ piso... y ¡hay una vista ______________________________ ______________ ______________ ciudad!

ISABEL ¡Qué ______________________________! ______________
______________________________ impresiones son muy importantes. Creo que es ______________ ______________________________
______________________________ a Buenos Aires, ¿no?

CLARA Sí... pero es ______________ ______________________________ visita de Robert.

ISABEL ¿Robert? ¿Tu ______________________________ norteamericano?

CLARA Sí... Él y yo buscamos ______________ ______________
______________________________ argentino.

Copyright © 1989 by Holt, Rinehart & Winston, Inc. All rights reserved.

ISABEL Pues, ______________________________ _______________ Congreso está «La casa argentina». Es un restaurante ______________________________ y los precios no son altos.

CLARA ¿Preparan ______________________________ ______________________________ allí?

ISABEL Sí, ______________________________ muchos platos ______________________________ y también hay allí ______________________________ ______________________________ que son deliciosos.

CLARA ¿_______________ ______________________________ el restaurante?

ISABEL No, es ______________________________ pero _______________ ______________________________ ... ¡y romántico!

CAPÍTULO 3

ESTUDIOS UNIVERSITARIOS

VOCABULARIO

Refer to the drawing in your lab manual to do the following exercise. Imagine that you are working in the university bookstore, helping to put textbooks on their proper shelves. A coworker will read you the title of a book. Determine what course it would be used for, and say the name of the subject. Then repeat the correct answer after the speaker. Each book title will be read twice. First listen to the model.

MODELO	You hear:	*Einstein y su teoría de la relatividad*
	You say:	**física**
	You hear and repeat:	**física**

LIBRERÍA UNIVERSITARIA
Antropología
Arquitectura
Biología
Ciencias de computación
Ciencias naturales
Ciencias políticas
Ciencias sociales
Filosofía
Física
Historia
Ingeniería
Literatura
Matemáticas
Medicina
Psicología
Química
Sociología

Copyright © 1989 by Holt, Rinehart & Winston, Inc. All rights reserved.

PRONUNCIACIÓN

Listen to the following words and repeat each one after the speaker.

antropología	historia
filosofía	medicina
ingeniería	ciencias sociales

Notice that all the vowels, even the unstressed ones, are clearly pronounced. In English, we tend to shorten unstressed vowels. For example, we say **American,** *not* **Ah-me-riy-cahn** *and* **history** *not* **hi-stow-riy.** *Repeat the following words, taking care to avoid shortening any of the vowels.*

física	literatura	matemáticas
ciencias políticas	librería	psicología
historia	universitaria	computación

In Spanish, when **d** *appears at the beginning of a word or after the letters* **l** *or* **n,** *it sounds much like the English* d *in the word* **dad.** *When the* **d** *is between two vowels, it is pronounced like the* **th** *in the English word* **although.** *Listen to the following words and repeat each one after the speaker.*

doctora	dólar	estadio	pasado	vida
adiós	doce	calendario	estupendo	comprender

When the letter **r** *appears in the middle of a word, it is pronounced like the double* t *in* **bitter** *or* **butter.** *Listen and repeat each word after the speaker.*

para	literatura	pero	historia	pared
mural	librería	eres	aspirina	pirámide

I. EL PRESENTE DE INDICATIVO DE *TENER*

A. *You will hear six sentences with the verb omitted. Each sentence will be read twice. Choose and say the appropriate form of* **tener** *in the list in your lab manual. Then repeat the completed sentence after the speaker. First listen to the model.*

MODELO		
	You hear:	Marta / una clase de francés ahora.
	You see:	a. tiene b. tienes
	You say:	**tiene**
	You hear and repeat:	**Marta tiene una clase de francés ahora.**

1. a. tiene
   b. tengo
2. a. tenemos
   b. tienen
3. a. tiene
   b. tienen
4. a. tiene
   b. tienen
5. a. tienes
   b. tiene
6. a. tengo
   b. tenemos

B. *Answer each of the questions you hear in the affirmative, using the word or phrase given below. Omit subject nouns and pronouns. Then repeat the correct answer after the speaker. Each question will be read twice. First listen to the model.*

MODELO	You hear:	¿Tiene usted tiempo de hablar con Luis?
	You see:	quince minutos
	You say:	**Sí, tengo quince minutos.**
	You hear and repeat:	**Sí, tengo quince minutos.**

1. muchas ideas buenas
2. todos los días
3. unos treinta o cuarenta
4. muchos
5. una casa pequeña pero muy agradable
6. ideas estupendas, pero ¡no tienes dólares!

II. EXPRESIONES IDIOMÁTICAS CON *TENER*

A. *You will hear a few incomplete sentences. Each will be read twice. Complete them logically, using the appropriate form of one of the idiomatic expressions in the following list. Then repeat the correct answer after the speaker. First listen to the model.*

MODELO	You hear:	Estoy en la biblioteca porque...
	You say:	**Porque tengo que estudiar.**
	You hear and repeat:	**Porque tengo que estudiar.**

tener dolor de cabeza
tener fiebre
tener hambre
tener que estudiar
tener calor
tener prisa
tener sed

B. *Give a response or comment for each statement or question you hear, using an appropriate form of* **tener** *with the word or phrase from the following choices that makes the most sense. Then repeat the correct answer after the speaker. Each statement will be read twice. First listen to the model.*

MODELO	You hear:	En general, tú y yo tenemos vacaciones estupendas.
	You see:	a. miedo b. razón
	You say:	**Tienes razón.**
	You hear and repeat:	**Tienes razón.**

1. a. ¿ganas de bailar? b. ¿dolor de cabeza?
2. a. mucho miedo b. que estudiar mucho
3. a. prisa b. cuidado
4. a. calor b. mucho trabajo hoy
5. a. mucho frío, ¿no? b. mucha fiebre, ¿no?
6. a. Buena idea... hambre b. Buena idea... mucha sed
7. a. mucha suerte b. mucho sueño
8. a. razón b. treinta años

Copyright © 1989 by Holt, Rinehart & Winston, Inc. All rights reserved.

III. LOS ADJETIVOS Y PRONOMBRES DEMOSTRATIVOS

In the following sentences you will hear one demonstrative adjective and one pronoun. Mark A in the appropriate space for the adjective and P for the pronoun. Each sentence will be read twice. First listen to the model.

MODELO You hear: Este libro es interesante y aquél es aburrido.
You mark: ________ aquel ___P___ aquél
___A___ este ________ éste

1. __________ ese __________ ése
   __________ aquel __________ aquél
2. __________ estos __________ éstos
   __________ esos __________ ésos
3. __________ aquella __________ aquélla
   __________ esta __________ ésta
4. __________ esas __________ ésas
   __________ aquellas __________ aquéllas
5. __________ este __________ éste
   __________ aquel __________ aquél
6. __________ esa __________ ésa
   __________ esta __________ ésta

IV. EL GERUNDIO Y EL PRESENTE PROGRESIVO

A. *Restate the following sentences, substituting the cues you hear to say that the new subject is also doing the same thing. Then repeat the correct answer after the speaker. First listen to the model.*

MODELO You hear: Roberto está trabajando. (yo)
You say: **Yo también estoy trabajando.**
You hear and repeat: **Yo también estoy trabajando.**

B. *Listen to the following statements and respond to each of them using the present progressive as in the model. Then repeat the correct answer after the speaker. Each statement will be read twice. First listen to the model.*

MODELO You hear: Tú no lees libros de historia.
You say: **Estoy leyendo un libro de historia ahora.**
You hear and repeat: **Estoy leyendo un libro de historia ahora.**

C. *Listen to the following comments and circle the response that best describes the action being performed. Then repeat the answer after the speaker. The comments will be repeated. First listen to the model.*

MODELO You hear: Hay mucho silencio. ¿Por qué?
You see: a. Los muchachos están bailando en la clase.
b. Los muchachos están escribiendo un examen.
You circle *b* because it is the most logical response.
You hear and repeat: **Los muchachos están escribiendo un examen.**

1. a. Está mirando televisión en la biblioteca.
   b. Está estudiando en la biblioteca.
2. a. Está tomando un café.
   b. Está viajando en avión.
3. a. Están viviendo en París, con unos amigos.
   b. Están hablando con unos amigos.
4. a. No, estoy llamando a Manuel.
   b. No, estoy corriendo.
5. a. Estamos estudiando literatura.
   b. Estamos llegando a Ciudad de México.

V. LOS NÚMEROS CARDINALES 100 A 1.000.000

A. *Say the following phrases in Spanish. Then repeat the correct answer after the speaker.*

1. 200 semanas
2. 420 páginas
3. 530 días
4. 1.000 secretarios
5. 1.000.000 turistas
6. 2.000 estudiantes
7. 700 mujeres
8. 900 hombres

B. *Listen to a description of university enrollments and jot down the appropriate figures next to the categories given in your lab manual. The entire description will be read twice to give you a chance to check your figures.*

total ____________________
mujeres ____________________
Medicina ____________________
Ingeniería ____________________
Sociología ____________________
Literatura ____________________
cursos ____________________
profesores ____________________

Copyright © 1989 by Holt, Rinehart & Winston, Inc. All rights reserved.

DIÁLOGO

A. *Listen to the following dialogue as you read along. Based on it, be prepared to do comprehension exercise* **B.**

Martha, una joven neoyorquina, estudiante de antropología, está en el Museo Nacional de Antropología de la Ciudad de México con Felipe, un amigo mexicano.

FELIPE ¿Todavía crees que los buenos museos están todos en Nueva York?

MARTHA Bueno... allá tenemos unos treinta y cinco o cuarenta. Pero éste... ¡Qué estupendo! Es una maravilla. Hay arquitectos que vienen a México sólo para visitar este museo.

FELIPE Sí, eso es verdad, y también vienen antropólogos o estudiantes de antropología como tú. Aquí es posible aprender mucho sobre las civilizaciones indígenas del pasado.

MARTHA ¿Estudian ustedes la historia de los aztecas y de los mayas en la universidad?

FELIPE ¡Claro! Mi hermana es profesora de historia y tiene muchos estudiantes en una clase de civilización azteca. Ellos van en excursiones regulares a lugares históricos. Por ejemplo, hoy visitan las pirámides de Teotihuacán.

MARTHA ¿Cómo? Más despacio, por favor. ¿Las pirámides de qué?

FELIPE De Teotihuacán, una antigua ciudad azteca que está cerca de aquí.

MARTHA ¡Ah, sí! Tengo fotografías de Teotihuacán en uno de mis libros, pero es difícil pronunciar el nombre de ese lugar. Yo deseo visitar esas pirámides, pero hoy debo explorar este museo...

B. *Each of the sentences that you will hear contains a vocabulary item that did not occur in the dialogue version. Without referring to the written dialogue, write the word that is out of place in the left column below, and the correct word in the right column below. Each sentence will be read twice. First listen to the model.*

MODELO You hear: ¿Estudian ustedes la filosofía de los aztecas?
You write **filosofía** in the left column and **historia** in the right.

	INCORRECT	CORRECT
1.	______________	______________
2.	______________	______________
3.	______________	______________
4.	______________	______________
5.	______________	______________
6.	______________	______________
7.	______________	______________
8.	______________	______________

DICTADO

Pablo Ruiz is talking about his experiences in a North American university. During each pause, write down what you have heard; some phrases are already written below. The entire passage will then be repeated so that you can check what you have written.

____

______________________________. ______________________________ un

pueblo (*village*) ______________________________ a unos

______________________________ kilómetros al sur

____.

Mi pueblo ____;

______________________________ unos ______________________________

mil habitantes. ______________________________

______________________________ los Estados Unidos,

____

que tiene ____.

Estoy ______________________________ de ingeniería. Los profesores

____, pero los

cursos ____

difíciles. Yo ____________________ constantemente porque ____________________

______________________________ buenas notas (*grades*) y ____________________

deseo ____ a mi país.

Copyright © 1989 by Holt, Rinehart & Winston, Inc. All rights reserved.

NOMBRE ______________________________ FECHA __________ CLASE __________

CAPÍTULO 4

LAS ESTACIONES Y EL TIEMPO

VOCABULARIO

A. *Study the following drawings as you listen to some statements about weather. Mark an X in the chart under the corresponding season or seasons, if appropriate. Each statement will be read twice.*

			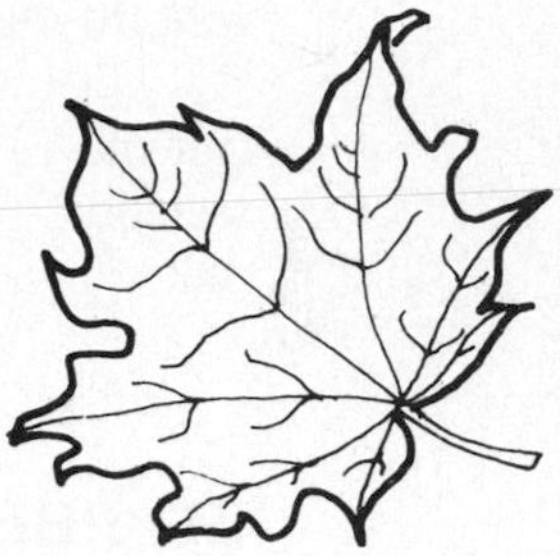
1.			
2.			
3.			
4.			
5.			
6.			
7.			
8.			

Copyright © 1989 by Holt, Rinehart & Winston, Inc. All rights reserved.

PRONUNCIACIÓN

Listen and repeat the following words, concentrating on the vowel sounds and diphthongs.

invierno	treinta	buen tiempo
noviembre	viento	diciembre
veinte	junio	julio
septiembre		

In Spanish, the letter **h** *is never pronounced. Listen and repeat these words.*

hace frío	hora	hijo
hay	hombre	hotel
hambre	ahora	¡Hola!

The letter **l** *is pronounced much like the* **l** *in the English word* **lemon.** *The tip of the tongue should touch the gum ridge behind the teeth. Listen and repeat these words.*

caliente	maleta	calor	escuela
lección	playa	sol	abril
mal	lunes	él	nublado

I. EL PRESENTE DE INDICATIVO DEL VERBO *HACER*; EXPRESIONES DE TIEMPO

A. *Repeat the following sentences, changing the verb according to the cue you hear at the end of each sentence. Then repeat the correct answer after the speaker. First listen to the model.*

MODELO	You hear:	Juan hace un viaje a Puerto Rico. (tú)
	You say:	**Tú haces un viaje a Puerto Rico.**
	You hear and repeat:	**Tú haces un viaje a Puerto Rico.**

B. *Listen to the statement. If what you hear is true, or at least possible, check* **P** *below, for* **posible.** *If it is false, or impossible, check* **I** *below, for* **imposible.** *Each statement will be read twice. First listen to the model.*

MODELO You hear: Nieva en Colorado en el invierno.
You check **P**.

1. ________ P ________ I
2. ________ P ________ I
3. ________ P ________ I
4. ________ P ________ I
5. ________ P ________ I
6. ________ P ________ I
7. ________ P ________ I
8. ________ P ________ I

NOMBRE ________________________ FECHA __________ CLASE __________

II. EL PRESENTE DEL VERBO *IR; IR A* + INFINITIVO

A. *Repeat the following sentences, changing the verb according to the cue you hear. Then repeat the correct answer after the speaker. First listen to the model*

MODELO	You hear:	Juan va a la biblioteca. (yo)
	You say:	**Voy a la biblioteca.**
	You hear and repeat:	**Voy a la biblioteca.**

B. *Respond to each question you hear using the information provided below and the appropriate form of* **ir** *or* **ir a** *+ infinitive. Then repeat the correct answer after the speaker. Each question will be repeated. First listen to the model.*

MODELO	You hear:	¿Ustedes van a Santiago este verano?
	You see:	Valparaíso
	You say:	**No, vamos a Valparaíso.**
	You hear and repeat:	**No, vamos a Valparaíso.**

1. biología
2. Pilar
3. mucho calor
4. Viña del Mar
5. los martes
6. en ocho días
7. cinco minutos más
8. muy pronto

C. *Give a comment on each statement you hear, changing the information to reflect a negative or pessimistic outlook. Use the appropriate form of* **ir a** *with the infinitive of the verb you hear and the information provided. Then repeat the correct answer after the speaker. The comments will be read twice. First listen to the model.*

MODELO	You hear:	¡Qué bueno! Hace sol.
	You see:	llover
	You say:	**Sí, pero va a llover.**
	You hear and repeat:	**Sí, pero va a llover.**

1. mal tiempo
2. mucho calor
3. malo
4. tristes
5. mal
6. horrible
7. muy difíciles
8. viento y mucho frío

Copyright © 1989 by Holt, Rinehart & Winston, Inc. All rights reserved.

III. PRONOMBRES DE COMPLEMENTO DIRECTO

A. *Listen to the following statements and mark an X under the object pronoun that corresponds to the direct object you hear. Then repeat the correct answer after the speaker. Each statement will be read twice. First listen to the model.*

MODELO You hear: Hacen esas cosas hoy, ¿no?
You mark an *X* under **las** because it is the object pronoun that would replace **esas cosas.**
You hear and repeat: **Las hacen hoy, ¿no?**

	lo	la	los	las
Modelo				X
1.				
2.				
3.				
4.				
5.				
6.				

B. *Restate the following sentences, replacing the direct object nouns with the corresponding pronouns. Then repeat the correct answer after the speaker. Each sentence will be read twice. First listen to the model.*

MODELO You hear: Visitan un museo interesante.
You say: **Lo visitan.**
You hear and repeat: **Lo visitan.**

C. *Answer the following questions in the affirmative. Then repeat the correct answer after the speaker. Each question will be read twice. First listen to the model.*

MODELO You hear: ¿Me miras?
You say: **Sí, te miro.**
You hear and repeat: **Sí, te miro.**

IV. LAS FECHAS

A. *Your friend Susana is telling you about the terrific travel opportunities she has as a flight attendant with an international airline. Listen to what she says. Then next to the city mentioned, write* in English *the date she will be there. Each sentence will be read twice.*

1. París ______________________________

2. San Juan ______________________________

3. Roma ______________________________

4. Acapulco ______________________________

5. Madrid ______________________________

6. Santiago ______________________________

7. Hong Kong ______________________________

8. Buenos Aires ______________________________

B. *Respond to each statement or question that you hear with a negative statement of your own, clarifying that the activity referred to is for one day or date later. Then repeat the correct answer after the speaker. First listen to the models.*

MODELOS			
	(a)	You hear:	Andrés llega el martes, ¿no?
		You say:	**No, llega el miércoles.**
		You hear and repeat:	**No, llega el miércoles.**
	(b)	You hear:	¿Usted va a Chile el 30 de septiembre?
		You say:	**No, voy el primero de octubre.**
		You hear and repeat:	**No, voy el primero de octubre.**

DIÁLOGO

A. *Listen to the following dialogue as you read along. Based on it, be prepared to do the comprehension exercise* **B.**

Jessica, una estudiante de Canadá, pasa las vacaciones de verano en Santiago. Visita a unos amigos chilenos. Van en auto.

JESSICA ¡Huy! Tengo mucho frío. ¿Siempre hace frío en Santiago?

GABRIELA No, no siempre. Pero hoy es el primero de julio. Estamos en invierno. ¿Qué tiempo hace ahora en Vancouver?

JESSICA En Vancouver hace calor. Los domingos todo el mundo va a la playa.

ANDRÉS ¡Qué gracioso! En Chile vamos a la playa en diciembre, enero y febrero.

JESSICA En esos meses tenemos mucha nieve en Canadá. ¿Y ahora esquían ustedes aquí?

GABRIELA Sí, porque es invierno, Jessica.

JESSICA ¡Dios mío! Aquí hacen todo al revés.

ANDRÉS Aquí somos normales; ustedes hacen todo al revés.

GABRIELA Creo que vamos a tener lluvia. ¿Por qué no vamos a tomar once?

JESSICA ¿Once qué?

GABRIELA Ah, no me comprendes... Es una expresión chilena, Jessica. Tomar té, pues. Vamos a la Alameda, una avenida que está en el centro.

Copyright © 1989 by Holt, Rinehart & Winston, Inc. All rights reserved.

B. *You will hear a few statements based on the dialogue. Each of them contains a vocabulary item that did not occur in the original version. Without referring to the written dialogue, write the word that is out of place in the left column below and the correct word in the right column. Each statement will be read twice. First listen to the model.*

MODELO You hear: ¿Siempre hace sol en Santiago?
You write **sol** in the left column and **frío** in the right.

	INCORRECT	CORRECT
1.	__________	__________
2.	__________	__________
3.	__________	__________
4.	__________	__________
5.	__________	__________
6.	__________	__________
7.	__________	__________
8.	__________	__________

COMPRENSIÓN AUDITIVA

First listen to the following radio announcement which will be read twice. You will then hear some questions based on it. For each question you'll see three possible answers in your manual. Circle the correct one. Each question will also be read twice. First listen to the model.

MODELO You hear: ¿Qué día es hoy?
You circle: viernes sábado (lunes)

1.	12 de febrero	2 de febrero	2 de enero
2.	hace sol y calor	hace fresco	hace frío y viento
3.	en Miami	en Nueva York	en Denver
4.	en Miami	en Nueva York	en Denver
5.	está nublado	hace frío	hay mucha nieve
6.	para trabajar	para esquiar	para mirar televisión
7.	en Los Ángeles	en Chicago	en Denver
8.	está nevando	hay niebla	está lloviendo

NOMBRE ______________________ FECHA __________ CLASE __________

CAPÍTULO 5

LA CIUDAD Y SUS PROBLEMAS

VOCABULARIO

Listen to the following descriptions. Then in the blanks below write the number of the statement that corresponds to the problem being discussed. Each sentence will be read twice.

__________ la basura

__________ el crimen

__________ el hambre

__________ el desempleo

__________ el tráfico

__________ la inflación

__________ la huelga

PRONUNCIACIÓN

Listen and repeat the following words, concentrating on the vowel sounds and diphthongs.

la contaminación del aire
la pobreza
el hambre
el trabajo
la basura
el crimen
la discriminación
el desempleo
la huelga

In Spanish, the letters **r** *(at the beginning of a word or after* **l** *or* **n***) and* **rr** *are "rolled." This sound is produced by "trilling" the tongue against the roof of your mouth. Listen and repeat these words.*

el barrio
el carro (*car*)
el puertorriqueño
horrible
terrible
¡Qué horror!
recomendar
cerrar
el perro (*dog*)
Rita
el reloj
el robo

Now listen to the following tongue twister in Spanish and repeat after the speaker. You should practice this exercise until you can produce the trilled **r** *sound correctly.*

Erre con erre, cigarro;
erre con erre, barril.
Rápido corren los carros
sobre los rieles del
ferrocarril.

R with r for cigar;
r with r for barrel.
Rapidly run the cars
upon the rails of the
railway.

Copyright © 1989 by Holt, Rinehart & Winston, Inc. All rights reserved.

I. EL PRESENTE DE INDICATIVO DE LOS VERBOS CON CAMBIO EN LA RAÍZ *E → IE*; EL VERBO *VENIR*

A. *Answer each of the following questions with the* **nosotros** *form of the verb you hear; incorporate the phrase written below. Then repeat the correct answer after the speaker. Each question will be read twice. First listen to the model.*

MODELO	You hear:	¿Ustedes cierran la tienda a las siete?
	You see:	a las ocho
	You say:	**No, cerramos a las ocho.**
	You hear and repeat:	**No, cerramos a las ocho.**

1. el martes
2. más tarde
3. un apartamento
4. café, gracias
5. mucho en ella
6. a las once

B. *Margarita is unhappy about living in New York. Ask her a question based on the words below; use the form that corresponds to the subject in parentheses. Margarita will respond by rephrasing your question and giving an answer. First listen to the model.*

MODELO	You see:	(usted) qué / pensar / de esta ciudad
	You say:	**¿Qué piensa de esta ciudad?**
	You hear (but do not repeat):	¿Qué pienso de esta ciudad? Es grande; hay mucho crimen; es imposible vivir aquí.

1. (usted) qué / pensar / de la gente de Nueva York
2. (usted) venir / mucho a este restaurante
3. nevar mucho / aquí en Nueva York
4. cuándo / empezar / a hacer frío aquí
5. (usted) pensar mucho / en Puerto Rico
6. (usted) qué / pensar / hacer aquí

C. *Complete each sentence you hear — which will be read twice — with an appropriate form of* **venir** *in the pause provided; say the complete sentence aloud. Then repeat the correct answer after the speaker. First listen to the model.*

MODELO	You hear:	¿De dónde ... usted?
	You say:	**¿De dónde viene usted?**
	You hear and repeat:	**¿De dónde viene usted?**

II. LOS ADJETIVOS POSESIVOS

A. *Repeat the following sentences, substituting the noun you hear at the end of each sentence. Be sure that the possessive adjective agrees with the noun it modifies. Then repeat the correct answer after the speaker. First listen to the model.*

MODELO	You hear:	Vendemos nuestros libros. (apartamento)
	You say:	**Vendemos nuestro apartamento.**
	You hear and repeat:	**Vendemos nuestro apartamento.**

B. *Translate the following expressions into Spanish. Then repeat the correct answer after the speaker.*

1. my money
2. our parents
3. your last name (*familiar*)
4. his problems
5. their son
6. our city
7. your friends (*familiar*)
8. their books
9. her brothers
10. my neighborhood

III. LOS PRONOMBRES DE COMPLEMENTO INDIRECTO

A. *Listen to the following prepositional phrases and mark an* **X** *under the corresponding indirect object pronouns. Each phrase will be read twice. First listen to the model.*

MODELO You hear: a ellos
You mark an *X* under **les** because **a ellos** would be used with this object pronoun.

	me	te	le	nos	les
Modelo					**X**
1.					
2.					
3.					
4.					
5.					
6.					
7.					

B. *Listen to the following sentences, adding the indirect object pronoun that corresponds to the cue you hear. Then repeat the correct answer after the speaker. First listen to the model.*

MODELO You hear: Hago la comida. (a los chicos)
You say: **Les hago la comida.**
You hear and repeat: **Les hago la comida.**

Copyright © 1989 by Holt, Rinehart & Winston, Inc. All rights reserved.

IV. LA HORA

A. *Carlitos has recently learned that while he's having breakfast some other children in other parts of the world might be having lunch, and some others might even be going to bed! For days now he's been asking his mother the same question: what time is it in different cities? Using the picture cues, answer Carlitos' questions as his mother would, and write down the name of the appropriate cities in the spaces provided. Then repeat the correct answer after the speaker. Each question will be read twice. First listen to the model.*

MODELO You hear: ¿Qué hora es ahora en Madrid?
You see:

P.M.

You write . . . Madrid . . . and say: **En Madrid ahora son las cuatro y diez de la tarde.**

You hear and repeat: **En Madrid ahora son las cuatro y diez de la tarde.**

1. ______________________ 2. ______________________

3. ______________________ 4. ______________________

NOMBRE ________________________ FECHA __________ CLASE __________

5. ____________________

B. La demora inevitable. *You are waiting for your friend to pick you up at the airport. You phone your friend's house and discover he has not left yet. He will ask you what time it is; respond with the time below. He will then give you a time he will be there; this part will be given twice. Listen carefully. If the time he gives is less than an hour off, thank him and say that you will wait for him. If the wait is an hour or more, thank him and say, it's ok, you are going to call a taxi. Repeat the correct answer after the speaker. First listen to the models.*

MODELOS

a. You hear: ¿Qué hora es?
You see: 3:30
You say: **Son las tres y media.**
You hear: Estoy allí a las cuatro.
You say: **Gracias. Te espero.**
You hear and repeat: **Gracias. Te espero.**

b. You hear: ¿Qué hora es?
You see: 8:40
You say: **Son las nueve menos veinte.**
You hear: ¡Caramba! Ahora hay mucho tráfico. Llego a las diez.
You say: **Gracias, está bien. Voy a llamar un taxi.**
You hear and repeat: **Gracias, está bien. Voy a llamar un taxi.**

1. 11:10
2. 5:00
3. 7:55
4. 4:25
5. 10:00

Copyright © 1989 by Holt, Rinehart & Winston, Inc. All rights reserved.

DIÁLOGO

A. *Listen to the following dialogue as you read along. Based on it, be prepared to do comprehension exercise B.*

La oficina de empleos del edificio municipal de la ciudad de Nueva York

RAFAEL ¡Carlos! ¿Qué haces aquí?
CARLOS Hola, Rafa. Yo trabajo en esta oficina. ¿Y tú?
RAFAEL Pues, vengo a buscar empleo. Pero este formulario...
CARLOS ¿No lo entiendes? Te ayudo. Empiezas con tu nombre y apellido, Ralph Álvarez. Después...
RAFAEL Pero ése no es mi nombre. Me llamo Rafael Álvarez Balboa.
CARLOS Aquí prefieren los nombres fáciles.
RAFAEL Está bien. Quizás si cambio de nombre, mi suerte también va a cambiar. Empiezo a pensar que en esta ciudad los americanos tienen todos los buenos empleos.
CARLOS Pero ¡nosotros también somos americanos! Ahora los boricuas no perdemos las oportunidades por problemas de nacionalidad.
RAFAEL Si no las perdemos, entonces ¿por qué no tengo trabajo?
CARLOS Es que hay muchos sin trabajo, Rafa. Pero, bueno, ¿qué tipo de trabajo quieres?
RAFAEL Pues, tengo diploma de guardia de seguridad.
CARLOS ¿Quieres esperar aquí un momento? Para ese tipo de trabajo, pienso que hay varios puestos vacantes. Le voy a hablar a la secretaria. (...)
CARLOS Tenemos un puesto en Brooklyn y otro en una tienda en Manhattan. ¿Cuál prefieres?
RAFAEL ¿Qué me recomiendas?
CARLOS ¿Por qué no llamas a los dos lugares?
RAFAEL Buena idea. Son las cuatro y cuarto. Debo llamar ahora. Gracias, Carlos.
CARLOS De nada. ¡Y buena suerte!

B. *You will now hear eight statements based on the preceding dialogue, some true and some false. Check* **V** *(for* **verdadero***) if what you hear is true, and* **F** *(for* **falso***) if it is false. Each statement will be read twice.*

1. __________ V __________ F
2. __________ V __________ F
3. __________ V __________ F
4. __________ V __________ F
5. __________ V __________ F
6. __________ V __________ F
7. __________ V __________ F
8. __________ V __________ F

NOMBRE ______________________ FECHA __________ CLASE __________

COMPRENSIÓN AUDITIVA

Listen to the following passage where Antonio, a Puerto Rican, is telling his friend Bob about the advantages and disadvantages of living in New York City. The passage will be read twice. You will then hear some questions based on it. For each question you will see three possible answers in your manual. Circle the correct one. Each question will be read twice.

1.	su familia	Carmen	sus amigos
2.	en Nueva York	en Puerto Rico	en San Francisco
3.	Rafael Álvarez	Ralph Balboa	Ralph Álvarez
4.	el lunes	el miércoles	el martes
5.	en Manhattan	en Boston	en Brooklyn
6.	allá hace mucho frío	allá no hay empleos	allá llueve mucho
7.	viento y nieve	crimen y basura	teatros y museos
8.	viento y nieve	crimen y basura	teatros y museos

Copyright © 1989 by Holt, Rinehart & Winston, Inc. All rights reserved.

NOMBRE ______________________ FECHA __________ CLASE __________

CAPÍTULO 6

COMIDAS Y BEBIDAS

VOCABULARIO

Study the drawings in your lab manual. Then listen to each of the following sentences and write the number of the sentence in the blank under the appropriate food or beverage. Each sentence will be read twice.

____

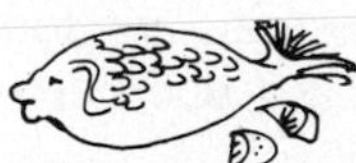

____

____

____

____

____

Copyright © 1989 by Holt, Rinehart & Winston, Inc. All rights reserved.

PRONUNCIACIÓN

Listen to the following words and repeat each one after the speaker, concentrating on the vowel and diphthong sounds.

jugar	el pollo	el pescado	el queso
la pimienta	la mantequilla	el almuerzo	las verduras

The letter **j** *in Spanish is pronounced much like the English* **h** *in* **history.** *However, it is more exaggerated. Listen and repeat these words.*

José	Juan	Jorge	hija	viaje
jamón	trabajar	junio	lejos	ejercicio
jugar	jueves	jugo	julio	joven

In Spanish, when the letter **g** *is before an* **e** *or an* **i,** *it is pronounced much like the Spanish letter* **j.** *Listen and repeat these sentences.*

El agente argentino habla con otro agente.
El libro tiene muchas páginas sobre antropología.
En general Josefina estudia con Jorge y Jacinta.
Hay mucha gente en la agencia de viajes.

I. EL PRESENTE DE INDICATIVO DE LOS VERBOS CON CAMBIO EN LA RAÍZ *O* → *UE*; EL VERBO *JUGAR*

A. *Repeat the following sentences, changing the verb according to the cue you hear at the end of each sentence. Then repeat the correct answer after the speaker. First listen to the model.*

MODELO	You hear:	Ella almuerza todos los días en casa. (tú)
	You say:	**Tú almuerzas todos los días en casa.**
	You hear and repeat:	**Tú almuerzas todos los días en casa.**

B. *You are at a cocktail party with your friend Rodolfo who has the bad habit of speaking for you. Each of his statements will be read twice. Correct what he says by repeating the* **nosotros** *form of the verb he uses and using the* **yo** *form to say that you do not perform the action mentioned. Then repeat the correct answer after the speaker. First listen to the model.*

MODELO	You hear:	Contamos muchas historias.
	You say:	**¿Contamos? Yo no cuento muchas historias.**
	You hear and repeat:	**¿Contamos? Yo no cuento muchas historias.**

NOMBRE ______________________ FECHA __________ CLASE __________

II. PRONOMBRES USADOS COMO COMPLEMENTO DE PREPOSICIÓN

A. *Listen to the following dialogue and be prepared to answer the comprehension questions in exercise* **B.**

En una tienda de San Antonio, Tejas

MARTÍN ¡Qué bien hacer las compras contigo!
CONSUELO Igualmente, Martín. Para mí también es un placer estar contigo.
MARTÍN ¿Qué llevamos? Tenemos chocolate y un pastel... ¿Este helado es para ti?
CONSUELO Sí, es para mí. ¿Dónde están las cervezas?
MARTÍN Detrás de ti. Ahora necesito comprar agua mineral.
CONSUELO ¿Agua mineral?
MARTÍN ¡Claro! Siempre la tengo en casa cuando estoy a dieta.

B. *Now you will hear five statements based on the dialogue. Mark* **V** *(***verdadero***) if the statement is true, and* **F** *(***falso***) if it is false. Each statement will be read twice.*

1. __________
2. __________
3. __________
4. __________
5. __________

C. *Enrique and Elena are picking on their little brother, Raúl. Speak for Raúl and contradict their statements, each of which will be read twice. Then listen and repeat as you hear the correct answer. First listen to the model.*

MODELO You hear: No necesitamos estar cerca de ti.
You say: **Sí, necesitan estar cerca de mí.**
You hear and repeat: **Sí, necesitan estar cerca de mí.**

III. EL PRESENTE DE INDICATIVO DE LOS VERBOS CON CAMBIOS DE RAÍZ *E → I*; *PEDIR* VS. *PREGUNTAR*

A. *Repeat the following sentences, changing the verb according to the cue you hear at the end of each sentence. Then repeat the correct answer after the speaker. First listen to the model.*

MODELO You hear: Los camareros sirven el almuerzo. (Marta)
You say: **Marta sirve el almuerzo.**
You hear and repeat: **Marta sirve el almuerzo.**

B. *Repeat the following sentences, changing the verbs from the plural* **nosotros** *form to the singular* **yo** *form. Then repeat the correct answer after the speaker. Each sentence will be read twice. First listen to the model.*

MODELO You hear: Siempre servimos postres deliciosos.
You say: **Siempre sirvo postres deliciosos.**
You hear and repeat: **Siempre sirvo postres deliciosos.**

Copyright © 1989 by Holt, Rinehart & Winston, Inc. All rights reserved.

C. *Listen to the following English sentences and for each one choose* **pedir** *or* **preguntar** *to translate the English verb* ***to ask (for).*** *Circle your choice in your lab manual. The sentences will be read only once.*

1. pedir preguntar
2. pedir preguntar
3. pedir preguntar
4. pedir preguntar
5. pedir preguntar
6. pedir preguntar

IV. *GUSTAR* Y VERBOS PARECIDOS

A. *Repeat the following sentences, substituting the cues you hear. Then repeat the correct answer after the speaker. First listen to the model.*

MODELO	You hear:	Me gustan las frutas. (piña)
	You say:	**Me gusta la piña.**
	You hear and repeat:	**Me gusta la piña.**

B. *Now answer the following questions according to the cue you hear. Then repeat the correct answer after the speaker. First listen to the model.*

MODELO	You hear:	¿A ti te gustan los frijoles? (No)
	You say:	**No, no me gustan los frijoles.**
	You hear and repeat:	**No, no me gustan los frijoles.**

DIÁLOGO

A. *Listen to the following dialogue as you read along. Be prepared to do comprehension exercise* **B** *which is based on the dialogue.*

Unos estudiantes méxico-americanos organizan una celebración para el cinco de mayo en San José, California.

ALICIA Bueno, ¿qué tenemos que hacer?
CRISTINA Tenemos que encontrar una banda mariachi y otra de salsa.
FELIPE Hay una buena banda mariachi en Berkeley.
CRISTINA Mi primo José está en una banda de salsa.
ALICIA Entonces, ¿por qué no invitamos a los dos grupos? ¿Y qué hacemos para comer?
MANUEL ¿Por qué no servimos tacos y enchiladas?
ALICIA ¡Estupenda idea! ¿Podemos contar contigo para hacer las compras? Necesitamos pollo, carne, lechuga, tomates...
MANUEL La verdad es que prefiero hacer la comida. No me gusta hacer las compras.
FELIPE Pues yo las hago. A mí realmente no me gusta cocinar.
ALICIA Bueno... ¿y qué más?
MANUEL ¿Por qué no invitamos al Teatro Campesino? ¿Qué piensas, Alicia?
ALICIA ¡Me encanta la idea! Si la gente del Teatro Campesino no puede venir, quizás el profesor Gonzáles puede leer poesía.
CRISTINA Si, quizás... pero, ¿quién va a hablar sobre el origen de la celebración?
MANUEL ¿Por qué no invitamos a César Chávez?
ALICIA De acuerdo, y si él no puede venir, ¿invitamos a un representante de MEChA?
FELIPE ¡Sí, claro! ¿Y qué más nos falta?
CRISTINA Nos falta reservar el parque. Yo puedo hacer eso.
ALICIA Bueno, creo que ya es bastante para empezar. ¡Manos a la obra!

B. *Some of the following sentences accurately reflect the plans the students are making for the* **cinco de mayo** *celebration, but a few do not. Listen to the sentences, then circle in your lab manual* **V (verdadero)** *for sentences that are true and* **F (falso)** *for sentences that are false. Each sentence will be repeated. Try to do the exercise without looking at the printed dialogue.*

1. V F
2. V F
3. V F
4. V F
5. V F
6. V F

Copyright © 1989 by Holt, Rinehart & Winston, Inc. All rights reserved.

COMPRENSIÓN AUDITIVA

Listen to the following passage in which Elena is speaking. You will then hear some questions based on the passage. For each question you will see three possible answers in your lab manual. Circle the letter of the answer that corresponds to the content of the dialogue. Each question will be repeated.

1. a. mañana
   b. esta noche
   c. el jueves
2. a. no tiene cereales
   b. está a dieta
   c. no puede decidir qué servirles a los padres de Rogelio
3. a. tortillas
   b. tomates
   c. queso
4. a. hamburguesas
   b. arroz con pollo
   c. chiles rellenos
5. a. un pastel
   b. un flan
   c. helado de chocolate
6. a. cerveza
   b. agua mineral y vino
   c. leche

NOMBRE_______________ FECHA __________ CLASE __________

CAPÍTULO 7

DIVERSIONES Y PASATIEMPOS

VOCABULARIO

Listen to the following statements describing the pictures below and match the statement with the picture it describes. Write the number of the statement in the blank under the picture in your lab manual. Each statement will be read twice.

a. __________ b. __________ c. __________

d. __________ e. __________ f. __________

Copyright © 1989 by Holt, Rinehart & Winston, Inc. All rights reserved.

PRONUNCIACIÓN

Listen to the following words and repeat each one after the speaker, concentrating on the vowel and diphthong sounds.

el paseo	el juego	la cumbia	los naipes	la obra
el conjunto	el baile	la fiesta	la bailarina	traer

The letter ñ *in Spanish is pronounced much like the* ny *in the English word* canyon. *Listen and repeat these words.*

señor	mañana	doña	pequeño
cumpleaños	español	otoño	niño
piña	soñar	año	enseñar

I. EL PRESENTE DE VERBOS CON FORMAS IRREGULARES EN LA PRIMERA PERSONA SINGULAR (*DAR, OFRECER, OÍR, PARECER, PONER, SALIR, TRADUCIR, TRAER* Y *VER*)

A. *Catalina wants to be sure that she is included. When she hears a statement made about someone else, she applies it to herself, too. Take her part by changing the following sentences according to the cue you hear. Repeat the correct answer after the speaker. First listen to the model.*

MODELO	You hear:	Elena parece muy independiente. (yo también)
	You say:	**Yo también parezco muy independiente.**
	You hear and repeat:	**Yo también parezco muy independiente.**

B. *Listen to the following questions and answer them according to the cue you hear. Then repeat the correct answer after the speaker. First listen to the model.*

MODELO	You hear:	¿Sale usted de vacaciones mañana? (No)
	You say:	**No, no salgo de vacaciones mañana.**
	You hear and repeat:	**No, no salgo de vacaciones mañana.**

II. *SABER* Y *CONOCER*

A. *Carmen is asking you about your friends. Answer her questions, which will be read twice, in the affirmative. Then repeat the correct answers after the speaker. First listen to the model.*

MODELO	You hear:	¿Conoces a Enrique?
	You answer:	**Sí, conozco a Enrique.**
	You hear and repeat:	**Sí, conozco a Enrique.**

B. *Listen to the following phrases and decide whether you would use* **sé** *or* **conozco** *in each one. Circle* **sé** *or* **conozco** *in your lab manual. Then repeat the answer you hear. Each phrase will be read twice. First listen to the model.*

MODELO You hear: a Manuel
You circle **conozco** because the correct sentence would be: **Conozco a Manuel.**

1. sé conozco
2. sé conozco
3. sé conozco
4. sé conozco
5. sé conozco
6. sé conozco
7. sé conozco

III. CONSTRUCCIONES CON DOS PRONOMBRES: DE COMPLEMENTO INDIRECTO Y DIRECTO

A. *Listen to the following sentences and replace the direct object nouns with the corresponding pronouns. Make any other necessary changes. Then repeat the correct answer after the speaker. Each sentence will be read twice. First listen to the model*

MODELO	You hear:	Le enseño el pastel.
	You say:	**Se lo enseño.**
	You hear and repeat:	**Se lo enseño.**

B. Answer the following questions in the negative, substituting the direct object pronoun for the direct object noun and making the appropriate changes. Then repeat the answer you hear. Each question will be read twice. First listen to the model.

MODELO	You hear:	¿Me vas a dar los discos?
	You say:	**No, no te los voy a dar.** *Or:* **No, no voy a dártelos.**
	You hear and repeat:	**No, no te los voy a dar.** *Or:* **No, no voy a dártelos.**

IV. LOS MANDATOS DE *USTED, USTEDES*

A. *Felipe is visiting Bogotá on a tour and asks the tour guide several questions. Answer his questions affirmatively using an* **usted** *command and then repeat the answers you hear. Each question will be read twice. First listen to the model.*

MODELO	You hear:	¿Debo escribir mi nombre aquí?
	You say:	**Sí, escriba su nombre aquí.**
	You hear and repeat:	**Sí, escriba su nombre aquí.**

Copyright © 1989 by Holt, Rinehart & Winston, Inc. All rights reserved.

B. *It's Friday night and Paco and Tito are trying to decide what to do. Respond to what they say with an* **ustedes** *command. Then repeat the correct answer after the speaker. Each of Paco and Tito's statements will be read twice. First listen to the model.*

MODELO	You hear:	Tenemos ganas de cenar en un restaurante italiano.
	You say:	**Pues..., cenen en un restaurante italiano.**
	You hear and repeat:	**Pues..., cenen en un restaurante italiano.**

C. *You are accompanying your Colombian friends, Señor y Señora Montero, to a travel agency in Boston. You serve as the interpreter between them and the travel agent. Listen to the agent's suggestions in English and then circle the appropriate Spanish command to translate the English verb in her statements. The agent's suggestions will be read only once.*

1. a. compra b. compre
2. a. saca b. saque
3. a. no olvide b. no olviden
4. a. va b. vaya
5. a. dan un paseo b. den un paseo
6. a. ven b. vean

DIÁLOGO

A. *Listen to the following dialogue as you read along. Be prepared to do comprehension exercise* **B** *that follows.*

John y Susan, turistas de California, visitan a unos amigos colombianos en Bogotá.

JULIANA ¿Qué te parece Bogotá, John?
JOHN Veo que es una ciudad muy moderna. Y la gente es muy amable. Me gusta mucho.
JAIME ¿Adónde quieren ir mañana?
SUSAN Pues no sé. Queremos conocer la ciudad. ¿Qué nos recomiendan ustedes?
JAIME Vayan a ver la ciudad desde Monserrate, y después den un paseo por el centro.
JULIANA Lleven suéter porque hace fresco por la altitud. Muchas veces llueve por la tarde.
SUSAN ¡Caramba! Olvidamos el mapa.
JAIME Nosotros tenemos uno muy bueno y se lo podemos dar.
JOHN Muchas gracias.
JULIANA No olviden visitar el Museo del Oro. Es una maravilla. Y si quieren comprar esmeraldas, las venden en una tienda cerca de allí.
JOHN ¿Compramos una esmeralda, Susan?
SUSAN Sí, ¿por qué no? ¿Me la das a mí o se la llevamos a tu madre...?
JAIME Bogotá es una ciudad maravillosa para los turistas. También está el Museo de Arte Moderno...
JOHN ¿Conocen ustedes todos esos lugares?
JULIANA Claro que no. Vivimos aquí.

B. *Complete the following statements based on the dialogue. Listen to the phrases, which will be read twice, and then circle in your lab manual the letter of the words that best complete the sentence.*

	a.	b.	c.
1.	a. muy pequeña.	b. muy moderna.	c. muy aburrida.
2.	a. muy alta.	b. muy baja.	c. muy amable.
3.	a. hace fresco allí.	b. nieva mucho allí.	c. hace mucho frío allí.
4.	a. naranjas.	b. suéter.	c. chocolate.
5.	a. la cámara.	b. las esmeraldas.	c. el mapa.
6.	a. por la tarde.	b. por la mañana.	c. por la noche.
7.	a. verduras.	b. piñas.	c. esmeraldas.
8.	a. aburrido.	b. una maravilla.	c. una tienda.

PARA ESCUCHAR Y ESCRIBIR

A. *Listen to the following dialogue between Fernando and Francisco and fill in the missing words in your lab manual. Listen carefully so that you will be able to do the comprehension exercise that follows. Each dialogue segment will be given twice and the entire dialogue will be repeated so that you can check your work.*

FERNANDO ¿____________________________

_______ de Sal, Francisco? ¿Está cerca de aquí?

FRANCISCO Si, la ____________________, y

____________________ quiero mostrar, pero no está muy

cerca. Creo que ____________________ que

va allí, pero no recuerdo el ____________________.

FERNANDO ____________________________

_______ a un policía. ¿Por qué no vamos allí esta tarde?

FRANCISCO ¿Tienes tu cámara?

FERNANDO ____________________,

____________________ tengo.

FRANCISCO ¿Me la puedes dar por un momento? Quiero ____________________

____________________ aquí enfrente de esta iglesia.

Copyright © 1989 by Holt, Rinehart & Winston, Inc. All rights reserved.

B. *Now listen to the following statements. If the statement is true, circle* **V (verdadero)** *in your lab manual; if it is false, circle* **F (falso).**

1. V F
2. V F
3. V F
4. V F
5. V F
6. V F

CAPÍTULO 8

LA ROPA, LOS COLORES Y LA RUTINA DIARIA

VOCABULARIO

Jorge is describing what he's wearing and why. Look at the pictures and then listen to the statements, which will be read twice. Circle in your lab manual the item that most logically completes the statement. First listen to the model.

MODELO You see:

You hear: Voy a vestirme ahora. Primero necesito:
You see: a. la camiseta y los calzoncillos b. el abrigo y el paraguas
You circle: (a.) la camiseta y los calzoncillos.

1. 

2. 

Copyright © 1989 by Holt, Rinehart & Winston, Inc. All rights reserved.

3.

4.

1. a. gafas de sol — b. traje y corbata
2. a. traje de baño — b. abrigo y mis guantes
3. a. guantes y un impermeable — b. jeans y un suéter
4. a. un impermeable y un paraguas — b. calcetines y una camiseta

PRONUNCIACIÓN

Listen to the following words and repeat each one after the speaker, concentrating on the vowel and diphthong sounds.

el impermeable	divertirse	amarillo	verde	ayer
los guantes	el paraguas	diario	el suéter	marrón

In Spanish, when the letter **g** *comes before* **a, o,** *or* **u,** *it is pronounced like the letter* **g** *in the English word* **gate.** *Listen and repeat these words.*

las gafas	preguntar	el abrigo
la lechuga	el gusto	agosto
pagar	gustar	el jugo

In the combinations **gue** *and* **gui,** *the* **u** *is not pronounced and the* **g** *has the same sound as the English* **g.** *In the combinations* **gua** *and* **guo,** *the* **u** *is pronounced like the* w *in English. Listen and repeat these words.*

la hamburguesa	Miguel	los guantes
la guitarra	el agua	el paraguas
la guía	Guatemala	

I. VERBOS REFLEXIVOS

A. *Listen to the following sentences. In each you will hear a beep to indicate that a reflexive pronoun is missing. Mark an X in the chart in your lab manual under the pronoun that corresponds to the verb you hear. Each sentence will be read twice. Then repeat the correct answer after the speaker. First listen to the model.*

MODELO — You hear: Mi esposo _______ despierta a las seis.
You mark an *X* under **se** because the correct verb is **se despierta**.
You hear and repeat: **Mi esposo se despierta a las seis.**

me	**te**	**se**	**nos**	**os**
		X		

1. ____
2. ____
3. ____
4. ____
5. ____
6. ____
7. ____
8. ____

B. *Complete each statement, which you will hear twice, by reading aloud the more appropriate reflexive verb from the choices given in your lab manual. Then repeat the entire sentence after the speaker. First listen to the model.*

MODELO — You hear: Cuando tengo sueño, ...
You see: a. me visto b. me acuesto
You say: **me acuesto**
You hear and repeat: **Cuando tengo sueño, me acuesto.**

1. a. mudarme b. bañarme
2. a. quedarse b. divertirse
3. a. se quejan b. se despiertan
4. a. casarse b. despertarse
5. a. enfadarme b. dormirme
6. a. ponértelo b. quitártelo

C. *Answer each of the following questions, according to the cue you hear. Then repeat the correct answer after the speaker. First listen to the model.*

MODELO — You hear: ¿Te levantas a las ocho? (Sí)
You say: **Sí, me levanto a las ocho.**
You hear and repeat: **Sí, me levanto a las ocho.**

Copyright © 1989 by Holt, Rinehart & Winston, Inc. All rights reserved.

II. LOS MANDATOS DE *TÚ*

A. *Elba's parents are going away for the weekend and leaving her at home alone. Before they depart, they remind her of the things she should or should not do while they are gone. From the phrases you will hear twice, form affirmative or negative* **tú** *commands as they would. Then repeat the correct answer after the speaker. First listen to the models.*

MODELOS			
	a.	You hear:	comer bien
		You say:	**Come bien.**
		You hear and repeat:	**Come bien.**
	b.	You hear:	no volver a casa tarde
		You say:	**No vuelvas a casa tarde.**
		You hear and repeat:	**No vuelvas a casa tarde.**

B. *Cecilia is taking a trip to Barcelona. Listen to the cues, and give her some advice, using affirmative or negative* **tú** *commands. Then repeat the correct answer after the speaker. Each cue will be read twice. First listen to the model.*

MODELO		
	You hear:	Visitar la catedral
	You say:	**Visita la catedral.**
	You hear and repeat:	**Visita la catedral.**

III. LOS MANDATOS CON PRONOMBRES COMPLEMENTOS

A. *Repeat the following affirmative commands, replacing the object nouns with object pronouns. Then repeat the correct answer after the speaker. Each command will be read twice. First listen to the model.*

MODELO		
	You hear:	Tráeme le mapa.
	You say:	**Tráemelo.**
	You hear and repeat:	**Tráemelo.**

B. *Change the affirmative commands you hear to negative commands, substituting object pronouns whenever possible. Repeat the correct answer after the speaker. Each affirmative command will be read twice. First listen to the models.*

MODELOS			
	a.	You hear:	Siéntate.
		You say:	**No te sientes.**
		You hear and repeat:	**No te sientes.**
	b.	You hear:	Cómprele el abrigo.
		You say:	**No se lo compre.**
		You hear and repeat:	**No se lo compre.**

IV. EL PRETÉRITO DE LOS VERBOS REGULARES

A. *Change the following sentences according to the cues you hear. Then repeat the correct answer after the speaker. First listen to the models.*

MODELOS	a.	You hear:	Sofía contestó todas las preguntas. (yo)
		You say:	**Contesté todas las preguntas.**
		You hear and repeat:	**Contesté todas las preguntas.**
	b.	You hear:	(nosotros)
		You say:	**Contestamos todas las preguntas.**
		You hear and repeat:	**Contestamos todas las preguntas.**

B. *Answer the following questions in the negative, indicating that you performed the action yesterday or last night. Use direct and indirect object pronouns when possible. Then repeat the correct answer after the speaker. Each question will be read twice. First listen to the models.*

MODELOS	a.	You hear:	¿Vas a leer ese libro ahora?
		You say:	**No, lo leí ayer.**
		You hear and repeat:	**No, lo leí ayer.**
		You hear:	¿Vas a llamar a Elena esta noche?
		You say:	**No, la llamé anoche.**
		You hear and repeat:	**No, la llamé anoche.**

DIÁLOGO

A. *Listen to the following dialogue while you read along. Be prepared to answer the comprehension questions about it in exercise* **B.**

Un hombre español y dos mujeres norteamericanas dan un paseo por las Ramblas de Barcelona.

HUGO ¿Nos sentamos aquí?

SHARON Buena idea. Creo que pronto llega la tuna.

PATTY ¿La tuna? ¿Y qué es eso?

SHARON Pues..., las tunas son estudiantes que salen en grupos para cantar y tocar la guitarra. Casi siempre se visten de negro. Llevan unas capas o túnicas largas.

PATTY ¡Qué interesante! Gracias por la información, Sharon. Pero, ¿aquel muchacho los conoce a ustedes?

Llega Omar.

OMAR ¡Hola, guapas! ¡Qué vestidos más elegantes! Voy a sentarme aquí para poder mirarlas y admirarlas...

HUGO Ten cuidado, Patty. Omar siempre dice piropos.

PATTY Entonces, me levanto y me voy. Además, quiero ver tres o cuatro museos más. Visité el Museo de Arte Moderno y aprendí mucho, pero también quiero ver el Museo de Arte de Cataluña, la Galería Dalí, el Museo Picasso y...

Copyright © 1989 by Holt, Rinehart & Winston, Inc. All rights reserved.

SHARON Omar es inofensivo. Siéntate y quédate con nosotros.

PATTY Bueno, me quedo, pero no puedo acostumbrarme a los piropos, y realmente quiero ver más atracciones culturales. Ya asistí a muchos conciertos buenos, visité iglesias... Es que cada día me interesa más la arquitectura. Y hablando de arquitectura, ¿está lejos de aquí el Parque Güell? ¡Me fascina la arquitectura de Gaudí!

OMAR ¡A mí también, guapa! Te acompaño al Parque Güell. Conozco muy bien la ciudad.

PATTY Gracias, Omar.... Me pregunto si realmente eres inofensivo, como cree Sharon...

OMAR ¡Claro que sí! ¡Inofensivo como un bebé, muchacha!

B. *You will hear a series of statements. If the statement is possible or probable based on the information given in the dialogue, check* **P** *for* **probable.** *If the statement is impossible or improbable, check* **I** *for* **improbable.** *Each statement will be read twice. First listen to the model.*

MODELO You hear: Sharon y Patty son españolas.
You check: ____✓____ **I for improbable.**

1. __________ P __________ I

2. __________ P __________ I

3. __________ P __________ I

4. __________ P __________ I

5. __________ P __________ I

6. __________ P __________ I

7. __________ P __________ I

PARA ESCUCHAR Y ESCRIBIR

A. *Adolfo is studying in Barcelona and describes his lifestyle there. During the pauses, write down what he says; some words have already been written for you. Each segment will be read twice. The entire passage will then be repeated without pauses so that you can check what you have written.*

Pues, creo que mi vida aquí ____.

Tengo ____ y me divierto con ellos.

Vamos ____,

y después damos paseos ________________________________. Allí nos

sentamos en un café para ________________________________. En

general, no ________________________________ mucho, excepto cuando

tengo que estudiar. ________________________________ a la vida de

Barcelona. Es una ciudad grande y tiene sus problemas. ¡Pero no me quejo!

¡________________________ vivir aquí!

B. *Answer with complete sentences the following questions based on the passage you have just heard. Each question will be read twice.*

1. ____
2. ____
3. ____
4. ____
5. ____
6. ____

Copyright © 1989 by Holt, Rinehart & Winston, Inc. All rights reserved.

CAPÍTULO 9

DEPORTES Y DEPORTISTAS

VOCABULARIO

Listen to the following sentences and circle the letter of the word or phrase that best completes each one. Each sentence will be read twice.

1. a. mi raqueta
   b. mi canasta
2. a. una pelota
   b. una piscina
3. a. pequeños
   b. fuertes
4. a. practicar deportes
   b. tocar el piano
5. a. básquetbol
   b. béisbol
6. a un partido de jai alai
   b. una corrida de toros
7. a. práctico
   b. emocionante
8. a. un frontón
   b. una pista

PRONUNCIACIÓN

Listen to the following words and repeat each one after the speaker, concentrating on the vowel and diphthong sounds.

el equipo	popular	fuerte	el jai alai
el torero	ayer	la milla	el esquí
correr	muero	la luz	el béisbol

In Spanish, the letter **x** *has several different sounds. Before a consonant it is often pronounced like the English* **s.** *Listen and repeat these words.*

texto	extra	Taxco
excepto	explicar	expresión

When the **x** *is between two vowels, it is pronounced like* **qs** *in English. Listen and repeat these words.*

exacto existencia examen éxito (*success*)

In the past, the letter **x** *had the same sound as the Spanish* **j.** *In most cases the spelling has been changed, but a few words may be spelled with either an* **x** *or a* **j.** *Listen and repeat these words.*

México Xavier Ximénez Texas

Copyright © 1989 by Holt, Rinehart & Winston, Inc. All rights reserved.

I. EL PRETÉRITO DE VERBOS CON CAMBIOS EN LA RAÍZ

A. *Change the following sentences according to the cues you see in your manual. Then repeat the correct answer after the speaker. First listen to the model.*

MODELO	You hear:	Pedí un café.
	You see:	Marisa y Felipe también...
	You say:	**Marisa y Felipe también pidieron un café.**
	You hear and repeat:	**Marisa y Felipe también pidieron un café.**

1. Usted también...
2. Yo también...
3. Nosotros también...
4. Tú también...
5. Jorge también...
6. Ustedes también...

B. *You will hear questions or sentences with the verbs "beeped out." Each will be read twice. Read aloud the choice from below that correctly completes the sentence; then repeat the correct answer after the speaker. First listen to the model.*

MODELO	You hear:	Ayer (*beep*) muy bien
	You see:	me siento / me sentí
	You say:	**me sentí**
	You hear and repeat:	**Ayer me sentí muy bien.**

1. encuentro / encontró
2. nos divertimos / se divirtieron
3. piden / pidieron
4. me vestí / se viste
5. pido / pidió
6. murió / muero
7. volvemos / volvimos
8. siguió / sigo
9. perdió / pierdo
10. pediste / pido

C. *You will hear a narrative passage in the present tense; each sentence will be read twice. Give the preterit form of the verb in each one. Then repeat the entire sentence after the speaker. First listen to the model.*

MODELO	You hear:	Me despierto muy temprano.
	You say:	**Me desperté**
	You hear and repeat:	**Me desperté muy temprano.**

II. EL PRETÉRITO DE VERBOS IRREGULARES

A. *Restate the following sentences, which will be read twice, changing the verb according to the subject you see in your manual. Then repeat the correct answer after the speaker. First listen to the model.*

MODELO	You hear:	No pudo ir al partido ayer.
	You see:	Los Díaz
	You say:	**No pudieron ir al partido ayer.**
	You hear and repeat:	**No pudieron ir al partido ayer.**

1. Tú...
2. Ustedes...
3. Mi amiga y yo...
4. Yo...
5. El tío de Susana...
6. Pedro y Alfonso...

B. *As you listen to each sentence, determine if the preterit verb form is for* **ser** *or for* **ir**, *according to the context. Check the appropriate choice in your lab manual. If either meaning is possible, check both choices. Each sentence will be read twice. First listen to the model.*

MODELO You hear: Fue una corrida muy emocionante.
You check the **ser** column.

	SER	IR		SER	IR
1.	________	________	4.	________	________
2.	________	________	5.	________	________
3.	________	________	6.	________	________

C. *Change each question or sentence to the preterit. Each will be read twice. Then repeat the correct answer after the speaker. First listen to the model.*

MODELO You hear: ¿Qué vas a hacer con la pelota?
You say: **¿Qué hiciste con la pelota?**
You hear and repeat: **¿Qué hiciste con la pelota?**

III. CONNOTACIONES ESPECIALES DEL PRETÉRITO DE *SABER, CONOCER, QUERER* Y *PODER*

A. *Listen to each question or sentence, a verb of which has been "beeped out." Each question or sentence will be read twice. Read aloud the verb from the choices below that correctly fits the context. Then repeat the entire sentence after the speaker. First listen to the model.*

MODELO You hear: Marcos y yo no (*beep*) ver el partido.
You see: conocimos / pudimos
You say: **pudimos**
You hear and repeat: **Marcos y yo no pudimos ver el partido.**

1. quisieron / quiso
2. quise / pudo
3. conociste / supiste
4. pudo / pude
5. pudieron / pudiste
6. supieron / conocieron
7. conocimos / pudimos
8. supe / conocí

Copyright © 1989 by Holt, Rinehart & Winston, Inc. All rights reserved.

B. *You have just met someone who is a fast talker. Each time she uses a verb in the preterit, try to determine if she is referring to herself (check the* **yo** *column) or someone else (check the* **él, ella, usted** *column). You will hear only short verb phrases but you will hear them twice. First listen to the model.*

MODELO You hear: no quiso ir
You check the **él, ella, usted** column.

	YO	ÉL, ELLA, USTED
1.	_______	_______
2.	_______	_______
3.	_______	_______
4.	_______	_______
5.	_______	_______
6.	_______	_______
7.	_______	_______
8.	_______	_______

NOMBRE ______________________________ FECHA __________ CLASE __________

DIÁLOGO

A. *Listen to the following dialogue while you read along. Based on it, be prepared to do comprehension exercise* **B.**

En la línea de llegada del Maratón de Boston, el periodista Reynaldo Díaz habla con el ganador: Alberto Salazar.

DÍAZ ¡Felicitaciones, Alberto! Corriste como campeón.

ALBERTO Es que practiqué mucho para esta carrera... Pero, ¡qué sorpresa verte aquí, Reynaldo! ¿Cuándo volviste de California...?

DÍAZ Anoche... ¡y sólo regresé para poder verte ganar hoy! Ahora dime — porque estoy aquí como periodista — ¿a qué edad empezaste a correr en los grandes maratones?

ALBERTO Pues, el primer maratón que gané fue en Nueva York, en 1980. Después volví a ganarlo en 1981.

DÍAZ ¡Qué bien! Me dijeron que te encanta pescar, que lees mucho y que te gusta estar solo. ¿Es verdad todo eso... ?

ALBERTO Sí... El mes pasado lo pasé solo. Fui al campo para prepararme para el maratón. Pesqué, leí y corrí varias millas por día. Pero también descansé y pensé mucho. ¡Ah!, aquí llega mi esposa, Reynaldo...

Alberto y Molly se abrazan.

ALBERTO ¿Pudiste ver toda la carrera?

MOLLY Sí..., y ¡cuánto me alegro, Alberto! Estuve un poco nerviosa al final, cuando se cayó el hombre que estaba detrás de ti. Pero gracias a Dios no se lastimó. Fui a verlo. No quiso hablar conmigo...

ALBERTO Es que probablemente fue muy difícil para él. La verdad es que corrió muy bien. Creo que yo gané sólo porque tengo más experiencia que él...

B. *You will now hear a series of erroneous statements about the dialogue. Correct each one, using a complete sentence. Then repeat the correct answer after the speaker. First listen to the model.*

MODELO You hear: Reynaldo Díaz es jugador de béisbol.
You say: **No, Reynaldo Díaz es periodista.**
You hear and repeat: **No, Reynaldo Díaz es periodista.**

Copyright © 1989 by Holt, Rinehart & Winston, Inc. All rights reserved.

PARA ESCUCHAR Y ESCRIBIR

A. Ayer en el parque de mi barrio. *Study the following drawing and listen to Verónica's description of what she and her friends did yesterday afternoon at the neighborhood park. Each one of her statements will be read twice. As you listen to her description, write in the blank spaces the names of the various friends she was with. Verónica's entire description will then be read once again so that you can check your work.*

1. ______________________________ se sentó al lado de

   ______________________________ y tocó la guitarra durante unas dos horas.

2. ______________________________ y ______________________________
   hablaron toda la tarde de literatura ¡. . . y de deportes!

3. ______________________________ jugué al tenis con

   ______________________________ y sólo gané dos partidos; jugamos diez...

4. ______________________________ se puso sus gafas de sol y pintó sin
   interrupciones hasta las seis.

5. ______________________ y ______________________ jugaron al fútbol toda la tarde.

6. ______________________ cantó muchas canciones folklóricas en inglés ¡y también en español!

B. *Based on the scene depicted in the preceding drawing and on Verónica's description of their activities yesterday at the park, decide whether the statements you hear are true or false. Circle* **V** *(for* **verdadero***) if what you hear is true and* **F** *(for* **falso***) if it is false. Each statement will be read twice.*

1. V F
2. V F
3. V F
4. V F
5. V F
6. V F

Copyright © 1989 by Holt, Rinehart & Winston, Inc. All rights reserved.

NOMBRE ______________________ FECHA __________ CLASE __________

CAPÍTULO 10

LA SALUD Y EL CUERPO

VOCABULARIO

Eduardo is describing his symptoms to you. Look at the picture, listen to the statements and circle in your lab manual the letter of the most logical recommendation for his ailments. Each statement will be read twice.

1. 

   a. Vete al doctor.
   b. No estudies.

2. 

   a. No comas tanto.
   b. Come más.

3. 

   a. Quédate en la cama y toma jugo de naranja.
   b. Ponte un suéter y haz ejercicios.

Copyright © 1989 by Holt, Rinehart & Winston, Inc. All rights reserved.

4.

a. Toma estas cervezas.
b. Toma dos aspirinas y acuéstate.

5.

a. Corre dos millas.
b. Acuéstate.

6.

a. Debes jugar al tenis hoy.
b. No debes trabajar hoy.

PRONUNCIACIÓN

Listen to the following words and repeat each one after the speaker, concentrating on the vowel and diphthong sounds.

la pierna	el cuello	antiguo	la empanada
el recuerdo	el dedo	peor	la iglesia
izquierdo	la pareja	la rodilla	la salud

In Spanish, the letter **q** *is always followed by a silent* **u.** *It appears in the combination* **que** *and* **qui** *and is pronounced like the English* **k.** *Now listen and repeat these words.*

Quito	quince	líquido
queso	querer	quedarse
quinto	Enrique	química

The sounds **kwa, kwe, kwi, kwo,** *and* **koo** *are always spelled with* **cu** *in Spanish, never with* **qu.** *Now listen and repeat these words.*

¿cuánto?	la cumbia	el cuello	el recuerdo
¿cuándo?	la cuñada	el cuchillo	el cumpleaños
¿cuál?	el cuerpo	la cuchara	la cuenta

I. COMPARACIONES DE IGUALDAD

A. *Mario is comparing himself to his older brother Rodolfo. Tell what he says, using a comparison of equality and the cues given in your lab manual. Then repeat the correct answer after the speaker. First listen to the models.*

MODELOS a. You see: ser / fuerte
You say: **Soy tan fuerte como Rodolfo.**
You hear and repeat: **Soy tan fuerte como Rodolfo.**

b. You see: jugar al tenis / bien
You say: **Juego al tenis tan bien como Rodolfo.**
You hear and repeat: **Juego al tenis tan bien como Rodolfo.**

1. correr / bien
2. hablar italiano / mal
3. ser / alto
4. leer / rápidamente
5. jugar al fútbol / bien
6. ser / inteligente
7. nadar / bien

B. *You are so modest that when someone compares you favorably to another person, you shy away from the comparison. Respond to the comparisons, which will be read twice, circling the correct form of* **tanto** *using the cues given in your lab manual. Then repeat the correct answer after the speaker. First listen to the model.*

MODELO You hear: Tú y Raúl tienen muchos amigos.
You see: tantos / tanto
You circle **tantos** and say: **Yo no tengo tantos amigos como Raúl.**
You hear and repeat: **Yo no tengo tantos amigos como Raúl.**

1. tantos / tantas
2. tantos / tantas
3. tantos / tantas
4. tanta / tanto
5. tanta / tanto
6. tantos / tantas
7. tanto / tanta
8. tanto / tanta

Copyright © 1989 by Holt, Rinehart & Winston, Inc. All rights reserved.

II. COMPARACIONES DE DESIGUALDAD Y EL SUPERLATIVO

A. *Respond to each statement you hear by making a comparison to a friend you admire very much, María Luisa. She always comes out on top. Remember to use irregular comparatives when needed. Then repeat the correct answer after the speaker. Each statement will be read twice. First listen to the models.*

MODELOS			
	a.	You hear:	Ana es muy trabajadora.
		You say:	**María Luisa es más trabajadora que ella.**
		You hear and repeat:	**María Luisa es más trabajadora que ella.**
	b.	You hear:	Carmen escribe bien.
		You say:	**María Luisa escribe mejor que ella.**
		You hear and repeat:	**María Luisa escribe mejor que ella.**

B. *Listen to each of the following statements, which will be read twice. If the statement is true circle* **V (verdadero),** *in your lab manual; if it is false circle* **F (falso).**

1. V F
2. V F
3. V F
4. V F
5. V F
6. V F
7. V F
8. V F

III. EXPRESIONES DE OBLIGACIÓN

A. *Form sentences using the words you hear and the cues given in your lab manual. Each cue will be read twice. Write the sentences on the lines provided. Then repeat the correct answer after the speaker and check your work. First listen to the models.*

MODELOS			
	a.	You see:	tener que
		You hear:	todos / estudiar
		You write:	**Todos tienen que estudiar.**
		You hear and repeat:	**Todos tienen que estudiar.**
	b.	You see:	es necesario
		You hear:	estudiar antes del examen.
		You write:	**Es necesario estudiar antes del examen.**
		You hear and repeat:	**Es necesario estudiar antes del examen.**

1. deber

____

2. tener que

____

3. hay que

____

4. es necesario

____

5. tener que

____

6. deber

____

B. *Maricruz is always complaining. How would you respond to her? Circle the most logical answer. Then repeat the correct answer after the speaker. Maricruz's complaints will be read twice.*

1. a. Hay que nadar.
   b. Tienes que comer.
2. a. Debes tomar aspirinas.
   b. Debes comer dos naranjas grandes.
3. a. Para eso, hay que beber mucho café.
   b. Tienes que acostarte temprano.
4. a. Debes ir a la zapatería.
   b. Entonces, es preciso comprar los libros que necesitan.
5. a. Hay que llamar al médico.
   b. Tienes que hacer un pastel de manzanas.
6. a. No debes comer tanto.
   b. Debes comprar más helado de chocolate.

Copyright © 1989 by Holt, Rinehart & Winston, Inc. All rights reserved.

IV. *POR* Y *PARA*

A. *Listen to each sentence and determine the reason* **por** *or* **para** *is used. Then place an X in the appropriate column in your lab manual. Each sentence will be read twice.*

	LENGTH OF TIME	RECIPIENT	CAUSE OR MOTIVE	DIRECTION TOWARD
1.	________	________	________	________
2.	________	________	________	________
3.	________	________	________	________
4.	________	________	________	________
5.	________	________	________	________
6.	________	________	________	________
7.	________	________	________	________
8.	________	________	________	________

B. *You will hear a statement with* **por** *or* **para** *beeped out. Mark an X in your lab manual under* **por** *or* **para** *and then repeat the correct answer after the speaker. Each statement will be repeated. First listen to the model.*

MODELO You hear: Esta taza es (*beep*) café.
You mark an *X* under **para.**
You hear and repeat: **Esta taza es para café.**

	POR	PARA
1.	______	______
2.	______	______
3.	______	______
4.	______	______
5.	______	______
6.	______	______
7.	______	______
8.	______	______

NOMBRE ______________________ FECHA __________ CLASE __________

DIÁLOGO

A. *Listen to the following dialogue as you read along. Be prepared to do comprehension exercise B that follows it.*

En una agencia de viajes de Madrid. Una señora norteamericana está con su familia y hace planes para un viaje a Santiago de Compostela.

SRA. KINGSLEY Buenas tardes, señor. Tenemos muchas ganas de visitar Santiago de Compostela y sabemos que está bastante lejos de Madrid... ¿Debemos viajar por avión o es posible hacer el viaje por auto?

AGENTE Bueno... eso depende... Dígame, señora, ¿cuánto tiempo van a quedarse ustedes en España?

SRA. KINGSLEY Pues... a ver. Vinimos por diez días y llegamos el martes pasado. Tenemos una semana más, y nos queda un montón de cosas por ver en Madrid.

AGENTE Entonces, para visitar Santiago y también tener unos días libres en Madrid, ustedes tienen que viajar allí por avión...

SRA. KINGSLEY De acuerdo. Prefiero no hacer viajes largos por auto, porque me da mareos. A propósito, ¿es necesario alquilar un auto en Santiago?

AGENTE No, no es necesario. El aeropuerto está a unos veinte minutos de la ciudad y ustedes pueden tomar un taxi hasta el centro.

SRA. KINGSLEY ¿De veras? ¡Qué bien!

AGENTE Sí, señora. Una vez en el centro, ustedes pueden caminar por todas partes. Lleven zapatos cómodos o les van a doler los pies. Si caminan, ustedes van a ver mejor los monumentos importantes, como por ejemplo. . .

SRA. KINGSLEY ... la famosa catedral, por supuesto, y la Plaza de las Platerías, y el Hostal de los Reyes Católicos y...

AGENTE ¡Increíble! Para extranjera, usted sabe muchísimo.

SRA. KINGSLEY Es que soy profesora de historia medieval y Santiago fue una de las ciudades más importantes de la Edad Media... Y dicen que es lindísima, que tiene restaurantes excelentes donde se preparan mariscos y empanadas gallegas.

AGENTE Sí, señora. Pero, tengan cuidado con los mariscos. Es verano y ustedes tienen que buscar un restaurante con el refrigerador bien visible. Es posible enfermarse comiendo mariscos cuando hace calor...

B. *Listen to the following statements based on the dialogue. Some are true and some are false. For the statements that are true, circle* **V (verdadero)** *in your lab manual; for those that are false, circle* **F (falso).** *Each statement will be read twice.*

1. V F
2. V F
3. V F
4. V F
5. V F
6. V F
7. V F

Copyright © 1989 by Holt, Rinehart & Winston, Inc. All rights reserved.

COMPRENSIÓN AUDITIVA

A. *Listen to the following dialogue between Teresa and her mother and fill in the missing words in your lab manual. Each segment will be read twice and then the entire dialogue will be repeated so that you can check your work.*
Now begin.

TERESA ¡Uf! ______________________ durante ______________________ que ahora me ______________________ mucho ______________________. Pero... ¡______________________ terminar este trabajo ______________________!

MAMÁ Hija, ¡ ______________________ ese trabajo y ver ______________________ ahora mismo!

TERESA Pero, mamá, no hablas en serio, ¿verdad? No ______________________ ______________________ al doctor por un problema tan pequeño...

MAMÁ ¿Cómo sabes que es un problema pequeño? Eso ______________________ con un profesional ______________________.

TERESA Mamá, te digo que ______________________ este trabajo hoy. No tengo tiempo para ver al doctor.

MAMÁ Bueno, si así piensas. Pero ______________________ por ser tu mamá tengo que darte ______________________. Realmente ______________________ al doctor cuando uno tiene problemas.

B. *Now you will hear six statements based on the dialogue. If the statement is true circle* **V (verdadero)***; if it is false circle* **F (falso)***. Each statement will be read twice.*

1. V F
2. V F
3. V F
4. V F
5. V F
6. V F

Copyright © 1989 by Holt, Rinehart & Winston, Inc. All rights reserved.

NOMBRE ______________________ FECHA __________ CLASE __________

CAPÍTULO 11

LAS NOTICIAS

VOCABULARIO

It's your job to choose pictures to illustrate the news stories you hear. Listen to the following news items and write the number of the item under the corresponding picture. Each news item will be read twice.

a. ____________ b. ____________ c. ____________

d. ____________ e. ____________ f. ____________

PRONUNCIACIÓN

Listen to the following words and repeat each one after the speaker, concentrating on the vowel and diphthong sounds.

el gobierno	la huelga	el incendio	los obreros
el canal	el noticiero	el anuncio	la época
el pueblo	el congreso	el aumento de sueldo	

Copyright © 1989 by Holt, Rinehart & Winston, Inc. All rights reserved.

In Spanish, when two identical vowels are next to each other, the two words are linked, or run together. Listen and repeat these words.

la agente
la arquitectura
la aficionada

mi hijo
mi idea
mi imaginación

ese ejército
ese estadio
este edificio

Similarly, when two identical consonants are next to each other, they are usually pronounced as one. Listen and repeat these words.

el líder
el libro
el lugar

las sandalias
los señores
los sábados

pocas semanas
esas sillas
esos senadores

I. EL IMPERFECTO

A. *Change the following sentences according to the cue you hear. Then repeat the correct sentence after the speaker. First listen to the models.*

MODELOS	You hear:	Yo siempre trabajaba por la mañana. (Nosotros)
	You say:	**Nosotros siempre trabajábamos por la mañana.**
	You hear and repeat:	**Nosotros siempre trabajábamos por la mañana.**
	You hear:	Cuando tú vivías en San Salvador, veías a Marta los sábados. (él)
	You say:	**Cuando él vivía en San Salvador, veía a Marta los sábados.**
	You hear and repeat:	**Cuando él vivía en San Salvador, veía a Marta los sábados.**

B. *Listen to the following statements about the present, and then tell how things were in the past. In your lab manual, fill in the correct form of the verb in the imperfect. Then repeat the correct answer after the speaker. Each statement will be read twice. First listen to the model.*

MODELO	You hear:	Ricardo no hace su trabajo ahora.
	You see:	Pero lo ______________ antes.
	You write:	**hacía**
	You hear and repeat:	**Pero lo hacía antes.**

1. Pero no ______________________________ tanto antes.
2. Pero ______________________________ menos antes.
3. Pero ______________________________ mucho antes.
4. Pero nos ______________________________ antes.

5. Pero nos ______________________ mucho antes.

6. Pero ______________________ bien antes.

C. *Offer an explanation or comment for each statement you hear, using the cues given in your lab manual. Use the appropriate imperfect form of the infinitive provided. Then repeat the correct answer after the speaker. Each statement will be read twice. First listen to the model.*

MODELO		
	You hear:	Llamé a tu casa anoche, pero no contestaste.
	You see:	Yo (estar) en el centro con un amigo.
	You say:	**Yo estaba en el centro con un amigo.**
	You hear and repeat:	**Yo estaba en el centro con un amigo.**

1. Yo también. Los precios (ser) muy buenos.
2. Y me dijeron que él (jugar) muy bien.
3. Sí. Por eso (acostarse) muy tarde.
4. Y yo (tocar) el piano bastante bien también.
5. ¿En serio? Yo no (saber) que ella era tan difícil.
6. Nosotros no. (Ir) al campo.

II. EL IMPERFECTO EN CONTRASTE CON EL PRETÉRITO

A. *Some people are talking about a party they attended after a wedding. Listen to what they say, and mark an X under* **pretérito** *or* **imperfecto,** *according to the verb tense you hear. Each sentence will be read twice. First listen to the model.*

MODELO You hear: El sábado los García fueron a una fiesta.
You mark an *X* under **pretérito.**

	PRETÉRITO	IMPERFECTO
1.	__________	__________
2.	__________	__________
3.	__________	__________
4.	__________	__________
5.	__________	__________
6.	__________	__________

Copyright © 1989 by Holt, Rinehart & Winston, Inc. All rights reserved.

B. *People will tell you about opportunities you missed. Reply that at the time you were involved in another activity, or give a similar excuse. Use the clues in your lab manual. Then repeat the correct answer after the speaker. Each sentence will be read twice. First listen to the model.*

MODELO	You hear:	Pasamos por tu casa anoche. No te vimos.
	You see:	(estar) en la biblioteca.
	You say:	**Estaba en la biblioteca.**
	You hear and repeat:	**Estaba en la biblioteca.**

1. A esa hora yo (ir) al centro con Gloria.
2. (Tener) mucho que hacer.
3. ¿De campamento? ¡Pero (hacer) mucho frío!
4. ¿En serio? No lo (saber). Es que ¡no las recibí!
5. (Mirar) televisión en el apartamento de Laura.
6. No, (tener) mucho sueño y me dormí antes de las once.
7. Lo (necesitar) mucho en esos días.
8. Es que ¡(ser) las cinco de la mañana!

C. *Respond to each statement you hear with a question asking for how long the event, action, or situation took place. Use the preterit tense. Then repeat the correct answer after the speaker. Each statement will be read twice. You will hear the question answered afterwards, but do not repeat it. First listen to the model.*

MODELO	You hear:	Santiago Ramírez trabajaba en una estación de radio.
	You say:	**¿Cuánto tiempo trabajó allí?**
	You hear and repeat:	**¿Cuánto tiempo trabajó allí?**
	You hear (but do not repeat):	**Trabajó allí dos años.**

III. LOS PRONOMBRES RELATIVOS *QUE* Y *QUIEN*

A. *Listen to the following trivia questions and their answers. Each question and answer will be read twice. Then each answer will be read again. This time write down the number of the answer next to the letter of the corresponding description. The first trivia set will be given as a model. Now listen to the model.*

MODELO	You hear:	1. ¿Cómo se llama la persona que escribió *Don Quijote*? Miguel de Cervantes
	You hear again:	1. Miguel de Cervantes
	You see and write:	___1___ e. la persona que escribió *Don Quijote*

__________ a. el explorador que descubrió el Océano Pacífico

__________ b. el poeta de Nicaragua a quien le dieron el puesto de Ministro de Cultura

__________ c. el poeta de Nicaragua que escribió el libro de poesías *Azul*

__________ d. las profesoras que escribieron su libro de español

____1____ e. la persona que escribió *Don Quijote*

__________ f. el explorador a quien Fernando e Isabel le dieron el dinero para un viaje famoso a América

__________ g. el país centroamericano que no tiene ejército

B. *You will hear part of a sentence twice. Circle the letter of the choice in your lab manual that correctly completes it; then repeat the complete answer after the speaker. First listen to the model.*

MODELO		
	You hear:	No me gustan las personas
	You see:	a. que me dan muchos problemas b. a quien escribo
	You circle:	a. que me dan muchos problemas
	You hear and repeat:	**No me gustan las personas que me dan muchos problemas.**

1. a. que quiero comprarte — b. que se levanta
2. a. con quienes comen — b. que trabaja en un restaurante francés
3. a. con que trabaja tu amiga — b. de quien siempre te hablo
4. a. que tiene siete hijos — b. a quienes despierto
5. a. a quien vemos — b. que me gusta más
6. a. a quien le encanta la música clásica — b. con quienes hablamos mucho
7. a. a quien todo el mundo le da regalos — b. de que se quejan las amigas
8. a. que se acuesta — b. que es cómoda pero elegante

DIÁLOGO

A. *Listen to the following dialogue as you read along. Be prepared to answer the questions that follow in comprehension exercise B.*

Juan visita a su abuelo en un hospital de San José, Costa Rica.

JUAN: Escuchaba el noticiero en el auto mientras venía para acá. Todas las noticias eran malas. Después te compré una revista en el Mercado Coca-Cola ... (*La busca entre sus cosas.*)

DON AURELIO: Creo que ahora dan las noticias por televisión. (*Prende el televisor.*)

EL REPORTERO: Mataron al senador Sánchez mientras iba al Congreso. Guerrilleros salvadoreños atacaron al ejército esta mañana. Murieron dos personas... Hubo un terremoto en Tegucigalpa a las cuatro de la mañana. No saben el número de muertos. Ahora vamos a hablar con una mujer que estaba allí cuando ocurrió el terremoto...

DON AURELIO: (*Apaga el televisor.*) ¡Qué horror! Guerrilleros, asesinatos de líderes políticos, terremotos, inflación, huelgas... Cuando yo era joven, no teníamos tantos problemas. Pero, hijo, cuéntame qué pasa en Cartago.

JUAN: Pues, tía Leonora tuvo hijo--¡un niño de cuatro kilos y medio!--en el auto mientras su esposo la llevaba al hospital.

Copyright © 1989 by Holt, Rinehart & Winston, Inc. All rights reserved.

DON AURELIO ¡Dios mío! ¿Y cómo están?

JUAN Por suerte, están bien.

DON AURELIO ¡Gracias a Dios! Pues ésa en realidad no es una mala noticia. ¿Qué más está pasando?

JUAN ¿Recuerdas los arqueólogos que trabajaban cerca de Cartago?

DON AURELIO Sí... ¿qué pasó? La enfermera hablaba de eso esta mañana. Pero no la oí bien.

JUAN Pues encontraron unas ruinas muy interesantes. Creen que son de los indios que vivían en esa región.

DON AURELIO ¡Otra buena noticia! (*Entra una enfermera.*)

LA ENFERMERA Don Aurelio, el doctor decidió que usted puede volver a su casa hoy mismo.

DON AURELIO ¡Y ésta es para mí la mejor noticia del año!

B. *Each of the following statements adapted from the dialogue contains a vocabulary item that did not occur in the dialogue. Without referring to the written dialogue, write the word that is out of place in the column on the left below, and the correct word in the column on the right. Each statement will be read twice. First listen to the model.*

MODELO You hear: Juan escuchaba el noticiero en la radio.
You write **la radio** in the left column and **el auto** in the right.

	INCORRECT	CORRECT
1.	______________	______________
2.	______________	______________
3.	______________	______________
4.	______________	______________
5.	______________	______________
6.	______________	______________
7.	______________	______________
8.	______________	______________

NOMBRE ______________________ FECHA __________ CLASE __________

COMPRENSIÓN AUDITIVA

A. *Listen to the following eye-witness news account. It will be read twice. Be prepared to answer comprehension questions following the account.*

B. *The following questions, which will be read twice, are based on the news report. Choose the response that most accurately answers the question and circle its letter in your lab manual.*

1. a. en la plaza — b. en un edificio cerca de la plaza
2. a. por la puerta — b. por la ventana
3. a. muchos — b. quinientos
4. a. contra el aumento de sueldos — b. contra el aumento del costo de la vida
5. a. el líder del otro grupo — b. el presidente
6. a. porque había mucha gente en la plaza — b. porque había muchos autos en la plaza

Copyright © 1989 by Holt, Rinehart & Winston, Inc. All rights reserved.

NOMBRE ______________________ FECHA ____________ CLASE ___________

CAPÍTULO 12

VIAJES Y PASEOS

VOCABULARIO

The people pictured below are all involved in activities related to travel. Listen to the following descriptions, which will be read twice, and then write the number of the description that best fits each picture.

a. ______________

el puerto

b. ______________

c. ______________

d. ______________

e. ______________

f. ______________

g. ______________

h. ______________

Copyright © 1989 by Holt, Rinehart & Winston, Inc. All rights reserved.

PRONUNCIACIÓN

There are three simple rules for word stress in Spanish. Words ending in a vowel, **n,** *or* **s** *are pronounced with the emphasis on the next-to-the-last syllable. Words ending in a consonant other than* **n** *or* **s** *have the emphasis on the final syllable. Listen to the following words and underline the accented syllable. Then repeat the word after the speaker. Each word will be read twice.*

tra-ba-jan	re-tra-to	a-gra-da-ble
a-dua-na	ol-vi-dar	ca-pi-tal
u-ni-ver-si-dad	cu-bres	puer-to
prin-ci-pal	me-jor	sa-lud

Words whose pronunciation does not follow these patterns have written accents. The emphasis falls on the syllable with the accent. Listen to the following words, which will be read twice, and add an accent mark where necessary. Then repeat the word after the speaker.

pension	ingleses	esqui
hablo	facil	miralo
aqui	sitio	consultar
cocino	cortes	credito

I. EL PARTICIPIO PASADO USADO COMO ADJETIVO

A. *Complete the sentences you hear by reading aloud the most appropriate choice from your lab manual. Then repeat the entire sentence after the speaker. Each sentence will be read twice. First listen to the model.*

MODELO		
	You hear:	Los problemas están...
	You see:	vueltos / abiertos / resueltos
	You say:	**resueltos**
	You hear and repeat:	**Los problemas están resueltos.**

1. vestidos / vividos / trabajados
2. escritas / apagadas / dadas
3. leída / pintada / prendida
4. conocido / nacido / patinado
5. vuelta / hecha / hablada
6. cerrada / resuelta / rota
7. soñada / vestida / servida
8. muertos / puestos / oídos
9. traída / abierta / creída

B. *Now listen to the following phrases describing people and things seen on a recent trip. Each phrase will be read twice. Complete the phrase by following the cue in your lab manual and supplying the correct form of the past participle. Then repeat the entire phrase after the spaker. First listen to the model.*

MODELO	You hear:	Un niño mal ...
	You see:	vestir
	You say:	**vestido**
	You hear and repeat:	**Un niño mal vestido.**

1. romper
2. comprar
3. dormir
4. sentar
5. hacer
6. construir
7. escribir
8. pintar

II. EL PRESENTE PERFECTO Y EL PLUSCUAMPERFECTO

A. *Respond to each question or statement you hear by using the hints provided in your lab manual. Use the appropriate present perfect form of the principal verb you hear. Then repeat the correct answer after the speaker. Each question or statement will be read twice. First listen to the model.*

MODELO	You hear:	¿Cuándo piensas hacer la maleta?
	You see:	(yo) La ... ya.
	You say:	**La he hecho ya.**
	You hear and repeat:	**La he hecho ya.**

1. Ya le ______________________.
2. ¡No recuerdas dónde ______________________ las maletas! ¿Qué vamos a hacer?
3. (yo) Ya ______________________ una pensión buena y muy económica.
4. Sí, pero tú y yo ya la ______________________.
5. (yo) Ya se la ______________________ el otro día.
6. Creo que ya ______________________.

B. *As you listen to the following passage, concentrate on the verbs in the present perfect. You will be asked to recall them afterwards. The entire passage will be read twice to help you remember the verbs used.*

Copyright © 1989 by Holt, Rinehart & Winston, Inc. All rights reserved.

C. *You will hear a series of present perfect forms; each one will be read twice. In the space provided in your lab manual, mark* **Sí** *for the forms that appeared in the passage and* **No** *for those that did not. First listen to the model.*

MODELO You hear: ha descrito
You mark the **No** space.

1. ______ Sí ______ No

2. ______ Sí ______ No

3. ______ Sí ______ No

4. ______ Sí ______ No

5. ______ Sí ______ No

6. ______ Sí ______ No

D. *Change each of the sentences you hear to the past perfect, incorporating the cue you see printed below. Then repeat the correct answer after the speaker. Each sentence will be read twice. First listen to the model.*

MODELO	You hear:	Guillermo Valenzuela se casó.
	You see:	Sí, María me dijo que ...
	You say:	**Sí, María me dijo que Guillermo Valenzuela se había casado.**
	You hear and repeat:	**Sí, María me dijo que Guillermo Valenzuela se había casado.**

1. No sé; cuando llegué, ya...
2. Sí, me enteré de que me...
3. Es verdad; cuando los conocí, ya... tres viajes a la costa.
4. Pensaba que ya la...
5. Creía que ya las...
6. Me dijiste que ya te lo...

7. ¡Pero ayer Fabio me dijo que ustedes ya los... la semana pasada!

8. Sí, supe esta mañana que... ayer.

III. CONTRASTE ENTRE LOS TIEMPOS PASADOS

A. *Listen to the following story told in English. It will be read only once, sentence by sentence. For each sentence, choose the Spanish verb that is the best equivalent for the English. Circle your choice in your lab manual.*

1. a. hice — b. he hecho
2. a. Visitamos — b. Visitábamos
3. a. había ido — b. ha ido
4. a. Hablábamos — b. Hablamos
5. a. decidimos — b. hemos decidido
6. a. Subía — b. Subí
7. a. buscó — b. buscaba
8. a. compraba — b. compró
9. a. había tenido ganas — b. he tenido ganas
10. a. Me gustó — b. Me había gustado

Copyright © 1989 by Holt, Rinehart & Winston, Inc. All rights reserved.

B. *Clara Inés is mentioning things she does. Give a response about your own activities according to the cue provided in your lab manual. You will use the preterit with* **ayer,** *the imperfect with* **antes ... pero ya no,** *and the present perfect with* **todavía no.** *Change the tense of the principal verb only. Then repeat the correct answer after the speaker. Each statement will be read twice. First listen to the models.*

MODELOS

a. You hear: Me gusta ir a la capital en tren.
You see: ayer (*preterit*)
You say: **Fui a la capital en tren ayer.**
You hear and repeat: **Fui a la capital en tren ayer.**

b. You hear: Siempre llevo mucho equipaje.
You see: Antes ... pero ya no (*imperfect*)
You say: **Antes llevaba mucho equipaje, pero ya no.**
You hear and repeat: **Antes llevaba mucho equipaje, pero ya no.**

c. You hear: Me encanta hablar con la señora Campos.
You see: Todavía no (*present perfect*)
You say: **Todavía no he hablado con la señora Campos.**
You hear and repeat: **Todavía no he hablado con la señora Campos.**

1. Antes ... pero ya no (*imperfect*)
2. Todavía no (*present perfect*)
3. ayer (*preterit*)
4. Todavía no (*present perfect*)
5. Antes ... pero ya no (*imperfect*)
6. Todavía no (*present perfect*)
7. ayer (*preterit*)
8. ayer (*preterit*)
9. Antes ... pero ya no (*imperfect*)
10. ayer (*preterit*)

IV. *HACER* EN EXPRESIONES DE TRANSCURSO DE TIEMPO

A. *Respond to each statement you hear indicating that the activity or situation has been going on for the period of time indicated in your lab manual; omit subject nouns or pronouns. Then repeat the correct answer after the speaker. Each statement will be read twice. First listen to the model.*

MODELO	You hear:	La agencia está cerrada.
	You see:	tres horas
	You say:	**Hace tres horas que está cerrada.**
	You hear and repeat:	**Hace tres horas que está cerrada.**

1. una semana
2. cuatro horas
3. un mes
4. años
5. mucho tiempo
6. muchos años
7. ocho años

B. *Respond in the negative to each statement or question you hear, stating that the action occurred one unit of time (hour, day, month, year) longer ago than what was mentioned. Then repeat the correct answer after the speaker. Each statement or question will be read twice. First listen to the model.*

MODELO	You hear:	Usted fue a Sevilla hace diez días, ¿no?
	You say:	**No, fui hace once días.**
	You hear and repeat:	**No, fui hace once días.**

DIÁLOGO

A. *Listen to the following dialogue as you read along. Be prepared to do comprehension exercise* **B** *that follows.*

En una oficina del Zócalo, México, D.F. Dos agentes de la Compañía Turismo Mundial le dan la bienvenida a Amalia Mercado, una agente uruguaya en viaje de negocios.

HÉCTOR ¡Bienvenida, señorita Mercado! ¿Qué tal el viaje?
AMALIA Bastante bueno, gracias. Pero... ¡No me llame «señorita»! Llámeme Amalia, por favor. ¿Y usted es...?
HÉCTOR ¡Oh, perdóneme! Yo soy Héctor Peralta, y éste es Alonso Rodríguez. Él está a cargo de las excursiones al Caribe...
AMALIA ¡Pero si ya nos hemos conocido! Fue en Montevideo. ¿Recuerdas...?
ALONSO ¡Claro! Me llevaste a pasear por la playa después de haber asistido a una reunión de trabajo muy aburrida.
AMALIA No sabía que ahora vivías en México.
ALONSO Vine aquí hace dos años.
HÉCTOR Cuéntenos algo de usted, Amalia. ¿Es éste su primer viaje a México?
AMALIA Sí. Vine por invitación de la Compañía Mexicana de Aviación. ¡Y vean mi suerte! La invitación incluye pasaje de ida y vuelta y seis días en el mejor hotel de esta ciudad, que me parece misteriosa y fascinante.

Copyright © 1989 by Holt, Rinehart & Winston, Inc. All rights reserved.

HÉCTOR Es verdad. La ciudad está construida sobre las ruinas de la antigua capital azteca...

ALONSO ...que estaba en medio de un lago, algo así como una antigua Venecia mexicana, ¿no?

HÉCTOR Exacto. Dicen que los aztecas tenían su gran templo aquí cerca, en el sitio donde está ahora la catedral.

AMALIA ¿Realmente? ¡Qué interesante!... ¿Y qué les parece si me llevan a conocer el centro? ¡Recuerden que sólo tengo seis días!

ALONSO Tus deseos son órdenes, Amalia. Síganme. Los invito a tomar una copa en el bar de la Torre Latinoamericana.

B. *Listen to the following statements and associate the speakers in the dialogue with the activities described. If the statement applies to Amalia, check the space under her name; if it applies to Alonso, check the space under his name. If it applies to both Amalia and Alonso, check the spaces under both names. Each statement will be read twice. First listen to the model.*

MODELO You hear: Está a cargo de las excursiones al Caribe.
You check **Alonso.**

	AMALIA	ALONSO
1.	___________	___________
2.	___________	___________
3.	___________	___________
4.	___________	___________
5.	___________	___________
6.	___________	___________

COMPRENSIÓN AUDITIVA

A. *Listen to the following dialogue which will be read twice. Be prepared to answer some questions based on it in Exercise B.*

B. *Listen to the following statements based on the dialogue. Each statement will be read twice. If the statement is true* **(verdadero),** *circle* **V** *in your lab manual; if it is false* **(falso),** *circle* **F.**

1. V F
2. V F
3. V F
4. V F
5. V F
6. V F

CAPÍTULO 13

ARTES Y LETRAS

VOCABULARIO

Listen to each of the following comments which will be read twice. Determine what the speaker is describing and write the number of the statement under the appropriate drawing below.

____

____

____

____

____

____

Copyright © 1989 by Holt, Rinehart & Winston, Inc. All rights reserved.

PRONUNCIACIÓN

In Spanish, there are two weak vowels, **i** *and* **u,** *and three strong vowels,* **a, e,** *and* **o.** *Two strong vowels together constitute two syllables. A combination of two weak vowels or of a weak and a strong vowel is a diphthong — a multiple vowel sound pronounced in the same syllable. An accent mark on the weak vowel breaks the diphthong into two syllables. Listen to these words. In the first and third there are two separate vowels in a row. In the second and fourth there are diphthongs.*

galería baile realista cuento

Now you will hear a series of words that include a sequence of two vowels in a row; each word will be read twice. Listen to the vowel combination and decide whether it is a diphthong or not. Write the word in the appropriate column. Then repeat after the speaker.

DIPHTHONGS	SEPARATE VOWELS
______ ______	______
______	______
______	______
______	______
______	______
______	______

I. EL MODO SUBJUNTIVO; *OJALÁ, TAL VEZ, QUIZÁ(S)*

Give a response to each statement you hear, expressing hope **(ojalá)** *or doubt* **(tal vez** *or* **quizás)** *about what the speaker says, according to the cues you see in your manual. In all instances, use the verb in the subjunctive. Each statement will be read twice. First listen to the models.*

MODELOS

a. You hear: Mauricio no cantó bien anoche.
You see: Ojalá / esta noche
You say: **Ojalá cante bien esta noche.**
You hear and repeat: **Ojalá cante bien esta noche.**

b. You hear: Los Gómez comieron en casa ayer.
You see: tal vez no / mañana
You say: **Tal vez no coman en casa mañana.**
You hear and repeat: **Tal vez no coman en casa mañana.**

1. tal vez / hoy
2. ojalá no / esta semana
3. ojalá / mañana
4. quizás / esta tarde
5. ojalá / el mes próximo
6. tal vez no / esta noche

II. EL PRESENTE DE SUBJUNTIVO DE LOS VERBOS REGULARES

A. *Change the following sentences according to the cues you see in your manual. Then repeat the correct answer after the speaker. Each sentence will be read twice. First listen to the model.*

MODELO	You hear:	La profesora quiere que visites el Museo del Prado.
	You see:	nosotros
	You say:	**La profesora quiere que visitemos el Museo del Prado.**
	You hear and repeat:	**La profesora quiere que visitemos el Museo del Prado.**

1. usted
2. tú
3. nosotros
4. vosotros
5. sus estudiantes
6. yo

B. *Challenge each of the statements you hear with a question that rephrases it; make any necessary changes in the verb forms. Then repeat the correct answer after the speaker. Each statement will be read twice. First listen to the model.*

MODELO	You hear:	Tus padres quieren que estudies ahora.
	You say:	**¿Quieren que estudie ahora?**
	You hear and repeat:	**¿Quieren que estudie ahora?**

C. *Berta has a lot of creative talent, but she never seems to get things done or realize her potential. As her friend and agent, you want to push her. Respond to each statement you hear using the cue below and the subjunctive form of the principal verb. Then repeat the correct answer after the speaker. Each statement will be read twice. First listen to the models.*

MODELOS	a.	You hear:	Berta dice que tiene sueño. No quiere levantarse.
		You see:	Quiero que...
		You say:	**Quiero que se levante.**
		You hear and repeat:	**Quiero que se levante.**
	b.	You hear:	Berta no tiene ganas de pintar.
		You see:	Ojalá que...
		You say:	**Ojalá que pinte.**
		You hear and repeat:	**Ojalá que pinte.**

1. Quiero que...
2. Ojalá que...
3. No quiero que...
4. No permito que...
5. No quiero que...
6. Ojalá que no...
7. Prefiero que no...
8. Ojalá que...

Copyright © 1989 by Holt, Rinehart & Winston, Inc. All rights reserved.

III. FORMAS SUBJUNTIVAS IRREGULARES

A. *Change each sentence you hear to a corresponding sentence in the subjunctive, using* **Espero que** *instead of* **Dice que.** *Then repeat the correct answer after the speaker. Each sentence will be read twice. First listen to the model.*

MODELO	You hear:	Dice que el pintor es simpático.
	You say:	**Espero que sea simpático.**
	You hear and repeat.	**Espero que sea simpático.**

B. *Your friend Vicente is wishing you well in your literary and artistic endeavors and in your personal life. Echo what he says, changing the second part of the sentence to include him as well; use the* **nosotros** *form of the verb with* **los dos** *(*both of us*) as the subject. Then repeat the correct answer after the speaker. Vicente's wishes will be read twice. First listen to the model.*

MODELO	You hear:	Quiero que tengas éxito.
	You say:	**Quiero que los dos tengamos éxito.**
	You hear and repeat:	**Quiero que los dos tengamos éxito.**

C. *You will hear a few short sentences with the first verb "beeped out." Each sentence will be given twice. Listen carefully to the second verb; if it is in the subjunctive, repeat the sentence using* **Quieren.** *If it is in the indicative, use* **Saben.** *Then repeat the correct answer after the speaker. First listen to the model.*

MODELO	You hear:	(*beep*) que ella lo encuentre
	You say:	**Quieren que ella lo encuentre.**
	You hear and repeat:	**Quieren que ella lo encuentre.**

IV. MANDATOS DE *NOSOTROS*, DE *VOSOTROS* Y DE TERCERA PERSONA

A. *When you hear a statement indicating it is time to do something, use the corresponding* **nosotros** *command with* **ya** *(*Let's do it now*). Then repeat the correct answer after the speaker. Each statement will be read twice. First listen to the model.*

MODELO	You hear:	Debemos hacerlo. Son las dos.
	You say:	**Hagámoslo ya.**
	You hear and repeat:	**Hagámoslo ya.**

B. *Your friend Beatriz will suggest certain activities for both of you. Each of her suggestions will be read twice. If the activity is at all entertaining or pleasant (related to art, literature, sports, etc.), respond in the affirmative with a* **nosotros** *command. Otherwise give a negative* **nosotros** *command and suggest that your brother Luis do it. Use object pronouns whenever possible. Then repeat the correct answer after the speaker. First listen to the models.*

MODELOS a. You hear: ¿Escuchamos el concierto?
You say: **Sí, escuchémoslo.**
You hear and repeat: **Sí, escuchémoslo.**

b. You hear: Debemos ir al banco.
You say: **No vayamos. Que vaya Luis.**
You hear and repeat: **No vayamos. Que vaya Luis.**

DIÁLOGO

A. *Listen to the following dialogue while you read along. Be prepared to answer the questions that follow in comprehension exercise* **B.**

Una profesora de arte y unos estudiantes visitan el Museo del Prado, en Madrid.

PROFESORA Descansemos aquí. Ya hemos visto las obras de Velázquez, de El Greco y de Goya. Ahora quiero que me digáis cuál de los tres pintores os ha gustado o interesado más...

ANA A mí me ha gustado el Greco por su estilo único y original.

JORGE ¿Esas figuras largas y deformadas? ¡Son horribles!

ANA Son las visiones de un místico.

JORGE ¡O quizás de un loco! Pero veamos qué piensan los demás. Pablo, danos tu opinión...

PABLO Pues... me parece interesante el estilo de El Greco, pero en realidad me han impresionado más los retratos de Velázquez. Son tan realistas que las personas que pinta parecen estar vivas, ¿no?

ANA Sí, son bastante realistas... Y hablando de Velázquez, tengo una pregunta sobre *Las Meninas*. ¿Por qué lo han puesto en una sala aparte?

PROFESORA Porque es uno de los cuadros más famosos del museo...

ANA Mientras lo miraba, me di cuenta de que el cuadro juega muy bien con los conceptos de ilusión y realidad, ¿verdad que sí?

JORGE Sí, pero me parece que Goya tiene más valor universal. Sus obras son una sátira de la humanidad.

ANA Estoy de acuerdo con eso. Pero no olvidemos que el realismo de Velázquez era importante para los hombres del siglo XVII porque entonces todavía no habían inventado la fotografía. Hoy día a la gente le interesa más la expresividad de Goya.

PABLO Son obras demasiado deprimentes para mí. No me gusta ver escenas brutales, cuerpos fracturados, monstruos grotescos...

ANA Sin embargo, sus obras han tenido una gran influencia en el arte del siglo XX. ¿No es así, profesora?

PROFESORA Así es, muchachos...

Copyright © 1989 by Holt, Rinehart & Winston, Inc. All rights reserved.

B. *Now you will hear several statements based on the dialogue above. If what you hear is possible or probable, circle* **P** *for* **posible** *in your manual. If it is impossible or improbable, circle* **I** *for* **imposible.** *Each statement will be repeated twice.*

1. P I
2. P I
3. P I
4. P I
5. P I
6. P I
7. P I
8. P I

PARA ESCUCHAR Y ESCRIBIR

A. *Listen to the following passage and write down what you hear during each pause. Each sentence or phrase will be read twice. The entire passage will then be repeated without pauses so that you can check what you have written.*

____

____

____

____

____

____

____

____

____

____

B. *Now listen to the following statements based on what you heard and wrote in the above dictation. Each statement will be read twice. If the statement is true* **(verdadero),** *circle* **V** *in your lab manual; if it is false* **(falso),** *circle* **F.**

1. V F
2. V F
3. V F
4. V F
5. V F

CAPÍTULO 14

FIESTAS Y ANIVERSARIOS

VOCABULARIO

*What **fiesta** is being celebrated in the following pictures? You will hear statements describing the **fiestas** pictured below. Write the number of the statement under the **fiesta** it describes. Each statement will be read twice. The first statement will be given as a model. Now listen to the model.*

MODELO You hear: 1. Ese día los mexicanos celebran su independencia.
You see:

___1___

You write ___1___ under the picture drawing in the model.

a. __________

b. __________

c. __________

Copyright © 1989 by Holt, Rinehart & Winston, Inc. All rights reserved.

d. ____________ e. ____________

PRONUNCIACIÓN

Cognates are words that are similar in spelling and meaning in two languages. Listen and repeat the words you hear.

The endings **-ción** *and* **-sión** *in Spanish correspond to the English endings* **-tion** *or* **-sión**. *Listen and repeat these words.*

la celebración
la acción
la conversación
la pensión

la graduación
la televisión
la discriminación
la inflación

la procesión
la reservación
la diversión
la información

The Spanish ending **-dad** *corresponds to the English* **-ty.** *Listen and repeat these words.*

universidad
oportunidad

actividad
identidad

realidad
ciudad

I. EL SUBJUNTIVO EN LAS CLÁUSULAS SUSTANTIVAS

A. *Listen to the following sentences and then circle the letter of the verb form you hear. Each sentence will be read twice. First listen to the model.*

MODELO You hear: Te ruego que compres un buen vino.
You see: a. compras b. compres
You circle: (b.) compres

1. a. bailamos b. bailemos
2. a. llega b. llegue
3. a. habla b. hable
4. a. tenemos b. tengamos
5. a. pueden b. puedan

6. a. llueve b. llueva
7. a. pensamos b. pensemos

B. La vida bohemia. *You like to "live it up," enjoying parties, celebrations, and holidays. Respond to what you hear using the cue in your lab manual and the subjunctive form of the verb. Omit subject nouns and pronouns in your response. Then repeat the correct answer after the speaker. Each sentence will be read twice. First listen to the model.*

MODELO	You hear:	La universidad está cerrada.
	You see:	Me gusta que ...
	You say:	**Me gusta que esté cerrada.**
	You hear and repeat:	**Me gusta que esté cerrada.**

1. No me gusta que...
2. Prefiero que no...
3. Me alegro de que...
4. Me gusta que...
5. Espero que...
6. Le voy a pedir que...

C. *Complete each of the statements or questions that follow with the more appropriate choice from your lab manual. Read aloud the choice and then repeat the complete answer after the speaker. Each statement or question will be read twice. First listen to the model.*

MODELO	You hear:	Tengo miedo que...
	You see:	haya un incendio / estés muy bien
	You say:	**haya un incendio**
	You hear and repeat:	**Tengo miedo que haya un incendio.**

1. esté alegre / esté muy enfermo
2. no puedan venir a la fiesta / duerman bien
3. se mueran / estén contentos
4. coma demasiado / visite la catedral
5. no se preocupen / haya un terremoto
6. tengas un feliz cumpleaños / te duela la cabeza

Copyright © 1989 by Holt, Rinehart & Winston, Inc. All rights reserved.

II. EL USO DEL SUBJUNTIVO Y DEL INDICATIVO EN EXPRESIONES IMPERSONALES Y EN OTRAS CLÁUSULAS SUSTANTIVAS

A. *Respond to each statement you hear, using the cue provided in your lab manual. Use the appropriate indicative or subjunctive form of the principal verb. Then repeat the answer after the speaker. First listen to the models.*

MODELOS

a. You hear: Le duele la pierna.
You see: Es una lástima que ...
You say: **Es una lástima que le duela la pierna.**
You hear and repeat: **Es una lástima que le duela la pierna.**

b. You hear: El vestido es un poco grande.
You see: Es obvio que ...
You say: **Es obvio que el vestido es un poco grande.**
You hear and repeat: **Es obvio que el vestido es un poco grande.**

1. Es posible que...
2. Es evidente que...
3. No es cierto que...
4. Es ridículo que...
5. Es probable que...
6. Es difícil que...
7. Es bueno que...

B. *Evelina is talking about her family's activities and plans during* **el Año Nuevo.** *She is certain about some things and uncertain about others. After listening to what she says, you will be asked to place specific events in one of two categories: certainty or doubt. The entire passage will be read twice to help you remember Evelina's comments.*

C. *Listen to the following statements based on Evelina's description of family activities; each statement will be read twice. If Evelina was certain about the statement, mark the column under* **Sí.** *If she was doubtful about it, mark the column under the question marks. First listen to the model.*

MODELO You hear: Nadie va al trabajo para el Año Nuevo.
You mark: **Sí.**

	SÍ	¿?
1.	____________	____________
2.	____________	____________
3.	____________	____________
4.	____________	____________

	sí	¿?
5.	________	________
6.	________	________
7.	________	________

III. PALABRAS AFIRMATIVAS Y PALABRAS NEGATIVAS

A. *Disagree with the speaker, changing the affirmative statements to negative ones. The speaker will then rephrase your answer in a question showing surprise and you will repeat it. Each affirmative statement will be read twice. First listen to the model.*

MODELO	You hear:	Hay alguien en el parque.
	You say:	**No hay nadie en el parque.**
	You hear and repeat:	**¿No hay nadie en el parque?**

B. *Fernando, the sourpuss, is convinced that his party will be a disaster. Listen to his statements and then contradict him with an affirmative statement. Then repeat the correct answer after the speaker. Each statement will be read twice. First listen to the model.*

MODELO	You hear:	Nadie va a venir a mi fiesta.
	You say:	**Pero sí, alguien va a venir a tu fiesta.**
	You hear and repeat:	**Pero sí, alguien va a venir a tu fiesta.**

IV. ADVERBIOS TERMINADOS EN *-MENTE*

A. *For each adjective you hear, form an adverb by adding the suffix* **-mente** *and write it in your lab manual. Then repeat the correct adverb after the speaker. Each adjective will be read twice. First listen to the model.*

MODELO	You hear:	probable
	You write:	**probablemente**
	You hear and repeat:	**probablemente**

Now begin.

1. ________ 5. ________
2. ________ 6. ________
3. ________ 7. ________
4. ________ 8. ________

Copyright © 1989 by Holt, Rinehart & Winston, Inc. All rights reserved.

B. *Help to rephrase the sentences you hear, changing the adjective describing Marisa to an adverb with* **-mente.** *The speaker will begin the new sentence. You supply the adverb and then repeat the correct answer after the speaker. Each sentence will be read twice. First listen to the model.*

MODELO	You hear:	Cuando habla, Marisa es muy cortés. Habla...
	You say:	**cortésmente**
	You hear and repeat:	**Habla cortésmente.**

DIÁLOGO

A. *Listen to the following dialogue as you read along. Be prepared to do comprehension exercise* **B** *that follows.*

Don Antonio, un español de 75 años, está en un pequeño pueblo de México, de visita en casa de su hija Paula. Es época de Navidad. Algunas familias se han reunido en la casa de Paula para celebrar las Posadas.

PAULA Entren, por favor. Están en su casa.

UNA VECINA ¡Qué bonito está todo! ¡Nunca había visto adornos tan lindos! ¡...y el nacimiento es precioso!

PAULA Gracias. Diles a tus hijos que se sienten aquí al lado de mi padre. Quiero que vean bien las Posadas.

VECINA Muchas gracias. Como don Antonio no sabe nada de esto, ¿quieres que le explique el origen de la celebración?

PAULA Sí, por favor. Es importante que comprenda todo lo que pasa.

VECINA Pues... ¡es una celebración totalmente mexicana! Creo que viene de la época de los aztecas.

VECINO Probablemente no.... Es evidente que es una ceremonia muy cristiana...

VECINA No, querido, en eso no estoy de acuerdo contigo... No «es evidente» pero sí es verdad que algunas cosas son típicamente indias y...

DON ANTONIO ¡Escuchen! Ya han empezado las canciones.

VECINA Dos hombres empiezan a cantar; uno hace el papel de San José y el otro hace el papel del dueño de la casa...

Una hora después. Las canciones han terminado.

PAULA Pues, que pasen todos al comedor. La comida está lista. Sí, ahora es mejor que todos entren, coman, beban ¡y se diviertan! A ver..., ¡que traigan la piñata!

NIÑO ¡Mira qué grande es la piñata, abuelo! ¿Tienen piñatas en España?

DON ANTONIO No, mi tesoro. No es nuestra costumbre.

NIÑO ¡Pobres niños españoles!

B. *Some of the following statements based on the dialogue are accurate and others are not. Listen to each statement, which will be read twice, and then circle* **V (verdadero)** *if the statement is true, and* **F (falso)** *if it is false. .*

1. V F
2. V F
3. V F
4. V F
5. V F
6. V F
7. V F

PARA ESCUCHAR Y ESCRIBIR

A. *Señora Kingsley is talking about friends who have birthdays on or around the same day. You will write part of what she says and then in Exercise* **B** *answer some questions about it. Write down what you hear after each pause; some phrases are already written below. Each segment will be read twice. Then the entire passage will be repeated so that you can check what you have written.*

¿Celebras tu cumpleaños el mismo día que uno de tus amigos? Hace varios años yo conocí ________________ que tenían ________________ el mismo ________________ ________________ de julio, pocos días ________________ cumpleaños. Ellos ________________. Y mi esposo nació ________________ yo, también ________________. Ahora tengo un amigo ________________ un 17 de julio, ¡el mismo día de mi cumpleaños! Es Eduardo, ________________ amiga Teresa. Algún día probablemente vamos a ________________ ________________, ¡con ________________ ________________ doble!

Copyright © 1989 by Holt, Rinehart & Winston, Inc. All rights reserved.

B. *Now listen to the following incomplete statements based on the passage and circle the appropriate ending from the phrases printed in your lab manual. Each incomplete statement will be read twice.*

1. a. cumpleaños el mismo día — b. cumpleaños el mismo día que ella
2. a. se casaron — b. se conocieron
3. a. una semana antes que ella — b. una semana después que ella
4. a. el esposo de su amiga Teresa — b. el hijo de su amiga Teresa
5. a. celebrarlo juntos — b. cenar juntos

NOMBRE ______________________ FECHA __________ CLASE __________

CAPÍTULO 15

NOVIOS Y AMIGOS

VOCABULARIO

Study the drawings in your lab manual and listen to the following statements. If the statement is logical, write **Sí.** *If it is not, write* **No.** *Each statement will be read twice.*

1. __________
2. __________
3. __________
4. __________
5. __________
6. __________
7. __________
8. __________

PRONUNCIACIÓN

First listen and then repeat the following cognates, concentrating on their pronunciation.

el actor	eterno	el papá
la promesa	el hotel	la radio
el director	la mamá	la televisión
la sinagoga	el divorcio	el matrimonio

The endings **-ente** *and* **-ante** *in Spanish generally correspond to the English endings* ***-ent*** *and* ***-ant.*** *Listen and repeat these words.*

el agente	excelente	el restaurante
el accidente	inteligente	importante
fascinante	el elefante	elegante

Copyright © 1989 by Holt, Rinehart & Winston, Inc. All rights reserved.

The Spanish endings **-oso** *and* **-osa** *often correspond to the English ending* **-ous.** *Listen and repeat these words.*

maravilloso	generosa	religiosa
celoso	famosa	misterioso

I. EL FUTURO

A. *Respond to each statement or question you hear by saying that some day the action will be performed. Use the future tense in your answers. Then repeat the correct answer after the speaker. Each statement or question will be read twice. First listen to the model.*

MODELO	You hear:	¿Esperas que ellos se casen?
	You say:	**Algún día se casarán.**
	You hear and repeat:	**Algún día se casarán.**

B. *When the speaker tries to speak of you as part of his or her group (using* **nosotros***), make a distinction based on the clue provided below. Then repeat the correct answer after the speaker. Each statement will be read twice. First listen to the model.*

MODELO	You hear:	Volvemos el lunes.
	You see:	el martes
	You say:	**Ustedes volverán el lunes, yo volveré el martes.**
	You hear and repeat:	**Ustedes volverán el lunes, yo volveré el martes.**

1. leche
2. Sevilla
3. estudiar
4. tarde
5. avión
6. a las seis

C. *You will be asked a question and offered a possible answer. Each of these will be read twice. Reply that you do not know, and give the answer using the future tense form of the verb to show probability. Then repeat the correct answer after the speaker. First listen to the model.*

MODELO	You hear:	¿Qué hora es? ¿Las once?
	You say:	**No sé, serán las once.**
	You hear and repeat:	**No sé, serán las once.**

NOMBRE ______________________ FECHA __________ CLASE __________

II. EL CONDICIONAL

A. *Each of the following statements will be read twice. Restate what you hear, replacing the* **iba a** *+ infinitive phrase with the corresponding conditional form. Then repeat the correct answer after the speaker. First listen to the model.*

MODELO You hear: Te dije que iba a divorciarme.
You say: **Te dije que me divorciaría.**
You hear and repeat: **Te dije que me divorciaría.**

B. *Listen to the following statements. Then mark an* X *under* **futuro, condicional,** *or* **imperfecto,** *according to the verb tense you hear. Each statement will be read twice. First listen to the model.*

MODELO You hear: Viviríamos en un apartamento pequeño.
You mark an *X* under **condicional** because you heard **viviríamos.**

	futuro	condicional	imperfecto
Modelo		X	
1.			
2.			
3.			
4.			
5.			
6.			
7.			
8.			

C. *Change what you hear to a softened request or suggestion, using the appropriate conditional form of* **deber** *or* **poder** *with the principal verb. Then repeat the correct answer after the speaker. Each request or suggestion will be read twice. First listen to the models.*

MODELOS a. You hear: Hace calor. Abra la ventana.
You say: **Hace calor. ¿Podría abrir la ventana?**
You hear and repeat: **Hace calor. ¿Podría abrir la ventana?**

b. You hear: ¡Cásense ustedes!
You say: **Ustedes deberían casarse.**
You hear and repeat: **Ustedes deberían casarse.**

Copyright © 1989 by Holt, Rinehart & Winston, Inc. All rights reserved.

III. LA FORMA ENFÁTICA DE LOS ADJETIVOS POSESIVOS

A. *Change the following sentences to the affirmative or negative, according to the clues you see in your manual. Make any other necessary changes. Then repeat the correct answer after the speaker. Each sentence will be read twice. First listen to the model.*

MODELO		
	You hear:	Las llaves no son nuestras.
	You see:	el cuadro / sí
	You say:	**El cuadro es nuestro.**
	You hear and repeat:	**El cuadro es nuestro.**

1. los regalos / sí
2. el apartamento / sí
3. la fiesta / no
4. la camisa / no
5. los anillos / no
6. las sandalias / sí

B. **Club de admiración mutua.** *You will hear various people praise things you possess. Each of these comments will be read twice. Respond that the speaker's corresponding item, situation, etc., is also praiseworthy. Use the appropriate possessive pronouns; employ the familiar form if you are addressed as* **tú,** *and the formal form if you are addressed as* **usted.** *Repeat the correct answer after the speaker. First listen to the models.*

MODELOS			
	a.	You hear:	Tu casa es muy bonita.
		You say:	**La tuya es muy bonita también.**
		You hear and repeat:	**La tuya es muy bonita también.**
	b.	You hear:	Sus hijos son simpatiquísimos.
		You say:	**Los suyos son simpatiquísimos también.**
		You hear and repeat:	**Los suyos son simpatiquísimos también.**

NOMBRE ______________________ FECHA __________ CLASE __________

IV. EL RECÍPROCO

A. *All the sentences you will hear contain a reflexive pronoun. For each sentence, determine if the pronoun is part of a reflexive verb or if it is being used reciprocally. Then check the corresponding choice below. Each sentence will be read twice. First listen to the models.*

MODELOS

a. You hear: Ramón y Ramona se casaron ayer.
You check the **reflexivo** column.

b. You hear: Ellos se ven mucho.
You check the **recíproco** column.

	REFLEXIVO	RECÍPROCO
1.	________	________
2.	________	________
3.	________	________
4.	________	________
5.	________	________
6.	________	________
7.	________	________
8.	________	________

B. *Respond to each statement or question you hear by changing the verb to a reciprocal usage. Use* **se** *or* **nos,** *as appropriate. Then repeat the correct answer after the speaker. Each statement or question will be read twice. First listen to the models.*

MODELOS

a. You hear: Yo te escribo cada semana.
You say: **Nos escribimos cada semana.**
You hear and repeat: **Nos escribimos cada semana.**

b. You hear: Pablo entiende muy bien a Susana.
You say: **Se entienden muy bien.**
You hear and repeat: **Se entienden muy bien.**

Copyright © 1989 by Holt, Rinehart & Winston, Inc. All rights reserved.

DIÁLOGO

A. *Listen to the following dialogue while you read along. Be prepared to answer the questions that follow in comprehension exercise B.*

Un autobús turístico entra a la ciudad de Sevilla.

GUÍA Dentro de unos minutos llegaremos al Barrio de Santa Cruz.

SRA. VEGA Para ser tan joven, el guía sabe mucho, ¿no lo crees?

SOFÍA Será muy inteligente... o tendrá mucha memoria... Yo no podría recordar tantos hechos históricos.

DAVID Perdón, señorita, por casualidad, ¿ha estado alguna vez en la Argentina?

SOFÍA ¿Yo...? No, nunca. ¿Por qué me pregunta eso?

DAVID Pues, por nada. Yo soy argentino. Me llamo David Blum.

SOFÍA ¿Blum? Ése es mi apellido también. ¡Qué casualidad! Y me gustaría conocer la Argentina. Mis padres pasaron la luna de miel en Buenos Aires. Pienso ir allí algún día.

DAVID Me encantaría enseñarle la ciudad. A propósito, ¿adónde irá después de visitar Sevilla?

SOFÍA Seguiré con la misma compañía hasta Granada. El sábado próximo se casa mi prima. Estaré allá para la boda. Ella y su novio se conocieron en la Universidad de Granada el año pasado. ¿Y usted...? ¿Volverá a la Argentina pronto?

DAVID No... Me encontraré con mi hermano en Málaga. Pero tengo tres días libres. Tal vez los pasaré en Granada. Podríamos visitar la Alhambra juntos... y así tendríamos tiempo de conocernos mejor...

B. *You will hear a series of erroneous statements about the dialogue; each will be read twice. Correct them; omit subject nouns and pronouns. Then repeat the correct answer after the speaker. First listen to the model.*

MODELO	You hear:	Cuando se conocieron, Sofía y David iban para Granada.
	You say:	**No, cuando se conocieron, iban para Sevilla.**
	You hear and repeat:	**No, cuando se conocieron, iban para Sevilla.**

NOMBRE ______________________________ FECHA __________ CLASE __________

COMPRENSIÓN AUDITIVA

Refer to the drawing you see in your lab manual to answer the following questions. For each question you'll see two possible answers. Respond by circling the letter of the appropriate answer. Each question will be read twice. First listen to the model.

MODELO	You hear:	¿Qué hacen César y Claudia?
	You see and circle:	a. Se llaman Sandra y Lola.
		(b.) Se dicen palabras de amor.

1. a. Ellos se saludan.
   b. Ellos se abrazan y se besan.
2. a. Ellos se saludan.
   b. Ellos se abrazan y se besan.

Copyright © 1989 by Holt, Rinehart & Winston, Inc. All rights reserved.

3. a. Se llaman Sandra y Lola.
   b. Se llaman Gonzalo y Antonio.
4. a. Se está bañando.
   b. Se está vistiendo.
5. a. Se está bañando.
   b. Se está vistiendo.
6. a. Seguramente hizo algo malo.
   b. Tal vez tenga una cita con Claudia.
7. a. Seguramente hizo algo malo.
   b. Seguramente está enamorada de él.
8. a. Sí, no hay duda de que se llevan muy bien.
   b. No, no hay duda de que no va a durar mucho tiempo allí.

NOMBRE ______________________ FECHA __________ CLASE __________

CAPÍTULO 16

SENTIMIENTOS Y EMOCIONES

VOCABULARIO

Listen to the following comments which will be read twice. React to each one by circling the letter of the most logical reaction or completion.

1. a. Está furioso.
   b. Está contento
2. a. empieza a llorar
   b. empieza a reírse
3. a. Ella está muy enojada con él.
   b. Ella está muy orgullosa de él.
4. a. ¡Qué suerte!
   b. ¡Qué vergüenza!
5. a. se enojó
   b. se rió
6. a. ¡Qué alegría!
   b. ¡Qué lástima!
7. a. mucha risa.
   b. mucha rabia.

PRONUNCIACIÓN

In Spanish, every syllable contains only one vowel or diphthong. Diphthongs are never divided. However, when two strong vowels come together, they are divided into two syllables. When a single consonant (including **ch** *and* **ll***) comes between two vowels, the consonant begins a new syllable. Listen and repeat these words.*

ra-bia	chis-te	de-si-lu-sio-na-do	or-gu-llo-so
ri-sa	pe-cho	cam-pe-o-na	i-de-a

Copyright © 1989 by Holt, Rinehart & Winston, Inc. All rights reserved.

When two consonants are together, they are divided into two syllables except when followed by an **l** *or* **r.** *Listen and repeat these words.*

cum-ple-a-ños	ven-gan-za	an-sio-so
de-tec-ti-ve	a-bu-rrir-se	a-le-grar-se
re-pre-sa	pro-ble-ma	

Listen to the following words — which will be read twice — and divide each into syllables with slashes.

silla	frustrado	avergonzarse	llorar
vergüenza	aunque	despedida	alegría
sorpresa	aeropuerto		

I. EL SUBJUNTIVO EN CLÁUSULAS ADJETIVALES

A. El pesimista. *Your friend Rodrigo thinks that he will not be able to find the information, things, and people that he needs. His comments will be read twice. Offer to help him by rephrasing what he says, based on the cue provided below. He will then repeat what you say in question form and offer a comment. Do not repeat his answer. First listen to the model.*

MODELO	You hear:	No hay nadie que tenga esa información.
	You see:	Yo conozco a alguien que... esa información.
	You say:	**Yo conozco a alguien que tiene esa información.**
	You hear (but do not repeat):	¿Conoces a alguien que tiene esa información? ¿De veras? ¡Qué alegría!

1. Conozco un restaurante barato que... buena comida francesa.
2. Conozco a alguien que... trabajar los fines de semana.
3. Mi prima es una mujer que... independiente, alegre y divertida.
4. Mi tío tiene un auto pequeño, bueno, ¡y que... muy poco!
5. Creo que hay alguien que... la respuesta.
6. Yo trabajo en una oficina donde nadie...

B. *You work outdoors in a busy section of the city. When people come up to you and ask if you know or have seen individuals or things with certain characteristics, reply in the negative and rephrase their questions, which will be read twice. Use the subjunctive of the verb you hear. Part of the answer is provided below. Then listen to the complete answer, but do not repeat it. First listen to the model.*

MODELO		
	You hear:	Perdone, ¿ha visto usted a un hombre alto y que parece un poco loco?
	You see:	No, lo siento, no he visto a nadie alto y... loco.
	You say:	**No, lo siento, no he visto a nadie alto y que parezca un poco loco.**
	You hear (but do not repeat):	No, lo siento, no he visto a nadie alto y que parezca un poco loco.

1. No, lo siento, no he visto a ninguna persona baja y que... amarillos.
2. No, lo siento, no ha pasado nadie que... grandísimas.
3. No, lo siento, no conozco a nadie que... en esta calle.
4. No, lo siento, no... ningún auto que... colores.
5. Lo siento, pero por aquí no... ningún perro (*dog*) que... resfriado y que se... mucho. ¡Hay mucha gente en esas condiciones hoy!

II. EL SUBJUNTIVO Y LAS CONJUNCIONES ADVERBIALES

A. *Respond to each sentence you hear by reading aloud the phrase written below, completing it according to what is said to you. Then repeat the correct answer after the speaker. Each comment will be read twice. First listen to the model.*

MODELO		
	You hear:	El niño necesita dormir.
	You see:	Debemos irnos para que...
	You say:	**Debemos irnos para que duerma.**
	You hear and repeat:	**Debemos irnos para que duerma.**

1. No voy a la fiesta a menos que Luis...
2. Adriana piensa casarse sin que lo...
3. Voy a llevar el paraguas en caso de que...
4. Le llevamos un regalo para que no...
5. Es difícil explicárselo antes de que...
6. Quiero pedirles algo antes de que...
7. Dile que lo llevamos al parque con tal que no...
8. No le digas nada para que no le...

Copyright © 1989 by Holt, Rinehart & Winston, Inc. All rights reserved.

B. *Each sentence you hear contains an adverbial clause. Determine if the speaker views what is expressed in that clause as a fact (it already happened, it normally happens, etc.) or, in contrast, as a future or hypothetical situation. Then check the corresponding columns below:* **un hecho** *for a fact or* **una hipótesis** *for a hypothetical situation. Each sentence will be read twice. First listen to the model.*

MODELO You hear: Es lógico escuchar guaraní cuando uno está en Paraguay.
You check: un hecho.

	UN HECHO	UNA HIPÓTESIS
1.	_____	_____
2.	_____	_____
3.	_____	_____
4.	_____	_____
5.	_____	_____
6.	_____	_____
7.	_____	_____
8.	_____	_____

C. *Respond to each of the following statements by rephrasing what you hear to make it express a fact instead of a hypothesis. Use* **siempre** *to indicate a customary situation. Then repeat the correct answer after the speaker. Each statement will be read twice. First listen to the model.*

MODELO You hear: Voy a estar más ocupada cuando venga mi mamá.
You say: **Siempre estás más ocupada cuando viene tu mamá.**
You hear and repeat: **Siempre estás más ocupada cuando viene tu mamá.**

D. Repaso del subjuntivo. *Determine whether each of the following words or phrases requires the* **subjuntivo** *or the* **indicativo,** *and check the corresponding column below. If the phrase may take either subjunctive or indicative, check the* **los dos** *column. Each word or phrase will be read twice. First listen to the model.*

MODELO You hear: después de que
You check the **los dos** column.

	SUBJUNTIVO	INDICATIVO	LOS DOS
1.	____	____	____
2.	____	____	____
3.	____	____	____
4.	____	____	____
5.	____	____	____
6.	____	____	____
7.	____	____	____
8.	____	____	____

III. USOS DEL INFINITIVO

A. *You will hear eight numbered sentences. Write the number of the sentence you hear under the sign with which you associate it. The first sentence is marked as example. Each sentence will be read twice.*

Copyright © 1989 by Holt, Rinehart & Winston, Inc. All rights reserved.

B. *When a friend claims that your boss has tried to call you, or says that she (your boss) has just done something, save face by telling a "little white lie." Rephrase each statement using the* **yo** *form of* **tratar de** *or* **acabar de** *with the infinitive, as in the models. Then repeat the correct answer after the speaker. Your friend's statements will be read twice. First listen to the models.*

MODELOS			
	a.	You hear:	Trató de llamarte. Pero tu teléfono estaba ocupado.
		You say:	**Yo traté de llamarla también.**
		You hear and repeat:	**Yo traté de llamarla también.**
	b.	You hear:	Acaba de hablar con el director.
		You say:	**Yo acabo de hablar con el director también.**
		You hear and repeat:	**Yo acabo de hablar con el director también.**

DIÁLOGO

A. *Listen to the following dialogue while you read along. Be prepared to answer the questions that follow in exercise* **B.**

Dos mujeres se encuentran en la «Peluquería Guaraní» de Asunción, Paraguay.

GLORIA ¡Hola, Elena! ¡Cuánto me alegro de verte! ¿Cómo estás?

ELENA Muy bien, Gloria. ¡Qué sorpresa! Hacía tanto que no te veía. ¿Qué haces aquí?

GLORIA Vengo todos los meses para que me cambien el color del pelo. Hay una muchacha aquí que me lo hace muy bien, sin que nadie pueda notarlo. No quiero que mi novio descubra que no soy rubia natural. Me da vergüenza decírselo.

ELENA Pero cuando él sepa la verdad, se va a sentir desilusionado, ¿no lo crees?

GLORIA Tal vez sí, pero no importa. Por ahora no lo sabe y está contento.

MARÍA Buenas tardes, señorita Martínez. Tan pronto como termine con la señora Ospina, la atiendo.

GLORIA Gracias, María. No tengo prisa.

MARÍA (*a Elena*) ¿Y usted, señorita? ¿En qué puedo servirla?

ELENA Tengo que dar una charla y necesito un peinado que sea elegante y sencillo a la vez.

MARÍA No hay ningún problema... si usted puede esperar unos veinte minutos hasta que termine con otra cliente.

ELENA Cómo no... Francamente, Gloria, me parece triste que una mujer le tenga que mentir a su novio o a su esposo.

GLORIA ¿Por qué? Ellos nos mienten a nosotras... Creo que cuando te cases, Elena, vas a pensar de otra manera.

ELENA Lo dudo... Además es difícil que me case aquí.

GLORIA ¿No conoces a ningún hombre que te interese?

ELENA Sí, pero no hay ninguno que me guste para esposo.

GLORIA ¡Qué increíble! Espero que no te mueras soltera.

ELENA ¿Por qué no? Mi abuela siempre decía que «más vale estar solo que mal acompañado». Y en mi caso, realmente prefiero estar soltera que mal casada...

B. *Now you will hear a series of erroneous statements about the dialogue; each statement will be read twice. Correct them; leave out subject nouns and pronouns. Then repeat the correct answer after the speaker. First listen to the model.*

MODELO	You hear:	Gloria y Elena se encuentran en un restaurante.
	You say:	**No, se encuentran en una peluquería.**
	You hear and repeat:	**No, se encuentran en una peluquería.**

PARA ESCUCHAR Y ESCRIBIR

A. *Listen to the following passage and write down what you hear during each pause; some phrases are already written below. Each sentence or phrase will be read twice. The entire passage will then be repeated without pauses so that you can check what you have written.*

¡Nunca ________________ las

mujeres! Ellas ________________,los

hombres, ________________

Robert Redford ________________

Sylvester Stallone. También ________________ todos

nosotros ________________ J. R. Ewing

________________ llevarlas ________________

________________ elegantes. ¿Por qué

________________ ellas la cuenta ________________

de vez en cuando? ¡Eso no es justo (*just, fair*)! Y si ________________

________________ que no les gusta, empiezan a

____

insensibles. Claro que ________________, pero

____

avergonzados. ¿Por qué no ________________

mujeres ________________ hombres?

Copyright © 1989 by Holt, Rinehart & Winston, Inc. All rights reserved.

B. *Answer the following questions based on what you heard and wrote above. Write down your answers with complete sentences; the first few words of each answer have already been written below. Each question will be read twice.*

1. Se queja ______________________________.
2. Según él, buscan ______________________________

______________________________.

3. Se sienten avergonzados ______________________________.
4. Dice que deben comprarles ______________________________

______________________________.

5. Se pregunta por qué ______________________________

______________________________.

NOMBRE ______________________ FECHA __________ CLASE __________

CAPÍTULO 17

DE COMPRAS

VOCABULARIO

Answer the following questions, which are based on the drawings below. Then repeat the correct response after the speaker. Each question will be read twice. First listen to the model.

MODELO	You hear:	¿Dónde podemos comprar pan y galletas?
	You say:	**En la panadería.**
	You hear and repeat:	**En la panadería.**

En la farmacia...

En la agencia de viajes...

En el almacén...

En la tienda...

En el banco...

En la mueblería...

En la panadería...

En la librería...

PRONUNCIACIÓN

In Spanish, the intonation, or the rise and fall in the pitch of a speaker's voice, is different from that in English. Spanish speakers differentiate questions and statements by a rise and fall in the pitch of their voice at the end of a sentence. English speakers vary the rise and fall of their voice more often and use a greater range of pitches. Listen to these sentences.

Question:	¿Sabías todo eso?	Did you know all that?
Statement:	Yo sabía todo eso.	I knew all that.

Copyright © 1989 by Holt, Rinehart & Winston, Inc. All rights reserved.

Listen and repeat the following sentences after the speaker, concentrating on the intonation.

— ¿Es mío este refresco?
— Sí, es tuyo.

— Quisiera hablar con el director.
— Lo siento, pero no está aquí.

— ¿Encontraron algo que les gustara?
— No, no vimos nada que nos gustara.

— ¿Hasta cuándo tienen estas ofertas?
— Hasta fin de mes.

— ¿Qué harías si fueras rico?
— Viajaría por todo el mundo.

I. EL IMPERFECTO DEL SUBJUNTIVO

A. *Change the following sentences, substituting the cues you hear. Then repeat the correct answer after the speaker. First listen to the model.*

MODELO	You hear:	Dudaban que Pancho tuviera el dinero. (tú)
	You say:	**Dudaban que tú tuvieras el dinero.**
	You hear and repeat:	**Dudaban que tú tuvieras el dinero.**

B. *Listen to the following verbs and verb phrases and determine whether or not they are in the imperfect subjunctive; each verb or verb phrase will be read twice. (Remember that regular* **-ar** *verbs have future forms such as* **hablará** *that differ from the imperfect subjunctive —* **hablara** *— only in stress.) Check the* **Sí** *or* **No** *choice below, as appropriate. First listen to the models.*

MODELOS a. You hear: que comprara
You check: Sí

b. You hear: que comprará
You check: No

1. ____ Sí ____ No

2. ____ Sí ____ No

3. ____ Sí ____ No

4. ____ Sí ____ No

5. ____ Sí ____ No

6. ____ Sí ____ No

7. ____ Sí ____ No
8. ____ Sí ____ No
9. ____ Sí ____ No
10. ____ Sí ____ No
11. ____ Sí ____ No
12. ____ Sí ____ No

C. Cambio de opinión. *You will be asked a question containing a verb in the present and a second verb in the present subjunctive. Rephrase the question by giving your response in the past; you wanted something to happen, but you have changed your mind and this is no longer the case. Part of your response is provided below. Then repeat the correct answer after the speaker. Each question will be read twice. First listen to the models.*

MODELOS

a. You hear: ¿Quieres que compre pan?
You see: Quería que lo..., pero ya no.
You say: **Quería que lo compraras, pero ya no.**
You hear and repeat: **Quería que lo compraras, pero ya no.**

b. You hear: ¿Busca a alguien que cuide a la niña?
You see: Buscaba a alguien que la..., pero ya no.
You say: **Buscaba a alguien que la cuidara, pero ya no.**
You hear and repeat: **Buscaba a alguien que la cuidara, pero ya no.**

1. Prefería que... conmigo, pero ya no.
2. Necesitaba que..., pero ya no.
3. Quería que la..., pero ya no.
4. Le pedí que lo..., pero ya no.
5. Buscábamos un secretario que... alemán, pero ya no.
6. Quería llamarla antes que..., pero ya no.
7. Esperé ocho años que..., pero ya no.
8. Iba a pedirle que no..., pero ya no.

Copyright © 1989 by Holt, Rinehart & Winston, Inc. All rights reserved.

II. EL IMPERFECTO DE SUBJUNTIVO EN CLÁUSULAS CON *SI*

A. *Listen to the following statements. If the speaker views the situation as true or definite, or is making a simple assumption, check the* **Sí** *column below. If the speaker views the situation as hypothetical or contrary to fact, check the* **?** *column. Each statement will be read twice. First listen to the model.*

MODELO You hear: Si terminamos pronto, podemos salir temprano.
You check: Sí

	SÍ	?
1.	___	___
2.	___	___
3.	___	___
4.	___	___
5.	___	___
6.	___	___
7.	___	___
8.	___	___

B. *Listen to the following sentences and circle the letter of the most logical response to complete each one. Each sentence will be read twice. First listen to the model.*

MODELO You hear: Si no entendiera la lección ...
You see and circle: a. miraría televisión.
(b.) hablaría con el profesor.

1. a. descansaras un poco.
   b. bailaras más.
2. a. se acostara más temprano.
   b. durmiera menos.
3. a. no asistiría a clase.
   b. estudiaría más.
4. a. nos lo prestaría.
   b. nos lo pediría.
5. a. tuviéramos un accidente.
   b. hiciéramos una fiesta.
6. a. me sentaría.
   b. caminaría más.
7. a. sería actor.
   b. sería millonario.
8. a. lloviera.
   b. hiciera calor.

C. *Your friend Martin will make statements about unreal or remotely possible things as if they were reasonable assumptions; his statements will be read twice. Bring him down to earth by making what he says appear unreal or hypothetical; give the* **si** *clause only. Then repeat the correct answer after the speaker. First listen to the models.*

MODELOS a. You hear: Si cuesta menos, lo voy a comprar.
You say: **Claro, si costara menos.**
You hear and repeat: **Claro, si costara menos.**

b. You hear: No tendré frío si me quedo en casa.
You say: **Claro, si te quedaras en casa.**
You hear and repeat: **Claro, si te quedaras en casa.**

III. CAMBIO DE LAS CONJUNCIONES *Y* EN *E* Y *O* EN *U*

You will hear a few phrases; each phrase will be read twice. Reverse the order of the words you hear and make any necessary changes in the conjunction. Then repeat the correct answer after the speaker. First listen to the model.

MODELO You hear: Ignacio y Eduardo
You say: **Eduardo e Ignacio**
You hear and repeat: **Eduardo e Ignacio**

IV. FORMAS DIMINUTIVAS

A. *You will hear some words which will be read twice. Give an appropriate diminutive form for each of them, and then repeat the correct answer after the speaker. First listen to the model.*

MODELO You hear: amigo
You say: **amiguito**
You hear and repeat: **amiguito**

B. *Each of the following sentences contains a diminutive. Repeat only the diminutive word, then state the nondiminutive form of the same word. You will then hear the correct answer; do not repeat it. Each sentence will be read twice. First listen to the model.*

MODELO You hear: Hijo, ¿le vas a dar un besito a tu abuela?
You say: **besito, beso**
You hear (but do not repeat): besito, beso

Copyright © 1989 by Holt, Rinehart & Winston, Inc. All rights reserved.

DIÁLOGO

A. *Listen to the following dialogue while you read along. Be prepared to answer the questions that follow in comprehension exercise* **B.**

Una pareja de un pequeño pueblo venezolano toma café con sus vecinos.

EL VECINO: No nos han dicho nada de su viaje a Caracas. ¿Qué les pareció la capital?
LA SEÑORA: ¡Horrible!
EL SEÑOR: Una gran desilusión. Todo era muy caro y de mala calidad. Además, las cosas tenían precios fijos y no se podía regatear. Nosotros hicimos el viaje principalmente para que los muchachos vieran los sitios importantes: los museos, la casa de Bolívar...
LA SEÑORA: Pero también vieron otras cosas sin que lo pudiéramos evitar.
LOS VECINOS: Total que no les gustó Caracas... ¿Pero qué cosas tan horribles vieron...?
EL SEÑOR: Fuimos al Parque del Este y vimos novios que se besaban en público, como si estuvieran solos en el mundo. En resumen, Caracas es un centro de perdición...

En otra parte de la casa, el hijo de catorce años y la hija de dieciséis toman refrescos con unos amigos.

EL AMIGO: ¿Y el viaje a Caracas? ¿Qué les pareció la ciudad?
EL HIJO: ¡Fabulosa! Allí todo es muy barato y de buena calidad. En las tiendas se venden miles de cosas.
LA HIJA: Sí, es un sueño. Los jóvenes se visten a la moda y tienen mucha libertad...
LA HIJA: Es una lástima que no pudiéramos pasar más tiempo en las playas. Conocimos allá a un grupo de chicos que nos invitaron a una fiesta.
EL HIJO: Sí, pero mamá nos prohibió que aceptáramos la invitación.
LA AMIGA: ¡Qué lástima! A mí me gustaría vivir algún día en Caracas.
EL HIJO: A mí también. Si yo pudiera vivir en esa ciudad, sería la persona más feliz del mundo.

B. *You will now hear a few statements about the dialogue above; each statement will be read twice. If what you hear is possible or probable, circle* **P** *for* **posible** *below. If it is impossible or improbable, circle* **I** *for* **imposible.** *First listen to the model.*

MODELO You hear: La pareja decide mudarse a Caracas.
You see and circle: P (I)

1. P I
2. P I
3. P I
4. P I
5. P I
6. P I

NOMBRE ______________________ FECHA __________ CLASE __________

COMPRENSIÓN AUDITIVA

You will hear some definitions or descriptions of certain things; each will be read twice. Identify the concept being defined or described by circling the correct answer below. First listen to the model.

MODELO You hear: Dinero que recibimos cuando trabajamos.
You see and circle: alquiler (sueldo) costo

1. inventario	boutique	almacén
2. millonaria	artesana	vecina
3. aumentar	cuidar	ahorrar
4. barato	rebajado	bizcocho
5. coche	galleta	bolívar
6. oferta	tapiz	caro
7. dependiente	cliente	local
8. deber	prestar	rebajar

Copyright © 1989 by Holt, Rinehart & Winston, Inc. All rights reserved.

NOMBRE ______________________________ FECHA __________ CLASE __________

CAPÍTULO 18

PROFESIONES Y OFICIOS

VOCABULARIO

What are the occupations of the people described below? Listen to the statements describing their work and then complete the sentence by identifying the person's occupation. Each statement will be read twice. First listen to the model.

MODELO You hear: Jorge lava y cuida el pelo de otras personas. Él es...
You write: **peluquero**.

1. ______________________ 5. ______________________

2. ______________________ 6. ______________________

3. ______________________ 7. ______________________

4. ______________________ 8. ______________________

PRONUNCIACIÓN

Proverbs and sayings are commonly heard in any language. In Spanish, they are called **refranes** *and* **dichos.** *Listen to the following examples and repeat each one after the speaker, concentrating on your pronunciation.*

De músico, poeta y loco, todos tenemos un poco.
We are all part musician, part poet, and part fool.

En casa del herrero, cuchillo de palo.
The blacksmith's mare and the shoemaker's children are the worst shod.
(literally, In the blacksmith's house, a wooden knife.)

Zapatero, a tus zapatos.
Stick to what you know best. (literally, Shoemaker, to your shoes.)

Tener más hambre que un maestro.
To be as poor as a churchmouse. (literally, To be hungrier than a teacher.)

Copyright © 1989 by Holt, Rinehart & Winston, Inc. All rights reserved.

Now listen to this tongue twister **(trabalenguas)** *and repeat each segment after the speaker.*

Pedro Pablo Pérez Pereira
pobre pintor portugués
pinta pinturas por poco plata
para pasar por París.

I. OTROS USOS DEL PROGRESIVO

A. *Respond to each statement you hear by saying that the person mentioned is performing the action at this particular moment. Use the present progressive form of the verb and do not repeat the subject noun or pronoun. Then repeat the correct answer after the speaker. Each statement will be read twice. First listen to the models.*

MODELOS

a. You hear: Pero tú casi nunca pides consejos.
You say: **Estoy pidiendo consejos en este momento.**
You hear and repeat: **Estoy pidiendo consejos en este momento.**

b. You hear: Juan debe ponerse el impermeable.
You say: **Se está poniendo el impermeable en este momento.** or: **Está poniéndose el impermeable en este momento.**
You hear and repeat: **Me estoy poniendo el impermeable ahora.** or: **Estoy poniéndome el impermeable ahora.**

B. *When you hear a statement saying that something is occurring at this or that time, reply that the action always occurs then. Change the present progressive to the present indicative and the past progressive to the imperfect indicative. Then repeat the correct answer after the speaker. Each statement will be read twice. First listen to the models.*

MODELOS

a. You hear: Riki Ortiz está gritando.
You say: **Siempre grita a esta hora.**
You hear and repeat: **Siempre grita a esta hora.**

b. You hear: Me acuerdo que papá estaba descansando.
You say: **Siempre descansaba a esa hora.**
You hear and repeat: **Siempre descansaba a esa hora.**

C. *You will hear a series of questions. Using the cues in your lab manual, formulate responses using various verbs with the progressive tenses. Then repeat the correct answer after the speaker. Each question will be read twice. First listen to the model.*

MODELO You hear: ¿Qué estabas haciendo cuando el senador Muñóz te llamó ayer?
You see: (yo) ir / caminar / a su oficina
You say: **Iba caminando a su oficina.**
You hear and repeat: **Iba caminando a su oficina.**

1. (yo) / andar / buscar / trabajo

____

2. seguir / decir / ir a / estar bien pronto

____

3. Sí, / venir / correr / por la plaza

____

4. ir / caminar / por el parque Bolívar

____

5. Sí, / (yo) / seguir / escribir / cuentos de ciencia-ficción

____

6. estar / dar un paseo / por el centro / ahora

____

II. USOS ADICIONALES DEL PRONOMBRE *SE*

A. *Respond to each statement you hear by asking why the situation exists or existed, using ¿***Por qué***...? and replacing the subject with* **se.** *Then repeat the correct question after the speaker. Each statement will be read twice. First listen to the model.*

MODELO You hear: No trabajan mucho aquí.
You say: **¿Por qué no se trabaja mucho aquí?**
You hear and repeat: **¿Por qué no se trabaja mucho aquí?**

Copyright © 1989 by Holt, Rinehart & Winston, Inc. All rights reserved.

B. *When someone states that you did something wrong or failed to do something right, indicate that it was an accident by using the* **se** *construction for unplanned events. Circle an appropriate answer from the choices given in your lab manual. Then repeat the correct answer after the speaker. Each statement will be read twice. First listen to the model.*

MODELO	You hear:	¡Todos los vasos están rotos!
	You see :	a. Se me cayeron. b. Se me cayó.
	You circle:	(a.) Se me cayeron.
	You hear and repeat:	**Se me cayeron.**

1. a. Se me cayó — b. Se me olvidó.
2. a. Se me acabaron. — b. Se me cayeron.
3. a. Se me olvidó. — b. Se me olvidaron.
4. a. Se me cayó. — b. Se me acabó.
5. a. Se me acabó. — b. Se me olvidaron.
6. a. Se me perdió. — b. Se me perdieron.
7. a. Se me acabó. — b. Se me olvidó.
8. a. Se me perdieron. — b. Se me acabó.

III. LOS ADJETIVOS USADOS COMO SUSTANTIVOS

A. *Each of the following statements or questions contains an adjective used as a noun. Determine which of the choices in your lab manual the adjective may refer to and circle it. Each statement will be read twice. First listen to the model.*

MODELO	You hear:	Me gustaría comprar esos peruanos.
	You see:	a. los ponchos b. las faldas
	You circle:	(a.) los ponchos

1. a. los muchachos — b. los vestidos
2. a. un televisor — b. unos zapatos
3. a. las manzanas — b. las abogadas
4. a. el precio — b. el auto
5. a. los secretarios — b. los lápices
6. a. el cura — b. la pintura
7. a. la catedral — b. la cantante
8. a. una camisa — b. una turista

NOMBRE ______________________ FECHA __________ CLASE __________

B. *Respond to each statement you hear by using the cue provided in your lab manual and making the necessary changes. Omit the noun from your response. Then repeat the correct answer after the speaker. Each statement will be read twice. First listen to the model.*

MODELO	You hear:	Prefiero los zapatos negros.
	You see:	rojo
	You say:	**Prefiero los rojos.**
	You hear and repeat:	**Prefiero los rojos.**

1. francés
2. pequeño
3. derecho
4. azul
5. japonés
6. mayor
7. peruano
8. mexicano

IV. EL FUTURO Y EL CONDICIONAL PERFECTOS

A. *Listen to the following dialogue as you read along. Be prepared to answer questions about it in comprehension exercise* **B.**

La novia de Manuel va a Lima en un viaje de negocios.

MANUEL ¿Crees que Amelia ya habrá llegado a Lima?
GUSTAVO Lo dudo, Manuel. Te habría llamado desde allí, ¿no?
MANUEL Tienes razón. Me habría llamado desde el aeropuerto.
GUSTAVO No te preocupes. Para el próximo sábado ya habrá vuelto y la tendrás contigo otra vez.

B. *Listen to the following statements. If the statement is probable, circle* **P***; if it is improbable, circle* **I**. *Each statement will be read twice.*

1. P I
2. P I
3. P I
4. P I
5. P I

C. *You are helping to write survey questions for an employment counseling firm planning to visit various universities. Some of the interviews will be conducted in Spanish. For each question, circle in your lab manual the best Spanish translation for the English verb. Each question will be read only once.*

1. a. habría escogido b. habrá escogido
2. a. habría tenido éxito b. habrá tenido éxito
3. a. habría comprado b. habrá comprado
4. a. se habría mudado b. se habrá mudado
5. a. se habría casado b. se habrá casado
6. a. habría tenido b. habrá tenido
7. a. habría tenido éxito b. habrá tenido éxito
8. a. habría escogido b. habrá escogido

Copyright © 1989 by Holt, Rinehart & Winston, Inc. All rights reserved.

DIÁLOGO

A. *Listen to the following dialogue as you read along. Be prepared to answer the questions that follow in comprehension exercise* **B.**

Unos amigos de Lima cenan en casa de los Menéndez en el Cuzco.

LUISA ¿Qué les parece el Cuzco?

ANDRÉS Es maravilloso. La catedral, las iglesias, los museos...¡es el sueño de los arqueólogos!

BLANCA Acabamos de ver las ruinas incas en Sacsahuamán. ¡Qué buena profesión tienes, Luisa!

MARÍA ELENA Hablando de profesiones, ¿estás contenta con la decisión que tomaste de estudiar para arqueóloga? ¿Qué otra carrera te habría gustado seguir?

LUISA No sé. Tal vez me habría gustado ser médica. Hay tanta necesidad de médicos aquí. Y tú, ¿qué habrías sido?

MARÍA ELENA Enfermera o tal vez dentista... El cuidado de la salud es muy importante y, como ustedes saben, aquí falta personal médico.

BLANCA Ahora que hemos hablado de lo que habríamos sido, ¿por qué no hablamos de lo que habremos hecho en cinco años?

ANDRÉS Muy bien, empieza tú.

Se oye un ruido muy grande en la cocina.

ROBERTO (*desde la cocina*) ¡Ayyy!

ANDRÉS Roberto, ¿qué estás haciendo? ¿Qué pasa?

ROBERTO Nada. Se me cayó el pollo.

BLANCA Para entonces habré hecho los planes para muchos edificios.

LUISA Pues, para ese año ya habré terminado mi estudio del imperio inca.

ROBERTO (*entrando con el pollo*) Yo habré llegado a ser jefe de todos los programadores del departamento... ¡y habré aprendido a cocinar!

B. *Now listen to the following questions based on the dialogue, and circle in your lab manual the words that best answer each question. Each question will be read twice.*

1. a. Es muy moderno. b. Es el sueño de los arqueólogos.
2. a. ruinas incas b. ruinas aztecas
3. a. profesora de español b. arqueóloga
4. a. médica b. abogada
5. a. arqueóloga b. enfermera o dentista
6. a. en la cocina b. en las ruinas
7. a. el helado b. el pollo
8. a. chef del mejor restaurante de Lima b. jefe de todos los programadores del departamento

NOMBRE ______________________ FECHA __________ CLASE __________

PARA ESCUCHAR Y ESCRIBIR

A. *Roberto is talking with Señora Decídelotodo, a well-known job counselor. In the blank spaces in your lab manual, write down what you hear after each pause; some phrases are already written below. Each phrase will be read twice. Then the entire passage will be repeated so that you can check your work. Be prepared to answer the questions that follow in comprehension exercise* **B.**

CONSEJERA Usted tiene que decidir ______________________ va a ______________________. En dos meses ______________________ ______________________ sus estudios universitarios. Tendrá que buscar trabajo...

ROBERTO ¡Ay! ¡Qué problema... ¡ Todavía no sé qué quiero ______________________ ______________________. Realmente habría preferido no ______________________ tan pronto. Me habría gustado seguir los planes preparados... por mis padres... o por algún consejero...

CONSEJERA A ver... ¿Qué carreras siguen sus hermanos? ______________________

ROBERTO Un poco de todo. Mi hermano Carlos es ______________________, mi hermana Elena es ______________________, mi hermano David es ______________________ y acaba de comprar ______________________... Mi hermana Clara es ______________________, mi hermano Jaime es ______________________, mi hermano Enrique es ______________________ y sueña con comprar un ______________________...

Copyright © 1989 by Holt, Rinehart & Winston, Inc. All rights reserved.

CONSEJERA Bueno... Se ve que sus hermanos siguen varias carreras interesantes, pero...

________________________________ con su problema particular.

ROBERTO Pero..., ¡usted es consejera de trabajo! Tiene que darme consejos...

CONSEJERA Pues..., ¿____ a Madame

Leonor, ____ espiritista...?

B. *Now listen to the following statements, which will be read twice. If the statement is true (**verdadero**), circle **V**; if it is false (**falso**), circle **F**.*

1. V F
2. V F
3. V F
4. V F
5. V F
6. V F
7. V F
8. V F

CAPÍTULO 19

EN CASA

VOCABULARIO

In your lab manual you see the floorplan of a typical apartment. Each room has been given a letter to identify it. Ana and Raúl are discussing activities and furniture for various rooms. Listen to their statements and then in your lab manual write the letter of the appropriate room in the blank next to the number of the statement. You will hear each statement twice. First listen to the model.

MODELO You hear: Cuando tengo hambre, voy a ese cuarto para buscar cosas en la nevera.
You write: **d**

1. ________
2. ________
3. ________
4. ________
5. ________
6. ________
7. ________
8. ________

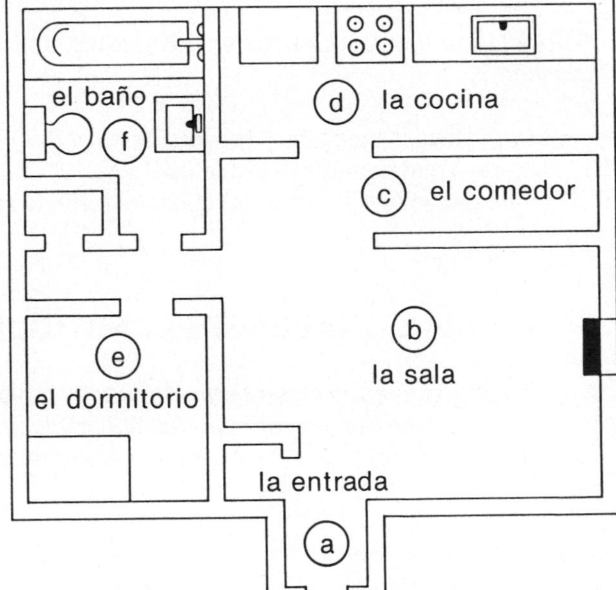

Copyright © 1989 by Holt, Rinehart & Winston, Inc. All rights reserved.

PRONUNCIACIÓN

Proverbs and sayings are commonly heard in any language. In Spanish, they are called **refranes** *and* **dichos.** *Listen to the following examples and repeat each one after the speaker, concentrating on your pronunciation.*

El que se casa, casa quiere.
One who marries wants a house.

Mi casa es su casa.
Make yourself at home. (Literally: My house is your house.)

La casa es chica, pero el corazón es grande.
It's the thought that counts. (Literally: The house is small, but the heart is large.)

Mientras que en mi casa estoy, rey (reina) soy.
While in my house, I am king (queen).

Estar como perro en barrio ajeno.
To feel out of place. (Literally: To be like a dog in another neighborhood.)

Echar la casa por la ventana.
To spend money like water. (Literally: To throw the house out the window.)

Now listen to this tongue-twister **(trabalenguas)** *and repeat each segment after the speaker.*

María Chucena techaba (*was putting a roof on*) su choza (*hut*) cuando un leñador (*woodcutter*) que por allí pasaba le dijo: «María Chucena, ¿techas tu choza o techas la ajena (*someone else's*)?» --Ni techo mi choza ni techo la ajena, techo la choza de María Chucena.

I. USOS ADICIONALES DEL ARTÍCULO DEFINIDO

A. *Respond to each statement you hear by making a general comment about your preferences. Use the appropriate definite article and the phrase provided in your lab manual. Then repeat the correct answer after the speaker. Each statement will be read twice. First listen to the model.*

MODELO	You hear:	Esta catedral es muy antigua.
	You see:	Me encantan...
	You say:	**Me encantan las catedrales antiguas.**
	You hear and repeat:	**Me encantan las catedrales antiguas.**

1. Me gustan...
2. Siempre nos han gustado...
3. Prefiero...
4. Gracias, pero no me gustan...
5. Gracias, pero no puedo comer...
6. Buena idea, le gustan mucho...
7. No me gustan...
8. Sí, me encantan...

B. *You are taking care of several small children. When your friend tells you to do things for them, you reply that the child has already done so. Be sure to use the definite article instead of the possessive. Then repeat the correct answer after the speaker. Each of your friend's commands will be read twice. First listen to the model.*

MODELO	You hear:	Lávale las manos a Pepito.
	You say:	**Ya se lavó las manos.**
	You hear and repeat:	**Ya se lavó las manos.**

II. LA SUPRESIÓN DEL ARTÍCULO INDEFINIDO

A. *You will hear statements and questions about the nationality, religion, or political affiliation of various people. Respond to the statements by referring to the cues given in your lab manual. If the statement matches the cue, reply in the affirmative; if it doesn't, reply in the negative. Supply the indefinite article when needed. Each statement or question will be read twice. First listen to the model.*

MODELO	You hear:	¿Ella es protestante?
	You see:	judía
	You say:	**No, es judía.**
	You hear and repeat:	**No, es judía.**

1. ecuatoriano
2. carpintero
3. demócrata
4. socialista
5. agente de viajes
6. poeta
7. abogado muy competente
8. músico bastante famoso

Copyright © 1989 by Holt, Rinehart & Winston, Inc. All rights reserved.

B. *Listen to the following paragraph as you read along. You will hear a beep every time you have to make a decision about whether or not to use the indefinite article. If the indefinite article is required, write it in the space provided; if it is not, leave the space blank. Each segment where a decision is required will be read twice. The entire passage will then be read again so that you can check your work.*

¿Conoce usted a mi amigo José? Es _______________ panadero. Realmente es _______________ panadero estupendo y tiene la mejor panadería de la ciudad. Hace diez años que trabaja de _______________ panadero y tiene su propia panadería desde hace cinco años. ¡Qué _______________ tortas más deliciosas vende él allí! A mí me encantan las tortas, pero la de chocolate que hace José es mi favorita. Y las galletitas que cocina él... ¡son fantásticas! Siempre trato de comprar no más de _______________ media docena, pero... generalmente compro una o dos docenas. _______________ Cierta amiga nuestra me dijo que si sigo comiendo las galletitas de José, pronto estaré a dieta. _______________ Otra amiga me dijo que si sigo comprando esas galletitas, le ayudaré mucho a José en su negocio. ¿A quién debo escuchar?

III. EL ARTÍCULO NEUTRO *LO*

A. *You are trying to sell your house. When some prospective buyers ask you questions, respond in the negative or the affirmative, using* **lo.** *Respond negatively only if they ask something that might detract from the house's value. Then repeat the correct answer after the speaker. Each of the buyers' questions will be read twice. First listen to the models.*

MODELOS

a. You hear: La casa es muy bonita, ¿verdad?
You say: **Sí, lo es.**
You hear and repeat: **Sí, lo es.**

b. You hear: La casa es muy pequeña, ¿no?
You say: **No, no lo es.**
You hear and repeat: **No, no lo es.**

B. *Make the phrases you hear into complete sentences by circling and reading aloud the more appropriate choice from your lab manual. Then repeat the complete sentence after the speaker. Each phrase will be read twice. First listen to the models.*

MODELOS a. You hear: Lo bueno de esta casa es...
You see: la sala / el cura
You say: **la sala**
You hear and repeat: **Lo bueno de esta casa es la sala.**

b. You hear: Lo peor de su casa son...
You see: los muebles / las panaderías
You say: **los muebles**
You hear and repeat: **Lo peor de su casa son los muebles.**

1. las clases / las neveras
2. la contaminación del aire / el sitio tranquilo donde está
3. el insomnio / la cocina
4. el estilo de sus casas / el crimen
5. la alfombra / el tráfico
6. los hornos / los insectos
7. sus precios / las bañeras
8. la cómoda / el frío

IV. LA VOZ PASIVA

A. *Convert the following sentences from passive to active voice by choosing and circling the appropriate sentence in your lab manual. Each active sentence will be read twice. After making your selection, repeat the correct answer after the speaker. First listen to the model.*

MODELO You hear: El edificio será construido por ingenieros ecuatorianos.
You see: a. Los ingenieros ecuatorianos construyen el edificio.
b. Los ingenieros ecuatorianos construirán el edificio.
You circle: b
You hear and repeat: **b. Los ingenieros ecuatorianos construirán el edificio.**

1. a. Algunos trabajadores de México hicieron esos muebles.
   b. Algunos trabajadores de México hacen esos muebles.
2. a. Ojalá que Juan escriba la carta.
   b. Ojalá que Juan escribiera la carta.
3. a. La doctora López resolvió el problema.
   b. La doctora López resolverá el problema.
4. a. Los incas construyeron la ciudad de Cuzco.
   b. Los incas han construído la ciudad de Cuzco.
5. a. Mi primo Pedro está renovando nuestra casa.
   b. Mi primo Pedro renovará nuestra casa.

Copyright © 1989 by Holt, Rinehart & Winston, Inc. All rights reserved.

6. a. Mi amiga ecuatoriana nos había invitado a una fiesta grande.
   b. Mi amiga ecuatoriana nos invitó a una fiesta grande.
7. a. Francisco Pizarro conquistó la región del Ecuador.
   b. Francisco Pizarro ha conquistado la región del Ecuador.

B. *Listen to the following passage in English about Ecuador. Each time you hear a beep, you will make a decision about the correct Spanish verb form to translate what you hear in English. Study the phrases in your lab manual and circle your choice. The passage will be read twice so that you can check your answers.*

1. está situado / fue situado
2. fue fundada / estuvo fundada
3. fue conquistado / estuvo conquistado
4. fueron construidos / estuvieron construidos
5. ha sido visitada / ha estado visitada
6. han sido construidos / están construidos
7. han sido abiertos / están abiertos
8. fueron visitadas / están visitadas

DIÁLOGO

A. *Listen to the following dialogue as you read along. Be prepared to do comprehension exercise* **B** *that follows.*

En el restaurante del Hotel Colón, en Quito

LAURA Así que piensan mudarse a Quito. ¡Deben estar muy contentos! Pero, ¿cuándo...?

PEDRO Pues, nos gustaría estar aquí para Año Nuevo. Yo me jubilo el mes próximo, ¡por fin! Por ahora, buscamos casa... Lo malo es la inseguridad de no saber dónde vamos a vivir...

LUIS (...) Pero lo lindo, lo positivo, lo interesante de la vida en Quito es que aquí siempre hace un tiempo magnífico, ¿no?

LAURA Así es. Por algo llaman a Quito «la ciudad de la eterna primavera», ¿no? Estoy segura de que la vida aquí les gustará muchísimo. (...)

LAURA Cambiando de tema..., ¿arreglaron lo de la habitación que no les gustaba?

PEDRO No. Pedí una habitación doble, con dos camas, pero no me la pudieron dar.

LAURA ¿Y por qué no se quedan con nosotros?

LUIS ¡Buena idea! Tenemos un dormitorio para huéspedes, con baño, dos camas..., y una sala pequeña con sofá y sillones.

ESTELA Es que no nos gustaría molestar...

LAURA ¡Por favor! Esa habitación les va a gustar y la pueden usar por el tiempo que quieran. ¿Aceptan?

PEDRO Bueno, si no les causaremos problemas... Estela, ¿qué opinas?

ESTELA ¡Por supuesto que sí! Y un millón de gracias. Sé que con ustedes estaremos cien veces mejor que en el hotel.

B. *Each of the sentences that you will hear contains a vocabulary item that did not occur in the dialogue. Without referring to the written dialogue, write the word that is out of place in the column on the left, and the correct word in the column on the right. Each sentence will be read twice.*

	INCORRECT	CORRECT
1.	____________	____________
2.	____________	____________
3.	____________	____________
4.	____________	____________
5.	____________	____________
6.	____________	____________
7.	____________	____________
8.	____________	____________

COMPRENSIÓN AUDITIVA

A. *Listen to the following passage and be prepared to answer the questions that follow in comprehension exercise* **B.** *The entire passage will be read twice.*

B. *Now listen to the following incomplete statements based on the passage you just heard. From the choices in your lab manual, circle the appropriate phrase to complete the sentence. Each incomplete sentence will be read twice.*

1. a. agrandar la casa — b. mudarse de casa
2. a. apartamento — b. auto
3. a. cómodo — b. viejo
4. a. frío — b. calor
5. a. lejos de — b. cerca de
6. a. escuela — b. universidad
7. a. viajar por avión — b. viajar por auto
8. a. la cabeza — b. todo el cuerpo

Copyright © 1989 by Holt, Rinehart & Winston, Inc. All rights reserved.

CAPÍTULO 20

COMUNICACIÓN Y RELACIONES HUMANAS

VOCABULARIO

In the picture below, you see a scene at Catalina's graduation party where people are using various phrases that show their reactions. Choose a phrase that each of the people would use in the situation pictured. Listen to the question, look at the picture, and then choose from the phrases given in your lab manual. Then repeat the correct answer after the speaker. Each question will be read twice. First listen to the model.

MODELO You hear: ¿Qué dice Juan allí?
You look at the picture.
You see : a. ¡Felicitaciones! b. Con permiso
You circle: (b.) Con permiso.
You hear and repeat: **Con permiso.**

1. a. Buenas tardes b. ¡Dios mío!

2. a. Perdón b. ¡Felicitaciones!

Copyright © 1989 by Holt, Rinehart & Winston, Inc. All rights reserved.

3. a. Lo siento mucho. b. ¡Salud!

4. a. Encantada de verlo. b. ¡Felicitaciones!

5. a. Estoy muy agradecida. b. ¡Caramba!

6. a. Lo siento. b. El gusto es mío.

7. a. Hasta la próxima. b. Muchas gracias.

PRONUNCIACIÓN

Proverbs are commonly heard in any language. In Spanish, they are called **refranes**. *Listen to the following examples and repeat each one after the speaker, concentrating on your pronunciation.*

Ojos que no ven, corazón que no siente.
Out of sight, out of mind. (literally, Eyes that don't see, a heart that doesn't feel.)

Cada cabeza es un mundo.
Every mind is a world in itself.

Déle la mano y le tomará el brazo.
Give him (her) an inch and he (she)'ll take a mile. (literally, Give him (her) your hand and he (she)'ll take your arm.)

En boca cerrada no entran moscas.
Flies don't get into a closed mouth.

Al mal tiempo, buena cara.
Grin and bear it. (literally, For bad times, a good face.)

Lo que saben tres, público es.
What three people know is public knowledge.

Now listen to these tongue-twister **(trabalenguas)** *and repeat each segment after the speaker.*

Han dicho que he dicho un dicho,
tal dicho no lo he dicho yo.
porque si yo hubiera dicho el dicho,
bien dicho habría estado el dicho
por haberlo dicho yo.

¿Cuántos cuentos cuenta Quique?
Cuando cuenta, ¿qué no cuenta?

I. EL PRESENTE PERFECTO Y EL PLUSCUAMPERFECTO DEL SUBJUNTIVO

A. *A friend is asking for your reactions to various statements. Listen to the statements and choose and circle the most logical response from the options given in your lab manual. Then repeat the correct response after the speaker. Each statement will be read twice. First listen to the model.*

MODELO

You hear:	Daniel tomó un examen hoy. No sé si le fue bien.
You see:	a. Ojalá que le haya ido bien. b. Dudo que lo tome.
You circle:	(a.) Ojalá que le haya ido bien.
You hear and repeat:	**a. Ojalá que le haya ido bien.**

1. a. Me alegro de que lo haya conseguido b. Ojalá que lo haya conseguido.
2. a. Ojalá que no la haya roto. b. Espero que la haya roto.
3. a. Es una lástima que no la hayas visto. b. Me alegro de que la hayas visto.
4. a. Es una lástima que se hayan muerto. b. Espero que no se hayan muerto.
5. a. Ojalá que lo hayan tenido. b. Me alegro de que lo hayan tenido.
6. a. Es una lástima que ya hayan subido. b. Ojalá que todavía no hayan subido.

B. *Carlos, the new employee in your company, tells many dubious stories. One of your colleagues relates to you what Carlos said earlier and you recall your doubts. Listen to your colleague's statements, which will be read twice, and then circle the appropriate response in your lab manual. Repeat the correct answer after the speaker. First listen to the model.*

MODELO

You hear:	Carlos dijo que había sido actor en Hollywood.
You see:	a. Yo dudaba que hubiera sido actor en Hollywood. b. Me alegré de saber que había sido actor.
You circle:	(a.) Yo dudaba que hubiera sido actor en Hollywood.
You hear and repeat:	**Yo dudaba que hubiera sido actor en Hollywood.**

1. a. Yo también dudaba que hubiera sido cantante en París y Roma.
   b. Yo estaba contenta de que hubiera sido cantante en París y Roma.
2. a. Es estupendo que trabaje en la mejor agencia de viajes de Estados Unidos.
   b. Yo no creía que hubiera trabajado en la mejor agencia de viajes de Estados Unidos.
3. a. Siento mucho que se haya casado con tu hermana.
   b. Yo dudaba que se hubiera casado con once mujeres.
4. a. Era imposible que hubiera visitado el planeta Venus.
   b. ¡Ojalá que lo acompañes el año que viene!
5. a. Dudaba que hubiera conocido ese país.
   b. Yo tampoco creí que hubiera vivido en noventa países.
6. a. Yo dudaba que hubiera ganado tanto dinero en el casino de Monte Carlo.
   b. No había duda de que había ganado tanto dinero en el casino de Monte Carlo.

Copyright © 1989 by Holt, Rinehart & Winston, Inc. All rights reserved.

II. LA SUCESIÓN DE TIEMPOS CON EL SUBJUNTIVO

A. *You will hear a phrase with a verb or verb phrase missing. Focus on the time frame involved, and circle in your lab manual the more appropriate phrase to complete the sentence. Then repeat the correct answer after the speaker. Each phrase will be read twice. First listen to the model.*

MODELO			
	You hear:	Era posible que...	
	You see:	a. estuvieran enfermos	b. estén enfermos
	You circle:	(a) estuvieran enfermos	
	You hear and repeat:	**Era posible que estuvieran enfermos.**	

1. a. me esperes b. me esperaras
2. a. te quedes b. te quedaras
3. a. se despierte b. se despertara
4. a. venga b. viniera
5. a. no hables b. no hablaras
6. a. se canse b. se cansara
7. a. se preocupe b. se preocupara
8. a. llegue b. llegara

B. *Listen to these incomplete sentences and choose a logical ending for them from the phrases in your lab manual. Each incomplete sentence will be read twice. After all the sentences have been given and you have made your choices, repeat the correct answers after the speaker. First listen to the model.*

MODELO		
	You hear:	Marta no quería que tú...
	You see and circle:	(f) bailaras con su primo Fernando.
	You hear and repeat:	**Marta no quería que tú bailaras con su primo Fernando.**

a. nos hubiera ayudado.
b. descanse un poco.
c. no hayan salido antes.
d. se quejara tanto.
e. te acuestes más temprano.
f. bailaras con su primo Fernando.

C. *Now listen to these five incomplete sentences and in your lab manual, circle the letter of the most logical beginning for each sentence. Each incomplete sentence will be read twice. After all the sentences have been read and you have made your choices, repeat the correct answers after the speaker. First listen to the model.*

MODELO	You hear:	él habría comprado un barco grande.
	You see and circle :	f. Si hubiera sido rico, ...
	You hear and repeat:	**Si hubiera sido rico, él habría comprado un barco grande.**

a. Si yo ganara la lotería, ...
b. Si hubieran tenido más tiempo, ...
c. Me sorprendería que...
d. Si (yo) te hubiera pedido consejos, ...
e. Queremos que...
f. Si hubiera sido rico, ...

III. MODOS DE DECIR *TO GET, TO BECOME*

A. *As you read along, listen to the following dialogue between Sebastián and Ángela. Be prepared to answer the questions that follow in comprehension exercise* **B.**

En el apartamento de Sebastián y Ángela

SEBASTIÁN ¿Por qué no te sientas? Te vas a cansar. Siempre me pongo nervioso cuando estudias de pie.

ÁNGELA ¿Que tú te pones nervioso? ¿Y cómo me siento yo? Tengo un oral a las tres y se me hace tarde.

SEBASTIÁN Querida, no sé cómo te vas a hacer médica si te vuelves loca cada vez que tienes que pasar un examen oral.

ÁNGELA Es que todos nos preocupamos por las preguntas del doctor Solís. Se hacen cada vez más difíciles...

SEBASTIÁN Mira, Ángela... te conozco bien. ¡Vas a llegar a ser la mejor médica de Santo Domingo!

B. *Now listen to the following incomplete statements and choose the appropriate phrase to complete each one. Circle your choice in the lab manual. Then repeat the correct answer after the speaker.*

1. a. se va a cansar. b. se va a poner nerviosa.
2. a. se pone contento. b. se pone nervioso.
3. a. va a sentarse. b. se le hace tarde.
4. a. hacerse doctora. b. casarse.
5. a. se vuelve loca. b. se entristece.
6. a. se hacen cada vez más fáciles. b. se hacen cada vez más difíciles.
7. a. la mejor doctora de Santo Domingo. b. la mejor abogada de Santo Domingo.

Copyright © 1989 by Holt, Rinehart & Winston, Inc. All rights reserved.

DIÁLOGO

A. *Listen to the following dialogue as you read along. Be prepared to answer the questions that follow in comprehension exercise* **B.**

Brenda, especialista y consejera norteamericana en ciencias de computación, está trabajando en Santo Domingo para una compañía dominicana.

BRENDA ¡Gracias por traerme los programas tan pronto! Tengo mucho que hacer porque la oficina de Miami me ha pedido que vuelva la semana que viene.

JOSÉ ¡No me digas que ya vas a volver a tu país! Creo que te sientes muy cómoda aquí, ¡como si fueras realmente dominicana!, ¿no?

BRENDA Tienes razón, José. Me encanta tu país. Aquí el clima es fantástico y me parece fascinante poder visitar tantos monumentos históricos. Yo preferiría que ellos no me hubieran llamado todavía, pero... así es la vida.

JOSÉ Entre paréntesis, ¿te he presentado a mi amigo Juan...?

JUAN Mucho gusto en conocerla, Brenda. ¿Dice José que usted va a volver a los Estados Unidos? ¡Pero yo acabo de conocerla!

BRENDA Sí, la compañía de Miami quiere que yo pase unas semanas de entrenamiento allá antes de partir para Ecuador... donde voy a ayudar con la instalación de otro centro de computación. ¡Mi vida se hace cada día más interesante! ¡Me encanta viajar!

JOSÉ Pues... ¡Felicitaciones! Tú llegarás a ser la experta en ciencias de computación más popular de toda Hispanoamérica...

BRENDA José, te agradezco pero exageras un poco...

JUAN Pero... sabes una cosa... ¡Nosotros también tenemos una oficina en Quito! ¿Por qué no vamos a tomar una copa y a brindar por el nuevo puesto de Brenda? Podríamos hacer planes para reunirnos en Quito... si ella nos enviara su nueva dirección...

BRENDA ¡Claro que sí! Sólo les pido que me den unos quince minutos para terminar este proyecto... y después, ¡salimos para brindar por el futuro!

B. *Now listen to the following statements based on the dialogue. If the statement is true (***verdadero***), circle* **V** *in your lab manual; if it is false (***falso***), circle* **F.** *Each statement will be read twice.*

1. V F
2. V F
3. V F
4. V F
5. V F
6. V F
7. V F
8. V F

NOMBRE ______________________ FECHA __________ CLASE __________

COMPRENSIÓN AUDITIVA

A. *Listen to the following passage and be prepared to answer the questions that follow in comprehension exercise* **B.** *The entire passage will be read twice.*

B. *Now listen to the following statements based on the passage. If the statement is true (***verdadero***), circle* **V** *in your lab manual; if it is false (***falso***), circle* **F.** *Each statement will be read twice. Now begin.*

1. V F
2. V F
3. V F
4. V F
5. V F
6. V F
7. V F
8. V F

Copyright © 1989 by Holt, Rinehart & Winston, Inc. All rights reserved.

ANSWER KEY TO THE *EJERCICIOS ESCRITOS*

CAPÍTULO UNO

VOCABULARIO

1. hija
2. abuelo
3. prima
4. hijo
5. esposa
6. tío
7. abuela
8. tía

I. EL PRESENTE DE INDICATIVO DEL VERBO *SER*

A.

1. son
2. somos
3. son / soy
4. es
5. son
6. es / es
7. eres
8. sois

B.

1. somos
2. es
3. eres
4. son
5. es
6. es
7. soy / soy
8. son (*or* sois)
9. es
10. somos

II. EL ORDEN DE LAS PALABRAS Y LA ENTONACIÓN

A.

1. ¿Mónica y Gerardo son amigos?
   (*or* ¿Son amigos Mónica y Gerardo?)
2. ¿Gerardo está en el hospital?
   (*or* ¿Está en el hospital Gerardo?)
3. ¿La familia de Mónica es de Madrid?
   (*or* ¿Es de Madrid la familia de Mónica?)
4. ¿Tú no estás bien hoy?
   (*or* ¿No estás bien tú hoy?; *or* ¿No estás bien hoy tú?)
5. ¿Yo estoy bien aquí con vosotros? (*or* ¿... con ustedes?)
   (*or* ¿Estoy bien yo aquí con vosotros (*or* ustedes)?;
   or ¿Estoy bien aquí yo con vosotros (*or* ustedes)?)

B.

1. ¿verdad?
2. ¿no? (*or* ¿verdad?)
3. ¿de acuerdo?
4. ¿verdad?
5. ¿no? (*or* ¿verdad?)

Copyright © 1989 by Holt, Rinehart & Winston, Inc. All rights reserved.

III. EL PRESENTE DE INDICATIVO DE LOS VERBOS TERMINADOS EN *-AR*

A.
1. Ustedes / Ellos / Los estudiantes
2. Tú
3. Yo
4. Mi hermano / Antonio / Usted
5. Ella y yo / Nosotras / Usted y yo

B.
1. habla
2. Desean / Necesitan
3. llega / viaja
4. tomas (*or* toma)
5. busca / mira / desea / lleva / necesita
6. está
7. busco / deseo / necesito
8. miran
9. estamos / trabajamos / hablamos
10. llevas

C.
1. En la plaza, Ana mira la estatua.
2. Nosotros llegamos a la ciudad de Ávila.
3. Ramón y yo bailamos mucho en Madrid.
4. El señor contesta las preguntas de los turistas.
5. Teresa, Paco y Juan Manuel visitan el Museo de Historia.

IV. GÉNERO Y NÚMERO DE SUSTANTIVOS Y ARTÍCULOS

A.
1. No, la prima de Isabel está en el aeropuerto.
2. No, buscan el Hotel Continental.
3. No, llevo el mapa.
4. No, la profesora contesta las preguntas.
5. No, los turistas llegan a la ciudad de Ávila.
6. No, tomamos café con los amigos de Amalia.

B.
1. un / unos / una / un
2. una / unas / un
3. un / una
4. unas / un
5. unos / unos

C.
1. semana
2. mapa
3. museos
4. días
5. abuela
6. avión

V. LAS CONTRACCIONES *AL* Y *DEL*

1. No, busco el teléfono del profesor.
2. No, llevo los libros a la clase.
3. No, trabajo en el restaurante del hotel.
4. No, llamamos a las hermanas de Luis.
5. No, deseo hablar del ejercicio C.
6. No, viajamos al Perú en octubre.

FUNCIONES Y ACTIVIDADES

A.
1. b
2. c
3. a
4. b
5. a

B. *Answers will vary.*

C.
1. padres
2. abuelos
3. capital
4. aviones
5. hoteles
6. primos
7. señores
8. lápices
9. ciudad

Copyright © 1989 by Holt, Rinehart & Winston, Inc. All rights reserved.

CAPÍTULO DOS

VOCABULARIO

1. excelente
2. pequeños
3. viejas
4. interesante
5. italiano
6. aburridos

I. EL PRESENTE DE INDICATIVO DE LOS VERBOS TERMINADOS EN *-ER* Y EN *-IR*

A.
1. No comprenden la pregunta.
2. ¿Escribimos en español o en inglés?
3. ¿Qué lees en la clase de inglés?
4. El primo de David come mucho.
5. Vivo cerca de la universidad.
6. ¿Abre los regalos ahora?

B.
1. cree
2. leen
3. vivimos
4. recibe
5. Aprendéis
6. comprendo
7. comen (*or* coméis)
8. describes

C.
1. creo
2. Venden
3. decidimos
4. abren
5. vivís
6. debes

II. LAS PALABRAS INTERROGATIVAS

A.
1. ¿Quién habla mucho? (*or* ¿Quiénes hablan mucho?)
2. ¿Adónde viajan ustedes? (*or* ¿Adónde viajáis vosotros?)
3. ¿Qué abre Amalia?
4. ¿Cómo se llama el presidente?
5. ¿Con quién está usted? (*or* ¿Con quién estás tú?)
6. ¿Quién pasa una semana aquí?
7. ¿Cuándo llega el avión?
8. ¿Dónde están Juan y Ernesto?

B. 1. a 2. b 3. a 4. b 5. b 6. a 7. b 8. a

III. LAS PREPOSICIONES *A* Y *DE*; *A* PERSONAL

A. de / a / a / de / de / de / de / de / a / a / de / de / a / de

B. *Answers will vary for part* **c** *of each item, and also for the endings of both* **a** *and* **b**. *Suggested answers for parts* **a** *and* **b**:

1. a. Busco al señor Aguirre, el padre de Jorge.
   b. Busco una librería grande.
2. a. Los turistas llegan al aeropuerto de Buenos Aires.
   b. Los turistas llegan a Madrid hoy o mañana.
3. a. El restaurante está al lado del hotel, cerca del centro.
   b. El restaurante está lejos de la universidad y del hotel.
4. a. Los muchachos miran los museos de la ciudad.
   b. Los muchachos miran a las muchachas de la clase.
5. a. La oficina de correos está cerca del centro y del hotel.
   b. La oficina de correos está enfrente de la escuela de los niños.
6. a. Nosotros decidimos llamar a la profesora de español.
   b. Nosotros decidimos llamar un taxi porque estamos lejos de casa.

IV. LOS ADJETIVOS Y LOS NÚMEROS ORDINALES

A.
1. buenos
2. horrible / corteses
3. importantes / modernas
4. excelentes
5. pequeñas / bonitas / agradables
6. inteligentes / trabajadores
7. principal / elegantes / agradables
8. muchas / importantes / cómodo

B. primer / cuarto / octavo / tercer / segundo / séptimo / planta baja / planta baja / sexto / primer / segundo

V. *SER* VERSUS *ESTAR*

A. 1. f 2. a 3. b 4. c 5. d 6. a 7. e 8. g

B. 1. b 2. b 3. a 4. b 5. a

C.
1. están
2. estamos
3. eres
4. está
5. son
6. soy
7. están
8. estamos

D. *Answers will vary. Some possible answers:*
1. Agustín y yo no estamos en el restaurante.
2. Tú estás perdido, ¿verdad?
3. El libro es de papel.
4. El avión está en el aeropuerto.
5. Las clases de español son difíciles.
6. Las mesas son grandes.

Copyright © 1989 by Holt, Rinehart & Winston, Inc. All rights reserved.

FUNCIONES Y ACTIVIDADES

A. *Answers can vary. Suggested possibilities:*

1. ¡Qué descortés! / ¿Verdad?
2. ¡Qué suerte! / ¡Qué bueno!
3. ¿Verdad? / ¡Qué horrible!
4. ¡Qué suerte! / ¡Qué bueno!
5. ¡Qué interesante!
6. ¡Qué descortés! / ¿Verdad?
7. ¿Verdad? / ¡Qué interesante!
8. ¡Felicitaciones! / ¡Qué bueno!

B. *Suggested answers:*

1. enfrente del / al norte de
2. enfrente de / cerca de
3. al lado de / enfrente de
4. al oeste de / cerca de
5. a la izquierda de / a la derecha de
6. al lado de / cerca de
7. enfrente de/ lejos de
8. al norte de / al oeste de

CAPÍTULO TRES

VOCABULARIO

A. 1. c 2. a 3. b 4. a 5. b

B.
1. biología / ciencias naturales
2. ciencias de computación
3. medicina
4. física / química / ciencias naturales
5. historia / antropología / sociología

I. EL PRESENTE DE INDICATIVO DE *TENER*

A.
1. tengo un auto
2. tienen un hotel
3. tenemos libros
4. tiene un avión
5. tiene una abuela

B. *Answers will vary. Suggested possibilities:*
1. Yo tengo amigos simpáticos.
2. Los estudiantes tienen profesores estupendos.
3. Tú tienes padres agradables.
4. Usted tiene clases fáciles.
5. Nosotros tenemos problemas difíciles.
6. La tía de Jorge no tiene planes interesantes.

II. EXPRESIONES IDIOMÁTICAS CON *TENER*

A.
1. tengo ganas de / tengo que
2. tengo / Tengo que
3. tienes ganas de
4. tenemos que
5. tengo

B.
1. El amigo de Carmen corre mucho y tiene sed.
2. Jorge y Roberto tienen que estudiar ciencias sociales.
3. Armando y yo tenemos ganas de comer comida mexicana.
4. Alfredo tiene prisa porque desea llegar pronto a clase.
5. Tú tienes muchos dólares, ¡También tienes mucha suerte!
6. Lola tiene que llegar aquí en cinco minutos.

Copyright © 1989 by Holt, Rinehart & Winston, Inc. All rights reserved.

C. 1. tiene (mucho) calor
2. tiene hambre
3. tiene suerte
4. tiene razón
5. tiene fiebre
6. tengo (mucho) frío

III. LOS ADJETIVOS Y PRONOMBRES DEMOSTRATIVOS

A. 1. Esa señorita es una profesora de biología muy trabajadora.
2. ¿Desean comer en este restaurante o en aquél?
3. ¿Qué carta lees? ¿Ésta?
4. ¿Cuál de estos libros es bueno para los hijos de Víctor?
5. Busco el Museo de Antropología. ¿Es aquél?
6. Estos muchachos que están aquí leen un libro interesante.

B. 1. ¿Ese libro? No, necesito éste.
2. Usted debe vender esta cámara o ésa.
3. Estos libros de biología son difíciles.
4. Según Carlos (*or* De acuerdo con Carlos), este restaurante es mexicano pero aquél no es típico.
5. Esos estudiantes estudian ciencias sociales.

IV. EL GERUNDIO Y EL PRESENTE PROGRESIVO

A. 1. En este momento Esteban está cruzando la calle.
2. En este momento María y Gloria están asistiendo a una conferencia.
3. En este momento tú estás escribiendo cartas a la familia.
4. En este momento nosotros estamos tomando refrescos.
5. En este momento yo estoy estudiando para un examen.

B. *Suggested answers:*
1. Elena está escribiendo una composición.
2. Eduardo está leyendo un libro de historia mexicana.
3. Juana y Roberto están comiendo y hablando de literatura.
4. Felipe está mirando televisión y tomando café.

V. LOS NÚMEROS CARDINALES 100 A 1.000.000

A. un millón de / Catorce / quinientos mil / cuatrocientas mil / doscientos / setecientos / trescientas / novecientos

B. 750 / setecientos cincuenta
1.200 / mil doscientos
480 / cuatrocientos ochenta
560 / quinientos sesenta
575 / quinientos setenta y cinco

FUNCIONES Y ACTIVIDADES

A.
1. Es el cinco-veintiocho-sesenta y tres-cincuenta y cinco.
2. Hay ciento cincuenta mil pesos.
3. Cuesta doce mil pesos.
4. Cuesta seis mil pesos.
5. Es el cinco-treinta y tres-cuarenta y uno-veintisiete.

B. *Answers may vary. Suggested answers:*
1. ¿Cómo? ¿Dónde está el restaurante universitario?
2. ¿Cómo? ¿Qué no necesito yo? (*or* ¿Yo no necesito un mapa?)
3. ¿Cómo? ¿Dónde comen muchos estudiantes y profesores?
4. ¿Cómo? ¿Qué tienen hoy?
5. ¿Cómo? ¿Qué soy yo? (*or* ¿Yo soy turista?)

Copyright © 1989 by Holt, Rinehart & Winston, Inc. All rights reserved.

CAPÍTULO CUATRO

VOCABULARIO

A.
1 calor
2. sol / calor
3. meses / primavera
4. estación / otoño / meses
5. frío / enero

B.
1. time
2. weather
3. time
4. weather

I. EL PRESENTE DE INDICATIVO DEL VERBO *HACER;* EXPRESIONES DE TIEMPO

A. hacemos / hace / hago / hacen / hace / hacer / hace / haces

B. *Answers may vary. Some probable answers:*
1. Sí, hago mucho trabajo en la biblioteca y en el laboratorio también.
2. Sí, hacemos muchos ejercicios en la clase de español.
3. Sí, hago un viaje a México en el otoño.
4. En general, estudio y miro televisión cuando hace mal tiempo.
5. Hoy estudio en la biblioteca y mañana asisto a un concierto.

C. *Answers may very. Some possible answers:*
1. Hace (mucho) calor.
2. Llueve. (*or* Hace mal tiempo.)
3. Hace (mucho) viento.
4. Hace frío y hay (mucha) nieve. (*or* Está nevando en las montañas.)
5. Hace (muy) buen tiempo y hace (*or* hay) sol en la playa.

II. EL PRESENTE DEL VERBO *IR; IR A* + INFINITIVO

A.
1. van
2. vas
3. va
4. vas
5. voy

B.
1. van a ir / Van a estar
2. Va a hacer
3. vas a recibir
4. va a vivir
5. va a tener
6. va a buscar
7. van a tener
8. vamos a hacer
9. va a escribir
10. voy a viajar

C. 1. a 2. d 3. d 4. c

III. PRONOMBRES DE COMPLEMENTO DIRECTO

A.
1. No, (Pedro) no lo tiene.
2. Deseo hacerlo hoy. (*or* Lo deseo hacer hoy.)
3. Voy a visitarlos en junio. (*or* Los voy a visitar en junio.)
4. No, no las escriben en este momento.
5. Sí, vamos a visitarla el sábado. (*or* Sí, la vamos a visitar el sábado.)
6. Los estudio en la clase de ciencias políticas.
7. Voy a llamarlas esta tarde. (*or* Las voy a llamar esta tarde.)
8. Tenemos que esperarlos en el hospital. (*or* Los tenemos que esperar en el hospital.)

B. 1. b 2. b 3. a 4. b 5. a

C. *Answers may vary. Some possible answers:*
1. Sí, ahora te comprendo.
2. Sí, él me va a llamar para la fiesta.
3. No, los esperamos en el restaurante.
4. No, ellos van a llamarlas esta noche.
5. Sí, deseo tomarlo ahora.

IV. LAS FECHAS

A. *Answers will vary.*

B.
1. el doce de octubre de mil cuatrocientos noventa y dos
2. el cuatro de julio de mil setecientos setenta y seis
3. el veinticinco de diciembre
4. el veintidós de febrero de mil setecientos treinta y dos
5. *Answers will vary.*

C. *Answers will vary.*

FUNCIONES Y ACTIVIDADES

A.
1. ¡Cuidado!
2. ¡Qué coincidencia!
3. Mil gracias.
4. ¡Esperen más!
5. ¡Qué buen tiempo!

B. *Answers will vary.*

Copyright © 1989 by Holt, Rinehart & Winston, Inc. All rights reserved.

CAPÍTULO CINCO

VOCABULARIO

A. 1. el tráfico
2. el parque
3. el autobús
4. la pobreza

B. *Answers will vary.*

I. EL PRESENTE DE INDICATIVO DE LOS VERBOS CON CAMBIO EN LA RAÍZ *E* → *IE*; EL VERBO *VENIR*

A. 1. piensas
2. entiendo / comienza
3. cierran / pierde
4. quiero
5. empezamos

a. Él no entiende eso muy bien. Piensa que la inflación comienza cuando los precios están muy altos.
b. Muchos bancos cierran; no hay dinero y la gente pierde el trabajo.
c. *Answers for this question will vary.*

6. Prefiere
7. vengo / quiere / pensamos
8. nieva
9. sentimos / empieza

d. La familia prefiere vivir en Nueva York.
e. Él empieza sus estudios universitarios.
f. *Answers for this question will vary.*

B. *Answers may vary. Some probable responses:*
1. Pues, yo no lo entiendo muy bien.
2. Ellos también vienen esta noche.
3. Los pobres sienten mucho la inflación.
4. Ellos también recomiendan otros programas.
5. Tú no, tú hablas sólo cuando debes. (*or* ¡Tú también! ¡Tú hablas todo el tiempo!)
6. Yo también quiero participar en las discusiones de los sábados.

C. *Answers will vary.*

II. LOS ADJETIVOS POSESIVOS

A.
1. Tus composiciones están en la mesa.
2. La ciudad y su avenida principal son modernas.
3. Nuestro sobrino Alberto vive aquí.
4. Tengo sus libros, doctora Martínez.
5. Nuestros parques y hoteles son bonitos.
6. Bienvenido, profesor Velázquez, está en su casa.
7. Voy a esperar a mis hijas.

B. *Answers will vary.*

C.
1. Mi casa es linda y pequeña.
2. Su apartamento está cerca del hospital.
3. Nuestra huelga empieza mañana.
4. Nuestras ciudades son pequeñas.
5. Sus primas son muy simpáticas.

III. LOS PRONOMBRES DE COMPLEMENTO INDIRECTO

A.
1. Me
2. Les
3. nos
4. le
5. Te
6. Les / les

B.
1. les
2. nos
3. le
4. -le
5. le
6. -nos

C.
1. Nosotros le deseamos un feliz cumpleaños.
2. La doctora les habla.
3. Sus tíos le compran un televisor.
4. Mis primas les hacen la comida.
5. Elena nos va a vender la computadora. (*or* Elena va a vendernos la computadora.)

IV. LA HORA

A.
1. las
2. la
3. y
4. son
5. y
6. A
7. a
8. y

B.
1. A la una Juana empieza a comer en la cafetería.
2. A las tres comienza la clase de física de Juana.
3. A las dos menos veinte (*or* la una y cuarenta) Juana está escribiendo un examen de física.
4. A las cuatro menos cuarto (*or* las tres y cuarenta y cinco) Juana pregunta la hora.
5. A las cinco y media Juana mira televisión.

Copyright © 1989 by Holt, Rinehart & Winston, Inc. All rights reserved.

FUNCIONES Y ACTIVIDADES

A. *Answers will vary.*

B. *Answers may vary. Some probable reactions:*

1. ¡Qué mala suerte! (*or* ¡Pobrecita!; ¡Qué lástima!)
2. Es de esperar. (*or* ¿Qué esperas?)
3. ¡Buena lección!
4. ¡Pobrecito! (*or* ¡Buena lección!; Es de esperar.)
5. ¡Qué lástima! (*or* ¡Qué mala suerte!)
6. Es de esperar. (*or* ¡Buena lección!)

CAPÍTULO SEIS

VOCABULARIO

A. *Answers will vary.*

B. 1. b 2. b 3. b 4. c 5. a

C. *Answers will vary. Some probable suggestions:*
1. ... cereales con leche y fruta, y tomar jugo de naranja.
2. ... carne y ensalada verde, o un sandwich de pollo con tomate y lechuga.
3. ... pescado, jamón y papas, o una sopa; y de postre . . . ¡una manzana deliciosa!

I. EL PRESENTE DE INDICATIVO DE LOS VERBOS CON CAMBIOS EN LA RAÍZ *O* → *UE*; EL VERBO *JUGAR*

A.
1. encuentro
2. Puede
3. cuestan
4. almuerzan
5. puedo
6. recuerdo
7. cuestan
8. vuelvo

B.
1. Ella sueña con la comida que prepara su mamá.
2. Nosotros soñamos con un viaje a países interesantes.
3. Mis hermanos duermen nueve horas; yo no entiendo por qué ellos no pueden trabajar bien.
4. Catalina y yo siempre volvemos temprano y te encontramos enfrente del televisor; ¿no recuerdas (tú) que debes estudiar?
5. La educación cuesta mucho ahora; mis hermanos no pueden ir a la universidad si no trabajan durante las vacaciones.

C. *Answers will vary.*

II. PRONOMBRES USADOS COMO COMPLEMENTO DE PREPOSICIÓN

A.
1. No puedo vivir contigo.
2. Todos vuelven conmigo.
3. Mis sobrinos almuerzan con nosotros.
4. Contigo, no hay discusión.
5. Todos juegan con él.

Copyright © 1989 by Holt, Rinehart & Winston, Inc. All rights reserved.

B. 1. Susana está cerca de mí en (la) primera fila.
2. Entre ella y la señora Salas, nuestra profesora de español, está Paco.
3. Carlos y Josefa están detrás de nosotros.
4. Su hija, Elisa, está con ellos.
5. (Ellos) también tienen un hijo, Isaac, pero en la foto no están con él.
6. ¡Parece que todos están en la foto excepto tú!

Answers for 7-10 will vary.

C. 1. ¿Conmigo? No, va a estar con Marisa esta noche.
2. ¿De ustedes? (*or* ¿De vosotros?) No, hablamos de los Benítez.
3. ¿Por ti? No, lo hago por mamá.
4. ¿Para ustedes? (*or* ¿Para vosotros?) No, lo hacemos para los amigos de Inés. (*or* No, hacemos este plato para . . .)
5. ¿Feliz contigo? No, estoy feliz con Carlos.

III. EL PRESENTE DE INDICATIVO DE LOS VERBOS CON CAMBIOS DE RAÍZ *E* → *I*; *PEDIR* VS. *PREGUNTAR*

A. 1. pide
2. sigues
3. dices (*or* repites)
4. pedir
5. sirven
6. repetir (*or* decir)
7. siguen / dicen (*or* repiten)
8. pide

B. *Answers will vary, but the verb forms should be as follows:*
1. sigo . . .
2. dice . . .
3. repites . . .
4. pide . . .
5. sirven . . .
6. pedimos . . .
7. digo . . .
8. seguimos . . .

C. 1. preguntas
2. pedir
3. preguntas (*or* pregunta)
4. pides
5. pide / pide
6. preguntar / pedir

D. 1. Elisa le pide una taza de té.
2. (Nosotros) le preguntamos quién quiere bailar con ellos.
3. Manuel le pregunta dónde hay un restaurante italiano.
4. El camarero me pregunta si voy a pedir un postre.
5. (Yo) le pido la cuenta.
6. La señorita le pregunta dónde está la farmacia.
7. (Tú) le pides una aspirina.
8. La señora le pregunta el precio del bistec.
9. El hombre les pide su canción favorita.

IV. *GUSTAR* Y VERBOS PARECIDOS

A. 1. gustan
2. importa
3. interesa
4. gusta
5. faltan
6. gusta
7. molestas
8. encantan

B. *Answers will vary.*

C. *Answers will vary.*

FUNCIONES Y ACTIVIDADES

A. *Answers will vary.*

B. *Answers will vary.*

C. *Answers will vary.*

Copyright © 1989 by Holt, Rinehart & Winston, Inc. All rights reserved.

CAPÍTULO SIETE

VOCABULARIO

A. *Answers will vary.*

B. *Answers will vary.*

I. EL PRESENTE DE VERBOS CON FORMAS IRREGULARES EN LA PRIMERA PERSONA SINGULAR (*DAR, OFRECER, OÍR, PARECER, PONER, SALIR, TRADUCIR, TRAER* Y *VER*)

A.
1. Yo salgo a comprar la torta.
2. Yo doy dinero para el vino.
3. Yo pongo la mesa.
4. Yo ofrezco traer una guitarra.
5. Yo traduzco la invitación para los estudiantes de otros países.
6. Yo le digo el secreto a la esposa de Joaquín.
7. Yo oigo la radio para ver qué tiempo va a hacer.
8. Yo veo a Joaquín y puedo traerlo aquí.

B.
1. Cuando vengo a clase traigo un piano y unos naipes. (*or* Traigo un piano y unos naipes cuando vengo a clase.)
2. No, oigo la radio por teléfono.
3. El bistec me da sueño. (*or* Me da sueño el bistec.)
4. No pongo platos; sólo tenedores y cuchillos.
5. Veo a mis amigos debajo de los naipes. (*or* Los veo debajo de los naipes.)
6. Traduzco todo al francés porque tengo hambre.
7. La semana que viene salgo con la reina de España. (*or* Salgo con la reina de España la semana que viene.)
8. Le doy un pescado grande para su cumpleaños. (*or* Para su cumpleaños le doy un pescado grande.)
9. Sí, pero me gusta darles consejos sólo los domingos a las seis de la mañana.
10. Les ofrezco mi ayuda para programar la computadora a tres millones de personas. (*or* A tres millones de personas les . . . computadora.)

C. 1. Tú tocas el piano y yo juego a los naipes.
2. Tú miras televisión y yo salgo para ver una película.
3. Tú almuerzas en un restaurante mexicano y yo pongo la mesa.
4. Tú cantas canciones folklóricas y yo oigo la radio.
5. Tú lo traduces al francés y yo traduzco el poema al inglés.
(*or* Tú traduces el poema al francés y yo lo traduzco al inglés.)
6. Tú vas a una discoteca y yo doy una fiesta en casa.
7. Tú pescas con tus amigos y yo veo a mis amigos.

II. *SABER* Y *CONOCER*

A. 1. conozco / conozco
2. sabe / sabe / conoce
3. Sabe
4. sabemos / sabemos
5. conoces / sabes

B. 1. conozco
2. sé
3. sabe
4. conoce
5. sabe
6. conocer
7. conozco
8. saber

C. 1. ¿Sabe (usted) dónde está (*or* queda) la Avenida de la Libertad?
2. ¿Conoce (usted) los edificios principales de la ciudad?
3. ¿Conoce (usted) al presidente de este país?
4. ¿Sabe (usted) dónde están los bancos más importantes?
5. ¿Sabe (usted) traducir del inglés al español?
6. ¿Conoce (usted) las comidas y (las) diversiones favoritas del país?

III. CONSTRUCCIONES CON DOS PRONOMBRES: DE COMPLEMENTO INDIRECTO Y DIRECTO

A. 1. a la señorita
2. el violín
3. los libros
4. las entradas
5. el plato principal
6. a ustedes
7. la canción folklórica
8. a Juan y a Carmen
9. la canción

Copyright © 1989 by Holt, Rinehart & Winston, Inc. All rights reserved.

B. 1. a. Nosotros le preguntamos el (*or* su) nombre (a la señora).
b. Nosotros se lo preguntamos (a la señora).
2. a. Tú me das la cuenta (a mí).
b. Tú me la das (a mí).
3. a. Raimundo le enseña el sistema de computadoras (al estudiante).
b. Raimundo se lo enseña (al estudiante).
4. a. Ellos le piden consejos (a usted).
b. Ellos se los piden (a usted).
5. a. ¿Usted les ofrece la bicicleta (a los niños)?
b. ¿Usted se la ofrece (a los niños)?
6. a. Yo te traigo el mapa de Bogotá (a ti).
b. Yo te lo traigo (a ti).
7. a. Lorenzo y Carmen nos muestran sus guitarras nuevas (a nosotras).
b. Lorenzo y Carmen nos las muestran (a nosotras).
8. a. Josefina y yo les repetimos la información (a las otras personas).
b. Josefina y yo se la repetimos (a las otras personas).

C. *Answers may vary. Some possible responses:*
1. Voy a dártelas esta noche.
2. Me la puedes traer hoy o mañana, ¿de acuerdo?
3. Sí, puede dárnoslos el lunes.
4. Sí, voy a tocártelo ahora mismo.
5. Si no tiene mucha prisa, pienso traducírsela la semana que viene.

IV. LOS MANDATOS DE *USTED, USTEDES*

A. 1. Busque el libro.
2. Vayan con ella.
3. Espere cinco minutos.
4. Salga de la catedral.
5. Empiecen a las ocho.
6. Llegue temprano.
7. Escriban pronto.
8. No digan eso.

B. 2. escribo / escriba / escriban
3. recuerdo / recuerde / recuerden
4. entiendo / entienda / entiendan
5. salgo / salga / salgan
6. busco / busque / busquen
7. llego / llegue / lleguen
8. empiezo / empiece / empiecen
9. traigo / traiga / traigan
10. pongo / ponga / pongan
11. pido / pida / pidan
12. voy / vaya / vayan
13. sé / sepa / sepan
14. vengo / venga / vengan
15. soy / sea / sean

C. 1. Vuelva al Museo del Oro mañana.
2. Si tienen entradas para el teatro, sean puntuales.
3. Llamen al cine para hacer esas preguntas.
4. No saquen más fotos de la Catedral.
5. Traiga los discos de Leonor González Mina.
6. Haga ejercicios todos los días.
7. Vayan de campamento con Enrique y su familia.
8. Reserve una mesa para nosotros.

D. *Answers will vary. Some probable responses:*
1. Pues, vaya a ver una película hoy o mañana.
2. Pues, ¡compre más discos!
3. Pues, ¡estudien más!
4. Pues, acuéstese temprano esta noche.
5. Pues, tome agua o leche.
6. Pues, salgan a caminar o miren televisión.
7. Pues, visiten ese museo el sábado que viene.
8. Pues, llámala por teléfono ahora mismo.

FUNCIONES Y ACTIVIDADES

A. *Answers will vary.*

B. *Answers will vary.*

Copyright © 1989 by Holt, Rinehart & Winston, Inc. All rights reserved.

CAPÍTULO OCHO

VOCABULARIO

A. *Answers will vary. One possible set of answers:*

1. dos jeans, un pijama, tres suéteres, un abrigo, dos blusas, dos faldas, cuatro cambios (*change*) de ropa interior (también cuatro sostenes), un par de guantes, cuatro pares de calcetines de lana, un par de botas y un par de zapatos, una combinación ...
2. tres jeans, un pijama, un suéter, cuatro blusas, dos faldas, cuatro cambios de ropa interior (también cuatro sostenes), un traje de baño, una combinación, un par de medias, unas sandalias . . .
3. tres jeans, un par de pantalones de vestir (*dress pants*), un pijama, dos suéteres, cuatro camisas, cuatro cambios de ropa interior (camisetas y calzoncillos), una corbata, cuatro pares de calcetines, un par de zapatos y un par de zapatos de tenis, una chaqueta ...

B.

1. Tiene un traje de baño verde. ¿Debo comprar un sombrero azul o rojo?
   Compre un sombrero azul.
2. Tiene un vestido violeta. ¿Debo comprar un bolso violeta o anaranjado?
   Compre un bolso violeta.
3. Tiene una blusa amarilla. ¿Debo comprar una falda blanca o negra?
   Compre una falda blanca.
4. Tiene un impermeable marrón. ¿Debo comprar un paraguas amarillo o marrón?
   Compre un paraguas amarillo.
5. Tiene (unos) jeans azules. (*or* Tiene un par de jeans azules.) ¿Debo comprar un suéter blanco o verde?
   Compre un suéter blanco.
6. Tiene un abrigo azul oscuro. ¿Debo comprar guantes rojos o violetas?
   Compre guantes rojos.

I. VERBOS REFLEXIVOS

A. 1. a 2. b 3. b 4. a 5. a

B. 1. a. I go to bed at nine.
(I put myself to bed.)
b. I put the girls to bed at nine.
(I put someone else to bed.)
2. a. The students are giving us a very good time.
(The students are amusing other people.)
b. The students are having a very good time.
(The students are amusing themselves.)
3. a. We bathe the children before we put them to bed.
(We are giving a bath to someone else.)
b. We take a bath before we go to bed.
(We are giving a bath to ourselves.)
4. a. Are you putting on your new dress?
(You are putting the dress on yourself.)
b. Are you putting the new dress on her?
(You are putting the dress on someone else.)
5. a. The company is moving to Tarragona.
(The company itself is moving.)
b. The company is moving me to Tarragona.
(The company is making me move.)

C.
1. se levantan (*or* se despiertan)
2. se lava / se viste
3. se van
4. se quita / se sienta
5. se quedan
6. se divierten
7. se ponen / se acuestan (*or* se duermen)

D. *Answers will vary.*

E. *Answers will vary. Some probable answers:*
1. El señor se afeita. (*or* ... se está afeitando.)
2. Las dos señoritas se maquillan. (*or* ... se están maquillando.)
3. El hombre se peina. (*or* ... se está peinando.)
4. La muchacha se acuesta y mira televisión. (*or* La muchacha tiene sueño y se está durmiendo. *or* La muchacha se duerme mirando televisión.)
5. Los amigos juegan a las cartas (*or* los naipes) y se divierten mucho.
6. El hombre tiene un accidente con su café; se preocupa porque ese escritorio y esos papeles . . . ¡son de su esposa!
7. El hombre se enoja y se queja de todo; la pobre mujer no sabe qué responder.
8. La niña tiene fiebre; parece que se está enfermando.

Copyright © 1989 by Holt, Rinehart & Winston, Inc. All rights reserved.

II. LOS MANDATOS DE *TÚ*

A.
1. venga Ud. — ven tú
2. haz tú — haga Ud.
3. no diga Ud. — no digas tú
4. tenga Ud. — ten tú
5. no pongas tú — no ponga Ud.
6. no salga Ud. — no salgas tú
7. no vaya Ud. — no vayas tú
8. oiga Ud. — oye tú

B. *Answers will vary.*

C.
1. Mateo, no lleves esos pantalones blancos.
2. Señora García, no vaya al parque ahora.
3. Profesor, repita ese nombre, por favor.
4. Muchachos, doblen a la izquierda allá.
5. Juanito, no subas al autobús con ese paraguas.
6. Teresa, no compres esa blusa violeta.
7. Señores, hagan las maletas y pongan ropa de verano.
8. Muchachos, no caminen por esa calle.
9. Pablo, ve al centro esta tarde.
10. ¡Ay!, por favor, Marta, no leas esa carta.

III. LOS MANDATOS CON PRONOMBRES COMPLEMENTOS

A.
1. trabajo; tú
2. mapas; Ud.
3. puerta; tú
4. catedral; Ud.
5. calcetines grises; Ud.
6. sombrero; tú
7. programa; Ud.

B.
1. No me la compres hasta mañana.
2. No se los lleve(s) hasta mañana.
3. No me lo busque hasta mañana.
4. No nos la diga(s) hasta mañana.
5. No me los traiga hasta mañana.
6. No se la escriba(s) hasta mañana.
7. No me lo cuente hasta mañana.
8. No me la hagas hasta mañana.

C.
1. No se siente allí.
2. No nos lo digas.
3. No me las traigan.
4. No se los deje.
5. No los mires.
6. No las perdonen.
7. No se la pidas.
8. No se vayan.

IV. EL PRETÉRITO DE LOS VERBOS REGULARES

A. 2. pretérito
3. presente
4. pretérito
5. pretérito
6. presente
7. presente
8. pretérito
9. pretérito
10. presente

B. 1. Me levanté a las siete.
2. Catalina tocó el violín por dos horas.
3. Escribimos composiciones en la clase de español.
4. Leyeron *Don Quijote de la Mancha* .
5. Ella compró ropa y zapatos de tenis.
6. ¿Buscaste una falda nueva?
7. Crucé esa calle con mucho cuidado.
8. Comimos en un restaurante muy lindo.
9. ¿Cuándo saliste?

C. 1. visitó
2. salieron
3. llegaron
4. Llevaron
5. escribieron
6. Pasaron
7. compraron
8. comieron
9. recibí
10. volvieron

FUNCIONES Y ACTIVIDADES

A. *Answers will vary.*

B. *Answers will vary. Some probable responses:*
1. Pues, hay de muchos colores.
2. También hay de muchos tamaños; hay grandes y pequeños.
3. Cuando llueve y cuando estoy caminando por la calle.
4. Pues, no sé; hay de muchos colores, creo.
5. En general es pequeño.
6. Es de papel; es un libro con mapas...
7. Cuando viajo a otros países y quiero saber dónde estoy o cómo llegar al centro, al museo, al hotel, etc.

Copyright © 1989 by Holt, Rinehart & Winston, Inc. All rights reserved.

CAPÍTULO NUEVE

VOCABULARIO

A. *Answers will vary. Suggested answers:*

1. el béisbol / el fútbol / el atletismo / el fútbol americano
2. el básquetbol / el fútbol americano / el patinaje / el esquí
3. el golf / el béisbol / el fútbol / el atletismo / la pesca / el tenis
4. el básquetbol / el vólibol / el béisbol / el atletismo / el fútbol americano
5. el básquetbol / el vólibol / el jai-alai / la pesca / el correr

B. *Answers will vary.*

I. EL PRETÉRITO DE VERBOS CON CAMBIOS EN LA RAÍZ

A.

1. buscó
2. creyó
3. volvieron
4. Pensé
5. prefirió
6. perdió
7. sirvieron
8. preferimos

B.

1. Perdí mucho tiempo y entonces llegué tarde.
2. La revolución siguió y murió mucha gente.
3. Me levanté, me vestí en tres minutos y salí a correr.
4. Ustedes perdieron la pelota y después la encontraron.
5. Volví a las ocho y empecé a mirar un partido de básquetbol por televisión.
6. Jorge no tocó el piano; prefirió jugar al fútbol.
7. Antes de los exámenes, leímos toda la noche; después no nos despertamos a tiempo.
8. Llegué a la una y dormí hasta las ocho.

C.

1. llegué
2. empezó
3. jugó
4. ganó
5. perdió
6. me divertí
7. salí
8. llegué
9. llamé
10. invité
11. nos sentamos
12. hablé
13. escuchó
14. Prefirió
15. repitió

D. *Answers will vary. Some possible answers:*

1. Me levanté a las siete ayer.
2. Tomé el desayuno en mi casa.
3. Sirvieron el almuerzo en la cafetería a las once y media. Sí, almorcé allí.
4. No, no jugué al fútbol por la tarde. Sí, jugué al vólibol por la tarde, pero no jugué al béisbol.
5. Volví a mi casa a las seis, para cenar.
6. Sí, me divertí mucho anoche. Salí con unos amigos. Asistimos a un concierto y ¡claro!, ¡no estudié la lección de español!
7. Me dormí a las dos de la mañana.

II. EL PRETÉRITO DE VERBOS IRREGULARES

A.

1. ser
2. ser
3. ir
4. ir
5. ser

B.

1. estuvieron
2. dijiste
3. trajo
4. Hubo
5. supimos
6. hizo
7. pudo
8. di

C.

1. fuimos
2. hicieron
3. trajeron
4. vino
5. puso
6. pude
7. tuvimos
8. dimos

D. *Answers will vary, but the verb forms should be as given below:*

1. Los espectadores estuvieron...
2. La campeona tuvo...
3. El aficionado dio...
4. Los jugadores hicieron...
5. Los futbolistas se pusieron...
6. Los nadadores quisieron...
7. El equipo vino...
8. En la radio dijeron...

E. *Answers will vary. Some possible answers:*

1. Supe la noticia de la victoria anoche.
2. Sí, estuve en el partido.
3. Para ganar, tuvieron que jugar juntos y trabajar mucho.
4. Antes de empezar el partido, le dije al equipo : ¡Claro que vamos a ganar!
5. Según mi opinión, el momento decisivo en el partido fue cuando nosotros tuvimos dos honrones.
6. Sí, hubo una celebración en el estadio.
7. *Answers will vary.*

Copyright © 1989 by Holt, Rinehart & Winston, Inc. All rights reserved.

III. CONNOTACIONES ESPECIALES DEL PRETÉRITO DE *SABER, CONOCER, QUERER* Y *PODER*

A.
1. Carmela quiso empezar el partido, pero perdió el zapato.
2. Luis fue a las canchas de tenis, pero no pudo jugar porque olvidó su raqueta.
3. No supimos del maratón hasta la semana pasada.
4. Conoció (*or* conociste) a un torero cuando estuvo (*or* estuviste) en España, ¿no?
5. Quisieron participar en el partido de béisbol, pero llegaron demasiado tarde.

B. *Answers will vary.*

FUNCIONES Y ACTIVIDADES

A. *Answers will vary.*

B. *Answers will vary.*

CAPÍTULO DIEZ

VOCABULARIO

A.
1. la boca
2. el brazo
3. el dedo
4. la espalda
5. el cuello
6. el pulgar
7. la pierna
8. el pie
9. el corazón
10. la mano
11. el pelo (el cabello)
12. la rodilla
13. la oreja
14. el ojo
15. la nariz
16. el estómago

B.
1. Me duele la cabeza.
2. Me duele la garganta.
3. Me duele el estómago.
4. Tengo fiebre.
5. Me duele la espalda.
6. Me duelen los ojos.

Answers will vary for 7, 8, 9. Remaining answers will also vary.

I. COMPARACIONES DE IGUALDAD

A.
1. tan
2. tanto
3. tan
4. tan
5. tantos
6. tan
7. tanto
8. tanto

B.
1. tanto como
2. tan... como
3. tanto como
4. tan
5. tanto... como
6. tan... como
7. tan... como
8. tantas... como
9. tantos... como
10. tantas... como

C.
1. Sí, soy tan alto(-a) como un típico jugador de básquetbol. (*or* No, no soy tan alto(-a)...)
2. Sí, estudio tanto como mis amigos. (*or* No, no estudio...)
3. Sí, hablo español tan bien como mi profesor(a). (*or* No, no hablo...)
4. Sí, doy tantos consejos como Ann Landers. (*or* No, no doy...)
5. No, no tengo tanta ropa como la princesa Diana (el príncipe Carlos). (*or* Sí, tengo...)
6. Sí, gano tanto dinero como mi papá. (*or* No, no gano...)
7. No, no tengo el pelo tan largo como Rapunzel. Y no, no tengo la nariz tan larga como Pinocho. (*or* Sí, tengo el pelo... Y sí, tengo la nariz...)
8. Sí, les escribo tantas cartas a mis padres como a mis amigos. (*or* No, no les escribo...)

Copyright © 1989 by Holt, Rinehart & Winston, Inc. All rights reserved.

II. COMPARACIONES DE DESIGUALDAD Y EL SUPERLATIVO

A.
1. Santiago tiene menos habitantes que Madrid.
2. La Plaza Mayor de Madrid es más grande que la Plaza del Obradoiro de Santiago.
3. Hay menos restaurantes en Vigo que en Santiago.
4. La Coruña está más cerca del mar que Santiago.
5. El interior de la catedral de Santiago es más antiguo que el interior de la catedral de Burgos.
6. Las montañas de Galicia son menos altas que las montañas de Madrid.
7. Lugo está más lejos de León que Oviedo.

B.
1. Tengo más dinero que Ramón.
2. Mi clase de español es más pequeña que tu (su) clase de español. Hay menos de veinte estudiantes en mi clase.
3. Tengo menos dolores de cabeza que Gloria. El año pasado tuve menos de cuatro dolores de cabeza.
4. Elena tiene más enfermedades que yo.
5. Mi doctor(a) es más famoso(-a) que tu (su) doctor(a).
6. Mi hermano Enrique es el jugador más fuerte del equipo de fútbol.
7. También es el jugador más grande y el mejor.

C.
1. el país más bonito (lindo)
2. los hombres más guapos
3. la más deliciosa
4. los más elegantes
5. las más interesantes
6. el más agradable
7. las más bonitas (lindas)
8. la más simpática (agradable, amable)

D.
1. el peor estudiante
2. el mayor / la mayor
3. menor
4. el (la) mayor
5. los menores
6. buenas / mejores
7. peor
8. el mejor
9. más antigua (vieja) / más antigua (vieja)
10. la mejor

E.
1. Ese clima es buenísimo.
2. Esta ciudad es interesantísima.
3. España es grandísima.
4. Las montañas de España son altísimas.
5. Esa carta a tu abuela es larguísima.
6. Ese señor es riquísimo.
7. Marta come poquísimo.
8. Hoy me duele muchísimo la cabeza.
9. Manuel llegó tardísimo al concierto.

III. EXPRESIONES DE OBLIGACIÓN

A.
1. Hay que empezar a estudiar en dos semanas.
2. Tiene(s) que ir a cuatro edificios para buscar las oficinas de sus (tus) profesores.
3. Tienen que abrir la biblioteca a las siete y media de la mañana.
4. Sí, es necesario contestar en inglés en clase.
5. Tiene(s) que comprar un total de veinte libros para sus (tus) clases.
6. Debe(s) llegar a su (tu) clase a las ocho y media de la mañana.

B. *Answers will vary.*

C. *Answers will vary.*

IV. *POR* Y *PARA*

A.
1. por
2. para
3. Para
4. por
5. por
6. para / por
7. para
8. por / para
9. para
10. para
11. Para
12. por
13. por
14. para

B. *Answers will vary.*

C.
1. Vengo por ti después de la cena. (*or* ... de cenar.)
2. No pudieron ver por la ventana.
3. La mujer (señora) debe llamarnos por teléfono.
4. La medicina es para tu (su) hermana.
5. Ella tiene que pasar por la farmacia para comprar aspirinas y vitaminas para su madre.

FUNCIONES Y ACTIVIDADES

A. *Answers will vary for expressions of disbelief following statements.*
1. Para tener ocho años, Ana toca el violín como profesional....
2. Para tener sólo trece años, Joaquín sabe tanto de animales como un veterinario. ...
3. Para tener doce años, Carmen juega al tenis como Martina Navratilova....
4. Para tener sólo nueve años, Paquito conduce mejor que su papá. ...
5. Para no tener más que siete años (*or* Para tener sólo siete años), David come demasiado. ...
6. Para tener diez años, Elena escribe poesía muy interesante. ...
7. Para tener sólo once años, José es altísimo. ...
8. Para no tener más que cuatro años, Marta canta como Beverly Sills. ...

B. *Answers will vary.*

Copyright © 1989 by Holt, Rinehart & Winston, Inc. All rights reserved.

CAPÍTULO ONCE

VOCABULARIO

A. *Answers will vary. Some probable responses:*

1. el partido internacional de fútbol, las elecciones en Costa Rica, la visita del Papa, los guerrilleros, la guerra, el terremoto en Guatemala
2. las elecciones nacionales, la visita del Papa, los guerrilleros, la guerra, la manifestación
3. la agricultura, el aumento de sueldos, la huelga de obreros, el aumento de precios, el costo de (la) vida, la superpoblación
4. el partido internacional de fútbol, el maratón de Boston, la visita del Papa, el concierto de piano, el anuncio de las mejores películas del año, los juegos olímpicos

B. *Answers will vary.*

I. EL IMPERFECTO DE LOS VERBOS REGULARES E IRREGULARES

A.

1. Era
2. llovía
3. hacía
4. estábamos
5. oíamos
6. trabajaba
7. iba
8. traía
9. llegaban
10. nos preocupábamos
11. había
12. había
13. tenía
14. sabían
15. parecía

B.

1. iba
2. tenía
3. llovía
4. miraba
5. eran
6. íbamos
7. traías
8. podía

C.

1. Los guerrilleros estaban cerca de la capital.
2. La gente del país protestaba contra la política exterior del Presidente.
3. Todos los días había documentales en (*or* por) televisión.
4. El ejército entraba a la capital.
5. Los estudiantes se quejaban del costo de la universidad.
6. Mucha gente hablaba de (las) violaciones a (*or* contra) los derechos humanos.
7. Los obreros pedían mejores salarios.
8. Los precios subían otra vez.
9. Había mucha tensión en todo el país.

D. 1. Había mucha gente (*or* muchas personas) en las calles.
2. Las noticias eran muy interesantes.
3. Antes, el costo de (la) vida subía (*or* estaba subiendo) y los precios también subían (*or* estaban subiendo).
4. Pero la gente siempre tenía el mismo problema: no había trabajo.
5. Mucha gente no tenía agua.
6. Cada día recibíamos noticias de manifestaciones en la capital.
7. Ahora con este nuevo presidente va a haber paz para todo el mundo (*or* para todos).

II. EL IMPERFECTO EN CONTRASTE CON EL PRETÉRITO

A.

1. a. Estuve — b. Estaba
2. a. Veía — b. Vi
3. a. Fuimos — b. Íbamos
4. a. protestaba — b. protestó
5. a. Estudiabas — b. Estudiaste
6. a. oían — b. oyeron
7. a. había — b. hubo

B.

1. sabía
2. conocías
3. conocí
4. supiste
5. sabía
6. sabía

C.

1. quería (*or* quise)
2. Llamé
3. quería
4. dijo
5. tenía
6. llamé
7. iba
8. preguntó
9. quería
10. dije
11. interesaba
12. tenía ganas
13. me quedé
14. miré

D.

1. vivían
2. tuvo
3. llegaron
4. vinieron (*or* venían)
5. salieron
6. dejaron
7. estuvieron
8. fueron
9. tenían
10. tenían
11. volvió
12. visitó
13. estuvieron (*or* estaban)
14. llegó
15. dejó

Copyright © 1989 by Holt, Rinehart & Winston, Inc. All rights reserved.

III. LOS PRONOMBRES RELATIVOS *QUE* Y *QUIEN*

A.
1. Esa camisa que papá quiere comprar es francesa.
2. Espero el autobús que siempre llega a las nueve.
3. Ese presidente que visitó Costa Rica es un buen político.
4. Maribel y Joaquín son los amigos con quienes vamos a almorzar.
5. Pedro es el estudiante de biología a quien tengo que pedirle un favor.
6. Conocemos a una estudiante chilena que canta canciones de protesta social.
7. San José es una ciudad muy interesante que quiero visitar en diciembre.
8. ¿Éste es el amigo de Silvia que va a quedarse con nosotros?

B. que / que / con quienes / con quien

FUNCIONES Y ACTIVIDADES

A. **Horizontales**

1. ve
4. revista
9. canal
11. ti
13. suceder
16. porque
18. le
19. un
20. co
21. di
22. acontecimientos
26. reunión
28. época
32. teatro
34. artista
35. Sevilla
39. caer
40. sabe
41. re
43. día
44. esas
45. leo

Verticales

1. va
2. en
3. el
5. etc.
6. vieron
7. sueldo
8. ¡Ay!
10. anuncio
12. Papa
14. Ud.
15. reís
16. protestar
17. que
20. celebrar
23. tantos
24. me
25. tío
27. no
29. casado
30. veías
31. pasar
33. uvas
34. al
36. ese
37. iba
38. les
42. él

B. *Answers will vary.*

CAPÍTULO DOCE

VOCABULARIO

A. **lugares**
la estación de trenes
la agencia de viajes
las ruinas
el monumento
la aduana
las pirámides
el puerto
el parque zoológico
el Museo Nacional de Antropología

cosas
el boleto
el pasaporte
el dinero
el mapa
el equipaje
la guía
las maletas
el horario

B
1. la estación de trenes
2. a la aduana
3. quedarnos
4. la aduana
5. ¡«Buen viaje»!
6. pensión
7. horario
8. antiguas

I. EL PARTICIPIO PASADO USADO COMO ADJETIVO

A.
1. cerrados (*or* pintados, construidos, abiertos)
2. pintada
3. escrito
4. hechas (*or* compradas)
5. abiertas
6. traídos (*or* comprados)
7. comprados
8. resuelto (*or* descrito)
9. abierta (*or* pintada, cerrada, construida, comprada, descrita)
10. construida (*or* hecha)

B.
1. traído
2. escritos
3. perdido
4. cerradas
5. construidos
6. hecho
7. abiertas
8. resuelto

Copyright © 1989 by Holt, Rinehart & Winston, Inc. All rights reserved.

C. 1. Sí, profesor; el telegrama está mandado (a Puebla).
2. Sí, profesor; los libros están devueltos (a la biblioteca).
3. Sí, profesor; todas las maletas están puestas (en el autobús).
4. Sí, profesor; los periódicos están comprados.
5. Sí, profesor; las ventanas y las puertas están cerradas.
6. Sí, profesor; los números de los pasaportes están escritos (en su cuaderno).
7. Sí, profesor; la lista de los números de teléfono de emergencia está hecha.

II. EL PRESENTE PERFECTO Y EL PLUSCUAMPERFECTO

A. 1. Yo he comido en el restaurante del aeropuerto.
2. Ellos han llegado de Guanajuato.
3. La profesora ha visitado ese museo.
4. Tú y yo hemos viajado a México.
5. Ha empezado el baile folklórico.
6. Me he quedado en el Hotel París.
7. Antonio no ha hecho mucho.
8. Todos hemos visto su maleta en la aduana.

B. 1. Sí, ya hemos llegado al hotel.
2. Sí, lo han revisado.
3. Sí, la he oído.
4. Sí, nos hemos acordado de traerla.
5. Sí, nos la ha(s) dado.
6. Sí, lo ha comprado.
7. Sí, ya he comido en ese restaurante que está cerca de la plaza.
8. Sí, se la hemos preparado.

C. *Answers will vary according to the phrase chosen:* **antes, ya, ayer, el año pasado,** *etc. However, all answers should have the verb in the past perfect.*
1. ¡... habías visto montañas altas!
2. ¡... había oído cosas interesantes sobre Guanajuato!
3. ¡... había resuelto el problema con las reservaciones!
4. ¡...le habían pedido un gran favor al profesor García!
5. ¡...en la aduana habían roto la maleta de Marta!
6. ¡... habían descubierto más ruinas en el centro de México!
7. ¡... Javier había hablado en español todo el día!
8. ¡... habían abierto muchos restaurantes típicos!

III. CONTRASTE ENTRE LOS TIEMPOS PASADOS

A.
1. llegué
2. dejé
3. me encontré
4. dijo
5. vivía
6. había estado
7. Dijo
8. tenía
9. contó
10. tenía
11. estaba
12. había sacado / sacó
13. tenía
14. había vendido / vendió
15. había sacado / sacó
16. Dijo
17. había pensado / pensó
18. vio
19. había
20. Se había acordado / Se acordó
21. éramos
22. íbamos
23. hablaba
24. recordaba / recordé
25. éramos
26. asistimos / habíamos asistido

B.
1. Mis amigos y yo volvimos a México el mes pasado.
2. Cuando salíamos del (*or* dejábamos el) aeropuerto, vimos a Sara y a César.
3. Su equipaje aún (*or* todavía) no había llegado.
4. Los habíamos conocido en la universidad en mayo, y ¡ahora estábamos en México juntos!
5. Sara estudió español por cinco años, pero éste fue (*or* era) su primer viaje a México.
6. Nos invitaron a subir con ellos las pirámides de Teotihuacán. (*or* Nos invitaron a subir las pirámides de Teotihuacán con ellos.)
7. Cuando estábamos (*or* estuvimos) en México el año pasado, no habíamos tenido tiempo de ir a Teotihuacán.
8. También queríamos visitar el Museo Nacional con ellos. (*or* Queríamos también visitar...)
9. Así que pasamos dos días juntos y nos divertimos mucho.

C. *Answers will vary especially in the time given for completing the action. Some possible answers:*
1. Ya había decidido si quería quedarse en una pensión. Lo decidió hace seis meses.
2. Ya había leído varios libros (*or* guías, mapas, etc.) sobre el país (*or* la ciudad, etc.). Los leyó hace dos años.
3. Ya había hecho la maleta. La hizo hace seis días.
4. Ya había ido al banco. Fue allí hace una semana.
5. Ya había llegado temprano al aeropuerto. Llegó allí hace cuatro horas.

IV. *HACER* EN EXPRESIONES DE TRANSCURSO DE TIEMPO

A.
1. hace
2. hacía
3. que
4. hacía
5. que
6. hacía
7. hace
8. hace

1. Hacía dos meses que ella conocía a Martín cuando se casaron.
2. Hacía cinco años que estaban casados cuando el casamiento terminó en un divorcio.
3. Hace tres años que lo vio en Madrid.
4. Cuando lo vio allí en Madrid, hacía años que no pensaba en él.

Copyright © 1989 by Holt, Rinehart & Winston, Inc. All rights reserved.

B. *Placement of* **hace** *expression will vary. Some possible answers:*

1. Hace dos años que estudio español. (*or* Estudio español hace dos años.)
2. Sí, le escribí a mi amigo en Oaxaca hace unos días. (*or* Sí, hace unos días que le escribí a mi amigo en Oaxaca.)
3. Hace cuatro meses que preparo este viaje. (*or* Preparo este viaje hace cuatro meses.)
4. Sí, hace seis meses que tengo mi pasaporte. (*or* Sí, tengo mi pasaporte hace seis meses.)
5. Visité Palenque hace un año. (*or* Hace un año que visité Palenque.)
6. Sí, hace cinco semanas que tengo el boleto para mi vuelo. (*or* Sí, tengo el boleto para mi vuelo hace cinco semanas.)
7. Sí, hace diez años que como comida mexicana. (*or* Sí, como comida mexicana hace diez años.)
8. Sí, hace muchos años que la tía de mi amigo vive en Oaxaca. (*or* Sí, la tía de mi amigo vive en Oaxaca hace muchos años.)

C. *Sentences will vary. Some possible answers:*

1. Hacía mucho que no dormía bien.
2. Hace dos meses que trabaja en una tienda cerca del Zócalo.
3. Hacía tres años que no iba de vacaciones a México.
4. Hacía seis meses que no me compraba zapatos nuevos.
5. Hace una semana que no llamo a casa.
6. Hace seis meses que no voy al médico.
7. Hacía un año que no cambiaban el horario de los vuelos a México.
8. Hace dos semanas que Tomás y Martín no vienen a clase.

D.

1. conocieron
2. estaban
3. Hace
4. visitó
5. gustó
6. Nació
7. llegó
8. hace
9. hacía
10. Empezó
11. hace

FUNCIONES Y ACTIVIDADES

A.

1. derecha; derecha
2. derecho; derecho
3. izquierda; oeste; enfrente
4. derecho; la Avenida San Juan de Letrán
5. izquierda; a la fuente de la Diana Cazadora

B. *Answers will vary according to chosen itinerary.*

CAPÍTULO TRECE

VOCABULARIO

A. *Answers may vary. Suggested answers:*

1. la antología / la novela / el libro / el cuento / el ensayo / la obra de teatro
2. el retrato / el cuadro / la escultura / la exposición / la pintura
3. el director / la escena / la galería / la ópera / la orquesta / el bailarín / la cantante / la función / la obra de teatro
4. el director / la galería / la ópera / la orquesta / el pianista / la sonata / el violín / el bailarín / la cantante / el compositor / la función

B. *Answers will vary for identification of famous persons.*

1. Un(a) novelista escribe novelas.
2. Un(a) escultor(a) hace esculturas.
3. Un bailarín (una bailarina) baila.
4. Un(a) cantante canta.
5. Un(a) cuentista escribe cuentos
6. Un(a) fotógrafo(-a) saca fotos
7. Un(a) guitarrista toca la guitarra.
8. Un(a) escritor(a) escribe libros (o novelas , cuentos, poemas, etc.).

I. EL MODO SUBJUNTIVO; *OJALÁ, TAL VEZ, QUIZÁ(S)*

A.

1. recibas
2. llamen
3. ganemos
4. leen
5. asista
6. escribe

B.

1. escribe
2. comamos
3. gane
4. hable
5. canta
6. asiste
7. comprendan

II. EL PRESENTE DE SUBJUNTIVO DE LOS VERBOS REGULARES

A. 1. a 2. c 3. a 4. a 5. b 6. c 7. b

Copyright © 1989 by Holt, Rinehart & Winston, Inc. All rights reserved.

B. *Answers may vary. Probable answers are:*

1. enseñe (*or* hable)
2. cantemos
3. comprenda (*or* enseñe, escriba)
4. escriba
5. cenen (*or* hablen, pinten)
6. pinte
7. asistas
8. me quede
9. hablemos (*or* cantemos)
10. ayude

C.

1. llames
2. compres
3. inviten
4. escribas
5. comas
6. comprendamos
7. hablemos / tengas éxito

III. FORMAS SUBJUNTIVAS IRREGULARES

A.

1. pidamos
2. enseñe
3. ponga
4. seas
5. piensen
6. haga
7. vayas
8. duerman

B.

1. tener; tengan
2. venir; venga
3. conocer; conozcas
4. ir; vayan
5. ser; sea
6. morir; mueras
7. asistir; asista

C.

1. sepan
2. conozcan
3. comprendan
4. pueda
5. veamos
6. vengan
7. interese
8. se sientan
9. pasen

D.

1. Tía Elena quiere que le lea un cuento.
2. Tía Elena quiere que llame a tía Isabel.
3. Tía Elena quiere que la llame a ella.
4. Tía Elena quiere que cierre las ventanas.
5. Tía Elena quiere que le diga que van a volver muy tarde.
6. Tía Elena quiere que le dé leche.

IV. MANDATOS DE *NOSOTROS,* DE *VOSOTROS* Y DE TERCERA PERSONA

A.

1. Tomemos
2. Sentémonos
3. hagamos
4. le expliquemos
5. Ayudemos
6. les digamos

B.

1. la acueste
2. le escriba
3. vaya
4. la llame
5. los reciba

C.
1. Pasad...
2. Estudiad...
3. Comed...
4. No dejéis...
5. No saquéis...
6. Ved...
7. No vayáis
8. Traedme

D.
1. Vamos al ballet. Espero que todavía haya entradas.
2. No, vamos al concierto. La orquesta toca música de de Falla. Quizás (Tal vez) Alicia y Raúl vengan con nosotros.
3. Espero que podamos ir a la ópera el domingo que viene (*or*... domingo próximo). Llamemos para ver si todavía hay entradas.
4. No, que llame tu hermana. Después, comamos en el nuevo restaurante italiano (*or*... en el restaurante italiano nuevo).
5. ¿Has leído sobre (acerca de) la nueva película de Carlos Saura? Veámosla mañana.
6. Invitemos a tu (su) mamá (madre) al teatro el sábado. Quizás veamos a ese personaje famoso (*or* famoso personaje) que vimos el mes pasado. ¿Recuerdas su nombre?

FUNCIONES Y ACTIVIDADES

A. *Answers will vary.*

B. *Answers will vary.*

Copyright © 1989 by Holt, Rinehart & Winston, Inc. All rights reserved.

CAPÍTULO CATORCE

VOCABULARIO

A.
1. en mayo
2. en noviembre
3. en diciembre
4. en julio
5. en enero
6. en junio
7. en enero
8. *Answers will vary.*

B. *Answers may vary. Probable answers:*
1. el Día de Acción de Gracias.
2. el día del cumpleaños de...
3. en Janucá
4. en (la) Navidad.
5. en (la) Navidad.
6. en Janucá (*or* en (la) Navidad; *or* en los cumpleaños de ellos).

I. EL SUBJUNTIVO EN LAS CLÁUSULAS SUSTANTIVAS

A.
1. ...ella no me acompañe.
2. ...Doña Olga tenga un regalo para José?
3. ...Pepe le pida dinero a papá.
4. ...Los López vengan a visitarnos.
5. ... la celebración empiece temprano.
6. ... volvamos...
7. ... no vayas...
8. ... celebren...
9. ... el día 20 sea...

B.
1. ... coma torta de chocolate.
2. ...tengan tiempo para asistir a las Posadas.
3. ...vayas al baile.
4. ... puedas acompañarnos a la procesión.
5. ... no lleguen a tiempo.
6. ... lo diga en la fiesta.
7. ... compres otras tarjetas.
8. ... hable con los padres de Luz.

C. *Answers will vary, but all dependent verbs should be in the present subjunctive.*

II. EL USO DEL SUBJUNTIVO Y DEL INDICATIVO EN EXPRESIONES IMPERSONALES Y EN OTRAS CLÁUSULAS SUSTANTIVAS

A. 1. c 2. a 3. c 4. b 5. a 6. a 7. a

B.

1. vino
2. sea
3. hablar
4. se alegre
5. recuerde
6. tener
7. se vayan
8. diga
9. lean
10. vean

C.

1. No es verdad que los profesores ganen mucho dinero.
2. No es seguro que se casen en junio.
3. No es obvio que tú estés en el desfile.
4. No es cierto que los norteamericanos celebren muchas fiestas religiosas.
5. No creo que los niños deban aprender los bailes tradicionales.
6. No piensan que usted recuerde la fiesta del año pasado.
7. No dudan que encontramos los regalos que necesitamos.

D. *Answers will vary.*

III. PALABRAS AFIRMATIVAS Y PALABRAS NEGATIVAS

A.

1. Ninguno
2. algo
3. nada
4. algún
5. ningún
6. tampoco
7. nunca
8. Algo
9. ni

B.

1. Nadie llegó a tiempo.
2. Tampoco queremos la torta.
3. Ningún músico fue a esa celebración.
4. Nada quise llevar al desfile.
5. Nadie vino por aquí hoy.
6. Tampoco ellos le dieron las gracias por la invitación.
7. Mi abuela jamás ha viajado por avión.
8. Ni Lorenzo ni Elena fueron a la procesión.

C.

1. Paco no comió ni huevos ni jamón.
2. Ni José ni Roberto viven allí.
3. Catalina no toca ni el piano ni el violín.
4. Ni Marcela ni su hija conocen a esos turistas.

D.

1. No, nadie viene a estudiar conmigo hoy.
2. No, no tengo nada en la mano.
3. No, nunca vuelvo a esta hora.
4. No, no hay ningunos policías en la esquina.
5. No son ni turistas ni estudiantes.
6. No, nadie me llamó hoy a las tres de la mañana.
7. No, no recibí ninguna carta ayer.
8. Ahora no voy ni a estudiar ni a trabajar.

Copyright © 1989 by Holt, Rinehart & Winston, Inc. All rights reserved.

IV. ADVERBIOS TERMINADOS EN *-MENTE*

A.
1. felizmente
2. rápidamente
3. verdaderamente
4. alegremente
5. directamente
6. prácticamente
7. posiblemente
8. fácilmente

B. *Answers may vary. Probable answers:*
1. La madre recibe las flores alegremente.
2. Los bailarines bailan perfectamente.
3. Ellos corren diariamente.
4. El hombre canta extremadamente mal.
5. Él se siente realmente mal.
6. Evidentemente está resfriado.
7. Ellos patinan fácilmente.
8. Probablemente celebran el cumpleaños de alguien.

FUNCIONES Y ACTIVIDADES

A. *Answers will vary.*

B. *Answers will vary.*

CAPÍTULO QUINCE

VOCABULARIO

A. *Answers may vary for each category. Typical answers:*

1. el casamiento / llevarse bien / la ayuda / el beso / la novia / enamorarse / tener una cita / el novio / la prometida / el abrazo / el matrimonio / el anillo / el consejo
2. el casamiento / llevarse bien / la ayuda / el beso / enamorarse / la iglesia / el abrazo / el matrimonio / el anillo / la sinagoga / el consejo
3. divorciarse / la separación / gritar / la anulación / el consejo
4. llevarse bien / la ayuda / el beso / el amigo / la amiga / tener una cita / el abrazo / el consejo

B.
1. se enamoraron
2-3. noviazgo; se casaron
4. beso
5. amores
6. casamiento
7-8. abrazo; acompañó.

I. EL FUTURO

A.
1. comerán
2. vivirán
3. hablaré
4. Saldremos
5. dará
6. Sabrás

B.
1. ¿Ustedes tendrán una boda religiosa?
2. Me casaré el año que viene.
3. Su noviazgo no será muy largo.
4. Pasarán su luna de miel en la capital.
5. ¿Vendrás con Enrique?
6. ¿No se pondrá celoso Raúl?

C.
1. te casarás
2. estaremos
3. vendrá
4. iremos
5. habrá
6. hará
7. nos divertiremos
8. recibirán
9. irán
10. tendrán
11. jugaremos
12. serás

D. *Answers will vary.*

Copyright © 1989 by Holt, Rinehart & Winston, Inc. All rights reserved.

E. *Answers may vary slightly. Probable answers:*

1. Será Edmundo.
2. ¿Saldrá él con Lucía, también?
3. ¿Qué harán esta noche?
4. Iremos al cine.
5. ¿A qué hora volverán (regresarán) a casa?
6. Volveremos antes de las doce.

II. EL CONDICIONAL

A.

1. vendría
2. harías
3. serías
4. sabría
5. daría
6. pondríamos
7. irían

B.

1. Siempre me decía que saldría con María Elena.
2. Creíamos que sería preferible una boda tradicional.
3. Le dije que no haríamos nada.
4. Creía que el autobús pararía en esa esquina.
5. Sabía que habría mucha gente en la boda.
6. Decían que Granada sería un lugar perfecto para una luna de miel.

C.

1. ¿Quién sería?
2. Sería
3. Olvidarías
4. estaría cerrado
5. estaría en el correo.

Remaining answers will vary.

D. *Answers will vary.*

III. LA FORMA ENFÁTICA DE LOS ADJETIVOS POSESIVOS

A.

1. su boda; la boda suya
2. mi anillo; el anillo mío
3. nuestra gente; la gente nuestra
4. su trabajo; el trabajo suyo
5. sus parientes; los parientes suyos
6. mis primas; las primas mías
7. tus amigos; los amigos tuyos
8. sus raquetas de tenis; las raquetas de tenis suyas
9. nuestros boletos de ida y vuelta; los boletos de ida y vuelta nuestros
10. tus novelas; las novelas tuyas

B. 1. El televisor es de Sonia. Es suyo.
2. Los libros son de mí. Son míos.
3. La motocicleta es de nosotros. Es nuestra.
4. La bicicleta es de él y de Jorge. Es suya.
5. La radio es de vosotros. Es vuestra.
6. La máquina de escribir es de ti. Es tuya.
7. La alfombra es de ti y de ella. Es suya.
Remaining answers will vary.

IV. EL RECÍPROCO

A. 1. Cecilia y Roberto se quieren.
2. Cecilia y Roberto se ayudan.
3. Roberto y Cecilia se entienden.
4. De vez en cuando Roberto y Cecilia se gritan.
5. De vez en cuando Cecilia y Roberto se insultan.
6. Pero finalmente siempre Cecilia y Roberto se besan.

B. *Answers will vary.*

FUNCIONES Y ACTIVIDADES

A. *Answers will vary.*

B. *Answers for second sentences will vary.*
1. Carlos y Clara tuvieron una cita, pero se insultaron mucho por cuestiones políticas. Como consecuencia...
2. David y Dora fueron al cine, pero se durmieron durante toda la película. Será que...
3. Eugenia y Eugenio salieron juntos, pero se enfermaron sin saber por qué. Por eso...
4. Flora y Fabio debían (debieron) encontrarse para cenar, pero olvidaron la cita y no se llamaron más. Por estas razones...
5. Juan acompañó a Juanita al teatro, pero ella lloró y él roncó durante toda la obra. Por lo tanto...

Copyright © 1989 by Holt, Rinehart & Winston, Inc. All rights reserved.

CAPÍTULO DIECISÉIS

VOCABULARIO

A.

agradable	**desagradable**
sentirse feliz	asustarse
alegrarse	avergonzarse
reírse	frustrarse
estar orgulloso	aburrirse
besar	llorar
viajar	deprimirse
enamorarse	enojarse
abrazar	sentirse triste
	cansarse

B.
1. asustada
2. asustada
3. contenta
4. conducía
5. avergonzada
6. furioso
7. rabia
8. se enojó
9. vergüenza
10. rabia
11. risa

I. EL SUBJUNTIVO EN CLÁUSULAS ADJETIVALES

A. 1. a 2. a 3. b 4. a 5. c 6. c

B.
1. No conozco a ninguna persona que se deprima fácilmente.
2. No tiene ningún amigo que sea supersticioso.
3. No necesito a nadie que conozca al presidente.
4. No venden nada que yo pueda comprar.
5. Así no ofendes a nadie que sea inocente.

C.
1. Ustedes deben pedir la cerveza que yo siempre pido.
2. Vamos a un restaurante que no está lejos de casa.
3. ¿Hay alguien que no sepa (*or* sabe) conducir?
4. Tú no vas a encontrar un traje que cueste tan poco.
5. Pienso buscar un trabajo que pague bien.
6. Conocemos a una mujer que es actriz.

D. *Answers will vary, but all the verbs should be in the present subjunctive.*

II. EL SUBJUNTIVO Y LAS CONJUNCIONES ADVERBIALES

A.
1. Vamos a hablar antes de que el profesor nos llame.
2. Debes volver pronto en caso de que el profesor empiece la clase más temprano.
3. No podemos casarnos sin que nos queramos.
4. Te doy este anillo con tal que me des doscientos guaraníes.
5. Soy puntual para que el profesor no se enoje.
6. Vas a llegar a casa antes de que Sara vaya al liceo.
7. Te mando este libro para que tengas algo que leer.

B.
1. a. sea b. corran c. reciban
2. a. se ría b. llore c. esté
3. a. pueda b. se despierte c. vea

C.
1. lleguen
2. vio
3. me enojé
4. diga
5. termine
6. puedan
7. se casen
8. hablo

D.
1. esté
2. se sienta
3. esté
4. puedan
5. empiece
6. ofenda
7. pierda
8. vean
9. crean
10. conozcan

III. USOS DEL INFINITIVO

A. *Answers will vary. Some possible responses:*
1. Sí, es bueno estar a dieta.
2. No, no es necesario comprar pasajes de ida y vuelta.
3. Sí, es importante salir antes de las cinco.
4. No, no es posible dormir en el tren Expreso.
5. Sí, es malo correr después de comer.

B. *Answers will vary. Some possible responses:*
1. Sí, al terminar de leer, voy a dormirme.
2. No, al ver a Mario, no voy a enojarme.
3. Sí, al recibir la carta, voy a sentirme feliz.
4. No, al tener noticias, no voy a calmarme.
5. Sí, al mudarme, voy a hacer nuevos amigos.

C. 1. a 2. b 3. c 4. a 5. a

D.
2. Don't step on the grass.
3. Take care with (Curb) your dog.
4. Put trash in its place.
5. Scenic view
6. Wet paint
7. Don't pick the flowers.
8. Exit
9. No smoking
10. Pull
11. Push
12. No parking
13. No posting of bills
14. No left turn

Copyright © 1989 by Holt, Rinehart & Winston, Inc. All rights reserved.

FUNCIONES Y ACTIVIDADES

A. *Answers will vary.*

B. *Answers will vary.*

C. *Answers will vary.*

CAPÍTULO DIECISIETE

VOCABULARIO

A.
1. frutas
2. pescado
3. flores
4. zapatos
5. leche
6. pan
7. carne
8. muebles

B. *Answers will vary, with most things being sold in 2: mercado.*
1. abrigo / blusa / bolso / camisa / falda / pantalones / sombrero / suéter / zapatos
2. alfarería / bananas / carne / cerámica / huevos / lechuga / manzanas / naranjas / pan / piña / pollo / queso / sombrero / suéter / tapices / tomate
3. termómetros / medicamentos / vitaminas / aspirina / jarabe de tos
4. arroz / azúcar / bananas / carne / huevos / leche / lechuga / manzanas / naranjas / pan / pescado / piña / pollo / queso / tomate / torta / vino
5. cama / mesas / silla / sofá

I. EL IMPERFECTO DE SUBJUNTIVO

A.
1. rebajaran
2. gastáramos
3. aconsejáramos
4. fueran
5. valiera
6. nevara
7. naciera

B.
1. Me pidió (*or* pedía) que le comprara un poncho en el mercado.
2. Ojalá que no perdiera todo su dinero.
3. Dudábamos que ellos pagaran tanto por ese tapiz.
4. Insistía (*or* Insistió) en que yo fuera como él.
5. Su madre le pidió (*or* pedía) que no viera más a Ramón.
6. Esperábamos que Ana ahorrara su dinero.
7. Era (*or* Fue) mejor que pidieran eso en una boutique del centro.
8. Era (*or* Fue) necesario que regatearas en el mercado.
9. Busqué (*or* Buscaba) un banco que me cambiara este cheque.
10. Querían (*or* Quisieron) ver esa cerámica antes de que se la dieras a tu amiga.

Copyright © 1989 by Holt, Rinehart & Winston, Inc. All rights reserved.

C. 1. ... fuera al mercado antes de que lo cerraran.
2. ... manejara con cuidado y que no tuviera prisa.
3. ... tratara de regatear para que nos dieran los mejores precios posibles.
4. .... no comprara nada que no estuviera en oferta.
5. ... llevara más dinero en caso de que viera algo no muy caro y de buena calidad.
6. ... vendieran las mejores cosas muy temprano y que no quedara nada bueno después.
7. ... no parara en ninguna parte para hablar con tus amigos, aunque te pidieran que tomaras una copa con ellos.
8. ... no quisiera seguir tus consejos de buena tía.

D. *Answers will vary.*

E. 1. Quisiera mostrarle más cerámica, señora.
2. Tú debieras llamar antes de salir.
3. ¿Me pudiera traer una taza de café?
4. Ella quisiera que usted la acompañara.
5. Ustedes debieran tener sus maletas preparadas.

II. EL IMPERFECTO DE SUBJUNTIVO EN CLÁUSULAS CON *SI*

A. 1. ... si lo encontraras, me lo darías?
2. si valiera menos de cuatrocientos pesos, ¿lo comprarías?
3. ... si rebajara sus precios, ¿comprarías en su tienda?
4. ... si se enamorara de una dependiente en su trabajo, ¿ustedes se divorciarían?
5. ... si le aumentaran el sueldo a Héctor, ¿él te llevaría a Europa?
6. ... supiera, ¿se ofendería?
7. si te hiciera más preguntas, ¿podríamos hablar toda la tarde?

B. 1. paso
2. pongo
3. pudiera
4. dejaría
5. tuvieran
6. pasará
7. aceptan
8. podré
9. tengo
10. espera

C. *Answers will vary.*

D. *Answers will vary.*

III. CAMBIO DE LAS CONJUNCIONES *Y* EN *E* Y *O* EN *U*

1. e 2. y 3. o 4. u 5. e 6. y 7. e 8. o 9. e

IV. FORMAS DIMINUTIVAS

A.
1. ¿Te gustan estas galletas? Sí, pero me gustan más esas galletitas.
2. ¿Te gusta este pan? Sí, pero me gusta más ese panecito (*or* pancito).
3. ¿Te gusta este pastel? Sí, pero me gusta más ese pastelito.
4. ¿Te gustan estas flores? Sí, pero me gustan más esas florecitas.
5. ¿Te gusta este auto? Sí, pero me gusta más ese autito.
6. ¿Te gustan estos vasos? Sí, pero me gustan más esos vasitos.
7. ¿Te gustan estos relojes? Sí, pero me gustan más esos relojitos.
8. ¿Te gustan estas blusas? Sí, pero me gustan más esas blusitas.
9. ¿Te gustan estos ponchos? Sí, pero me gustan más esos ponchitos.
10. ¿Te gustan estas maletas? Sí, pero me gustan más esas maletitas.

FUNCIONES Y ACTIVIDADES

A. *Answers will vary, but some probable reactions:*
1. ¡Esto es fabuloso!
2. Eso no es aceptable. (*or* ¡Esto es insoportable! *or* Es demasiado.)
3. ¡Esto es buenísimo!
4. ¡Esto es fabuloso! (*or* ¡Esto es justo lo que me faltaba!)
5. ¡Eso es insoportable! (*or* Es demasiado.)
6. ¡Esto es fabuloso! (*or* ¡Esto es justo lo que nos faltaba!)

B. *Answers will vary.*

Copyright © 1989 by Holt, Rinehart & Winston, Inc. All rights reserved.

CAPÍTULO DIECIOCHO

VOCABULARIO

A. *Answers will vary. Some possible answers:*

1. boleto, viaje, vacaciones;
2. flores, plantas, árboles;
3. compañía, trabajo, oficina;
4. consejos, oficina;
5. pelo;
6. casa, niños, trabajo;
7. guitarra, orquesta, violín, piano;
8. medicina, resfrío, gripe, inyecciones

B. *Answers will vary.*

I. OTROS USOS DEL PROGRESIVO

A.

1. estoy
2. están
3. estamos
4. estás
5. está;

1. estaba
2. estabas
3. estaba
4. estábamos
5. estaban

B. *Answers will vary.*

C.

1. estaba cocinando
2. estaba limpiando
3. estaba mirando
4. estaba leyendo
5. nos estábamos divirtiendo (*or* estábamos divirtiéndonos)
6. estábamos celebrando, te estabas acordando (*or* estabas acordándote)
7. estaban corriendo, se estaban riendo (*or* estaban riéndose)
8. estaban hablando, estaban comiendo, estaban bebiendo

D. *Answers may vary. Possible answers:*

1. seguía enseñando.
2. seguía hablando.
3. seguía trabajando.
4. seguía mirando al niño.
5. seguía cantando.
6. seguía durmiendo.

II. USOS ADICIONALES DEL PRONOMBRE *SE*

A.

1. cierran
2. cambian
3. debe
4. dice
5. ven
6. necesitaba

B. 1. c 2. a 3. f 4. e 5. b 6. d

C. 1. It is asked that you not smoke.
2. English is spoken.
3. No visits allowed after ten.
4. Used (*or* Second-hand) books are bought.
5. Cashiers with experience are needed.
6. Blowing the horn is prohibited.
7. Talking with the driver is not allowed.
8. Throwing away trash is prohibited.
9. Se vende
10. Se alquila
11. Aquí se habla portugués.
12. Se prohibe el paso a peatones.
13. Se cambian cheques de viajero.
14. Se exige tarjeta de identidad.

III. LOS ADJETIVOS USADOS COMO SUSTANTIVOS

A. 1. una mesa
2. una cámara
3. una película
4. las mujeres
5. los zapatos

B. 1. ¿Cuáles? ¿Los azules?
2. ¿Cuáles? ¿Las pequeñas?
3. ¿Cuál? ¿El negro?
4. ¿Cuál? ¿La roja?
5. ¿Cuál? ¿La francesa?
6. ¿Cuáles? ¿Los grises?

C. 1. Prefiero manejar el japonés.
2. Trabajo en el nuevo.
3. Quiere el rojo.
4. Va con el rubio.
5. Quiero el de primera clase.
6. Me ayudó el bajo.

IV. EL FUTURO Y EL CONDICIONAL PERFECTOS

A. 1. a 2. a 3. b 4. b 5. b

B. 1. a 2. b 3. b 4. a 5. b

C. 1. c 2. a 3. c 4. a 5. b

FUNCIONES Y ACTIVIDADES

A. *Answers will vary. Possible answers:*
1. ¿Quién sabe?
2. ¿Qué sé yo?
3. Tal vez.
4. Tengo mis dudas.
5. Lo dudo.
6. Tengo mis dudas.

Copyright © 1989 by Holt, Rinehart & Winston, Inc. All rights reserved.

B. *Answers will vary. Possible answers:*

1. ¿Se puede sentar en esa silla? —Sí, estoy seguro que puede sentarse en esa silla.
2. ¿Me permite mirar algunas revistas mientras espero? —No me molestaría.
3. ¿Le molestaría que me digas la hora exacta? —¡Ni hablar!
4. ¿Se puede salir para hacer una llamada de teléfono? —Eso no se hace.
5. ¿Me permite pedirle un vaso de agua para tomar un tranquilizante? —Sí, está bien.
6. ¿Me permite hacerle una pregunta final? —¡Ni hablar!

CAPÍTULO DIECINUEVE

VOCABULARIO

A. 1. la cómoda, el escritorio, la lámpara, la cama, la mesita de noche
2. el pan, el refrigerador, la cafetera, el congelador, la estufa, el horno, la nevera, el helado
3. el sillón, el árbol de Navidad, la lámpara, el estante de libros, el sofá, el televisor, la alfombra
4. la ducha, el inodoro, el lavamanos, la bañera
5. el garaje, el jardín, la bicicleta, el árbol, el auto

B. *Answers will vary. Typical answers:*
1. Un televisor. Lo usamos para mirar programas de televisión. En general lo ponemos en la sala.
2. Un estante de libros. Sirve para poner libros. Algunas personas lo tienen en la sala y otras en el dormitorio o en el estudio (*study*).
3. Una alfombra. Sirve para decorar la casa. En general, la ponemos en la sala, pero también se ponen alfombras en los dormitorios o en los baños, etc.
4. Una lámpara. Sirve para dar luz. En una casa típica, encontramos lámparas en la sala, en los dormitorios, en el estudio, etc.
5. Un sofá. Es un mueble que usamos para sentarnos y hablar con nuestros amigos. En general, el sofá va en la sala.

I. USOS ADICIONALES DEL ARTÍCULO DEFINIDO

A. 1. el
2. -- , -- , --
3. el
4. las
5. --
6. al
7. El , la , --
8. el , las , la

B. 1. ¿Vende (usted) suéteres típicos aquí?
2. Sí. ¿Le gustan los suéteres?
3. Por supuesto (*or* Claro), especialmente los de muchos colores. ¿Son caros?
4. Pues, es más barato si compra dos; cuestan mil sucres el par.
5. Eso parece caro. ¿Puedo comprar sólo (or solamente) uno?
6. Por supuesto (*or* Claro), pero tenemos ofertas (or ventas) especiales sólo (*or* solamente) una vez al (*or* por) año. ¿Por qué no compra uno para usted y uno para su marido (*or* esposo)?
7. De acuerdo (*or* Muy bien), voy a comprar dos (*or* compraré dos).
8. ¡Buena idea! No olviden (*or* No se olviden de) ponerse el suéter antes de irse (*or* antes de salir; *or* antes de partir).

Copyright © 1989 by Holt, Rinehart & Winston, Inc. All rights reserved.

II. LA SUPRESIÓN DEL ARTÍCULO INDEFINIDO

A. 1. Ese hombre de camisa azul es un famoso pintor venezolano.
2. La joven de pelo largo trabaja de camarera en un restaurante típico ecuatoriano.
3. Esa mujer elegante es viuda y es una católica muy devota.
4. Aquellas personas tienen una casa grandísima pero no tienen auto.
5. Aquel hombre alto no es capitalista: es comunista y tiene media docena de hijos.
6. ¡Qué sofá (más) cómodo. . .!

B. *Answers may vary. Some possible responses:*
1. Es jugador de básquetbol. Es un hombre (muy) alto. Es norteamericano. Es (originalmente) de Indiana pero juega con (el equipo de) los "Celtics" de Boston.
2. Es escritor. Es un novelista español muy famoso. Escribió *Don Quijote de la Mancha* y creó a dos personajes muy conocidos en la literatura universal: Don Quijote y Sancho Panza.
3. Es político. Es un hombre (relativamente) bajo. Es norteamericano, aunque tiene raíces (*roots*) griegas. En la Convención Demócrata de 1988 ganó la nominación de su partido y actualmente (en agosto de 1988) es uno de los dos candidatos para presidente de los Estados Unidos. Perdió la elección a George Bush.
4. Es pintor. Es un artista surrealista español. Es casi tan famoso como Pablo Picasso — otro gran pintor español — aunque unos años menor que éste.
5. Es artista de cine. Es una actriz norteamericana (muy) popular. Es hija de Henry Fonda, otro famoso actor norteamericano que murió hace algunos años.
6. Es cantante. Es un conocido intérprete de la música hispana. Ha viajado mucho por todo el mundo y visita frecuentemente los Estados Unidos.

III. EL ARTÍCULO NEUTRO *LO*

A. 1. importante
2. lo que
3. Lo
4. lo que
5. lo
6. lo

B. *Answers will vary.*

IV. LA VOZ PASIVA

A. 1. a 2. b 3. a 4. a 5. c 6. a 7. b

B. 1. a 2. b 3. a 4. b 5. a 6. b 7. a

C. 1. b 2. a 3. b 4. a 5. b 6. b

FUNCIONES Y ACTIVIDADES

A. *Answers will vary. Some possible responses:*

1. Debe estar muy triste.
2. Debe(s) estar muy desilusionado(-a).
3. Se (Te) sentirá(s) muy orgulloso(-a). (*or* ¡Estará(s) muy feliz!)
4. Debe(s) estar muy triste.
5. Debe estar muy desilusionada.
6. Debe estar muy feliz. (*or* ¡Estará(s) muy feliz!)
7. ¡Estará(s) muy feliz! (*or* Debe(s) estar muy feliz.)

B.

Horizontales

1. ¡Ah!
3. tus
6. hija
10. docena
13. ducha
15. el
16. temía
17. mamá
18. ir
19. da
20. lámpara
21. carne
22. estufa
24. entrada
26. panadero
27. lo
31. horno
32. nevera
34. cama
35. de
36. es
39. ya
41. mío
42. dormitorio
43. come
45. al
46. él
49. lee
52. propósito
54. oreja
55. oír
57. ríen
58. agrandar
59. devoto
62. pase
63. esa
64. cocina
65. nos

Verticales

1. además
2. hola
3. tema
4. un
5. S.A.
7. id
8. judía
9. A.C.
11. embargo
12. garaje
14. abre
16. también
18. inodoro
19. dedo
20. lavamanos
23. usaré
25. aló
28. congeladores
29. medio
30. pasillo
31. hay
33. veo
36. Ema
37. sillones
38. ropero
40 acá
44. me
47. pobres
48. libros
50. repara
51. jardín
53. otro
56. ida
60. ve
61. te

C. *Answers will vary.*

Copyright © 1989 by Holt, Rinehart & Winston, Inc. All rights reserved.

CAPÍTULO VEINTE

VOCABULARIO

1. b 2. c 3. b 4. a 5. c 6. b 7. b 8. c

I. EL PRESENTE PERFECTO Y EL PLUSCUAMPERFECTO DEL SUBJUNTIVO

A. 1. c 2. b 3. a 4. b 5. a 6. c 7. a

B. 1. b 2. a 3. c 4. a 5. c 6. c

C. 1. a 2. b 3. b 4. a 5. b

D. 1. a 2. b 3. b 4. a 5. a 6. b 7. b 8. a

II. LA SUCESIÓN DE TIEMPOS CON EL SUBJUNTIVO

A. 1. c 2. b 3. a 4. c 5. c 6. a 7. b 8. a 9. a 10. c

B. 1. c 2. b 3. a 4. b 5. b 6. a 7. c 8. b 9. c 10. a

C. b , i , c , j , g , a , e , f , h , d

III. MODOS DE DECIR *TO GET, TO BECOME*

A. 1. e 2. b 3-4. f, d 5. c 6-7. c, a (or a, c)

B. *Answers will vary when more than one person's reaction is pictured. Possible answers:*

1. d (*or* e)
2. d (*or* e)
3. a
4. f (*or* a; *or* d)
5. c
6. d (*or* e; *or* a)
7. c (*or* a)
8. d (*or* e; *or* a)